PAU BRASIL 07

Formação econômica do Brasil / Celso Furtado

Formação econômica do Brasil
by Celso Furtado

© 2007, by Celso Furtado,
Published in Brazil by companhia das Letras, São Paulo
All rights reserved

Korean copyright © 2020 by Humanitas Publishing Inc.
Pulbished by arrangement with the heirs of the author via Editora Schwarcz SA.,
São Paulo, Brazil
Through Bestun korea Agency, Seoul, Korea.

빠우-브라질 총서 **07**

브라질 경제발전사

1판1쇄 | 2020년 12월 31일

지은이 | 세우수 푸르따두
옮긴이 | 권기수, 김용재

펴낸이 | 정민용
편집장 | 안중철
편   집 | 강소영, 윤상훈, 이진실, 최미정
외주 교정 | 김정희

펴낸 곳 | 후마니타스(주)
등록 | 2002년 2월 19일 제2002-000481호
주소 | 서울 마포구 신촌로14안길 17(노고산동) 2층
전화 | 편집_02.739.9929/9930 영업_02.722.9960 팩스_0505.333.9960

블로그 | blog.naver.com/humabook
트위터, 페이스북, 인스타그램 | humanitasbook
이메일 | humanitasbooks@gmail.com

인쇄 | 천일_031.955.8083 제본 | 일진_031.908.1407

값 17,000원

ISBN 978-89-6437-364-4 04300
      978-89-6437-239-5 (세트)

빠우-브라질 총서 07

브라질 경제발전사

세우수 푸르따두 지음 | 권기수, 김용재 옮김

후마니타스

| 일러두기 |

1. 한글 전용을 원칙으로 했고, 포르투갈어의 우리말 표기는 기존의 국립국어원의 포르투갈어 한글 표기 규정을 존중하면서, 포르투갈과 브라질 원어의 발음을 따랐다. 그러나 관행적으로 굳어진 표기는 그대로 사용했으며, 처음 나온 곳이나 필요한 경우 원어를 병기했다.
2. 단행본·정기간행물에는 겹낫표(『 』)를, 논문에는 큰따옴표(" ")를 사용했다.
3. 독자의 이해를 돕기 위한 옮긴이의 첨언은 [ ] 안에 넣었고, 긴 설명을 요하는 경우는 _옮긴이 주 표기와 함께 본문 아래에 넣었다.

| 차례 |

제4부 19세기 임금노동으로의 전환 경제

제5부 20세기 산업 시스템으로의 이행기 경제

『브라질 경제발전사』*Formação econômica do Brasil*에서 세우수 푸르따두 Celso Furtado는 흔하지 않은 이론적 관점을 자신의 연구 방법론으로 차용하고 있다. 이 관점은 세칭 사회과학에서 보다 많이 권장하는 방법, 다시 말해 논리적·역사적 과정을 통해 연구 대상을 구성하는 것이다. 푸르따두는 주어웅 마누엘 까르도주 지 멜루João Manuel Cardoso de Mello 교수가 '구조 동력 연구'estudo da dinâmica das estruturas 라고 부르는 방법을 매우 능숙하게 구사하고 있다. 연구의 출발점 은 이미 산업화 과정을 겪고 있는 브라질 경제이다. 마르크스처럼 과거의 구조를 '설명하는 것'이 보다 더 진보한 분석 방식이다. 이 러한 맥락에서 푸르따두는 사회적 생산관계, 생산력 단계, 그리고 움직이고 있는 하나의 전체로서 이해되는 특정 역사적 시기를 규정하는 정치권력 형태들 간의 연관성을 확립하며 전형적인 경제주의 관념을 배제하고 있다.

또 다른 석학 페르난두 노바이스 교수의 말을 떠올리며 시작해 보겠다. 노바이스 교수는 수필집 『접근』에서 "일반적으로 브라질이 유럽 식민화의 산물이라고 하지만 그런 주장에 담긴 모든 의미가 언제나 제대로 고려되는 것은 아니다"● 라고 말하고 있다.●●

유감스럽게도 애덤 스미스는 중상주의를 보호무역 정책을 통한 금·은의 축적과 부富 간의 관계를 혼동하는 것으로 축소함으로써 경제학자들의 전형적인 관념의 습관에 빠졌는데, 이는 커다란 잘못이다. 스미스는 18세기 말 자기조절적인 시장의 '자연적' 성격과 국가의 후원을 받는 대외무역의 장점을 정당화할 필요성을 독설로써 역설한다.

그렇다. 자본주의의 중상주의 단계에서는 '인위적인' 정책이 우세했고, 식민지 시스템 운영은 국가에 맡겨졌다. 여기에는 노예무역과 식민지에서의 노예제도를 장려하고, 동시에 본국에서의 노동력 해방 조건을 창출하며, 내수 시장의 팽창을 보장하고, 다른 경쟁 국들의 적대적인 공격으로부터 내수 시장을 보호하는 것 등이 포함된다. 또한 과세의 중앙 집중화와 공공부채 상환을 위한 적절한 신

● Fernando Novais, *Aproximações: Estudos de história e historiografia*, São Paulo: Cosacnaify, 2005.

●● 브라질의 역사학자인 노바이스 교수는 박사 논문 "옛 식민 제도 위기 속의 포르투갈과 브라질(1777-1808)"("Portugal e Brasil na Crise do Antigo Sistema Colonial (1777-1808)", 1973)에서 식민지 행정과 무역에 대한 혁신적인 내용으로 식민지와 식민본국 간의 관계 연구에 새로운 관점을 도입했다._옮긴이 주

용 공급 제공(외환보유고의 축적을 통한)을 결합하고 이를 통해 국내 제조업의 팽창 과정을 지원하는 것도 포함되었다.

마르크스는 『자본론』의 "원시적축적"이라는 제목의 장章에서 봉건 경제와 자본주의 사이 과도기의 주요 특징을 이렇게 지적했다.

다양한 원시적축적 시기에는 어느 정도 정확한 연대 순서로 스페인, 포르투갈, 네덜란드, 프랑스, 영국이 그 중심지였다. 17세기 말 공공부채, 근대적 조세 제도, 보호주의가 **식민 시스템**에 체계적으로 집약되고 통합된 곳이 바로 여기 영국에서이다. 이러한 수단들은 식민 시스템에서 일어나듯 가장 압도적인 세력을 기반으로 한다. 이 모든 수단들은 봉건생산 제도에서 자본주의 제도로의 전환 과정을 크게 촉진하기 위해 국가권력, 다시 말해 그 사회에서 가장 조직화되고 집중화된 세력을 이용한다. *

사실 신세계에서 중상주의의 해양 팽창이 취한 형태, 그 형태의 흔적과 결과는 다양했음에도 푸르따두는 식민 영토 점령의 경제적 근거를 논하면서 그 증명을 결정적·충격적으로 단순화했다. 부주의한 독자는 겉으로 평범하게 보이는 발견의 결과와 함의를 간과할 수 있다. 푸르따두는 광산 개발 중심이었던 스페인의 식민 사업이 본국 경제를 쇠퇴시켰다고 언급했다. "광산 개발을 제외한 큰 규모의 경제 사업이 전혀 시작되지 못했다."(당시 이미 부정적 효과가 예측

---

* Karl Marx, *O capita*, vol. I, Rio de Janeiro: Civilização Brasileira, 2003.

되었는데, 이는 나중에 결실 없는 화폐적 부의 축적이 가져온 편리함으로 인해 제조업과 생산 기업이 무기력해지는 현상을 지칭하는 '네덜란드 병'mal holandês으로 알려졌다.)

포르투갈의 설탕 산업은 스페인이 유럽에서 좀 더 가깝고 비옥한 스페인령 영토에서 설탕 산업을 시작했다면 실패했을 것이다. 강력한 무역과 금융 수단 등 네덜란드의 협력을 등에 업은 포르투갈은 17세기 초 부러워할 만한 번영을 누렸다. 페르낭 브로델은 유명한 『물질문명과 자본주의』에서 네덜란드를 독점과 노예 노동력으로 사방이 포위된 자유무역의 섬uma ilha de liberdades mercantis으로 여기는 일부 학자들의 주장을 반박한다. 브로델은 "네덜란드는 당시 시대정신에 벗어나지 않는다. 모든 네덜란드의 활동에는 실제로 독점의 흔적이 있었다. …… 유럽의 모든 식민지들은 전적으로 본국에 종속된 사냥터로 여겨졌다."●

이베리아반도 국가들의 아메리카 대륙 식민지 개발의 방향, 즉 성공과 실패는 이들 국가 간의 분쟁과 경쟁으로 인한 변화 및 성쇠와 분리해 생각할 수 없다. 스페인의 포르투갈 합병, 스페인과 네덜란드의 전쟁은 긍정적 협력에 종지부를 찍었다. 브라질 북동부 지방에 네덜란드가 침공하는 것 이상의 결과를 가져왔다. 브라질에서 쫓겨난 네덜란드인들은 카리브 지역에서 대규모로 설탕 산업을 일으켰고, 이는 브라질 내에서 포르투갈이 벌인 사업의 수익성과 가

● Fernand Braudel, *Civilização material, economia e capitalismo: séculos XV-XVIII*, vol. 2, *Os jogos das trocas*, São Paulo: Martins Fontes, 1996.

격에 심대한 영향을 끼치게 된다. 푸르따두는 이 책에서 "브라질의 17세기 아메리카 역사상 가장 중요한 사건은 열대작물 시장에서 강력한 경쟁 경제가 출현한 것이었다"라고 인정하고 있다.

게다가 17세기 프랑스-영국 간의 오랜 분쟁은 '아메리카 역사가 새로운 단계'로 발전하는 기회를 가져다주었다. 북아메리카 내 뉴잉글랜드 정착 식민촌colônias de povoamento은 이베리아 국가들의 식민지 팽창이 강제한 모델과는 상이한 영토 점령 및 경제개발 방식을 낳았다. "수출을 염두에 둔 생산 활동과 내수 시장과 연결된 활동이 기본적으로 분리되지 않으며, 주로 내수 시장을 위해 생산하는, 안에서 밖으로 나가려는" 미국 북부 지역의 경제는 식민지 경제원칙들과는 완전히 달랐다. 이는 프랑스-영국의 분쟁으로 인해 해상 운송 및 물자 공급이 어려워진 앤틸리스제도의 번창했던 열대농업 경제와 연결되지 않았다면 불가능했을 것이다.

영국의 제조업과 부르주아의 승리는 의심할 여지 없이 강력하고 중앙집권적인 국가에 의해 수행된 중상주의 정책의 결실이었다. 그러나 중상주의로부터 초래된 산업혁명은 식민지 시스템에 최후의 일격을 가했다. 영국은 후대에 자유무역 규범에 헤게모니를, 다시 말해 자신의 산업적 독점 이익에 따라 헤게모니를 행사하게 되었다.

여기서 브라질과 미국의 산업혁명 결과에 대한 푸르따두의 분석에 특별히 주목할 필요가 있다. 푸르따두는 영국이 의도한 국제적 노동 분업이 어떻게 미국 북동부 지방에서 산업자본주의를 발전시켰는지를 보여 준다. 19세기 전반기에 미국의 경제발전은 다음과 같은 단일한 결합으로 유지되었다. 남부 지역에서 노예노동을 기반으로 생산한 면화를 영국 섬유산업에 수출함으로써 국가가 후원하는 산업정책과 보호주의 덕분에 자금을 지원받았으며, 처음에는 운하, 그다음에는 철도와 같은 미국의 운송 인프라를 개발하는 데 필요한 차관 도입도 촉진되었다.

브라질은 18세기 말과 19세기 초 광산 경제가 최고조의 위기에 직면하는 가운데 급격한 변화를 겪었다. 이 시기에는 수출 감소로 소득도 하락했다. 19세기 전반기 브라질은 항구를 개방하고 근대화를 이루려는 노력에도 불구하고 경제 침체를 겪었다. 이러한 침체는 브라질 경제가 커피를 통해 해외와 다시 연계됨으로써 겨우 벗어났다.

까르도주 지 멜루 교수는 지금은 고전이 된 『후기 자본주의』*O capitalismo tardio*에서 산업혁명으로 인해 라틴아메리카에서 식민지 경제의 위기가 시작되었다고 주장했다. 산업혁명은 그 근간인 강제 노동을 파괴했을 뿐만 아니라 결정적으로 민족국가 형성을 촉발하고 식민지 협정의 파기를 촉진했다. 까르도주 지 멜루 교수에 따르면 이는 또한 식민 모국의 정치적 지배와 무역의 이중적 독점의 붕괴를 의미했으며 결과적으로는 라틴아메리카 시장을 전적으로 영국 산업자본에 개방하도록 했다. 그렇지만 "라틴아메리카 역사는 더 이상 투영된 그림자가 아니며, 자유무역 산업주의*industrialismo livre-cambista*는 기껏해야 노예무역을 반대하는 주장을 하고 온갖 압력을 행사할 수 있는 힘을 가졌지만, 그 목표를 이루기에는 그 자체로 무력했다."●

이 책에서 임금노동으로 전환되는 과도기를 다룬 장들은 원시 수출 모델을 극복하고 산업화 과정에 들어선 이후 브라질의 사회경제적 발전을 결정지은 몇몇 주요 문제를 지적하고 있다.

북동부의 사탕수수 경제로부터 미나스제라이스의 금 광산 경제에 이르는 식민지 경제의 불안정으로 인해 생산업자들은 경제 쇠퇴기에 대농장주의 소유지나 소농장에서 자체 소비를 위해 생산하는 자급자족경제로 다시 후퇴했다. 이러한 보호적인 움직임 때문에 19세기 중반 노예무역이 폐지되면서 팽창하고 있던 커피 경제는 노동력 확보에 어려움을 겪게 된다. 이러한 노동력 공급 문제는 19세기 말 이민으로 해소된다.

이 시점에서 윌송 카누Wilson Cano[브라질 경제학자이자 교수]가 일명 '커피 경제권'complexo cafeeiro이라고 지칭한, 구조적이며 역동적인 특징이 우세하게 나타나기 시작한다. 임금노동을 기반으로 한 수출 경제, 즉 경제관계가 빠르게 화폐화된 수출 경제는 운송 인프라 건설, 도시화 및 관련 서비스 산업의 발달, 일부 소비재 산업의 발전 등을 통해 국내적으로 '선순환 효과'를 가져왔다.

커피 경제권의 팽창에 따른 산업 분야 내 관계의 강화에 힘입어 수출 수입收入을 통해 얻은 화폐소득을 증식할 수 있는 가능성이 조성되었으나, 동시에 커피 가격 보호정책에 따른 교역조건 악화로 국제수지 위기를 맞이했다. 푸르따두는 이와 관련하여 "복잡한 커피 경제 보호 메커니즘은 1930년대 말까지는 어느 정도 효율적으로 작동했다"라고 언급하고 있다.

● J. M. Cardoso de Mello, *O capitalismo tardio*, São Paulo: Brasiliense, 1982.

유동성이 풍부하고 원자재 축적에 대한 투기가 이루어지는 국제 상황 속에서 1920년대 말 인위적으로 커피 생산을 장려하고 가격을 유지했던 커피 보호 메커니즘 때문에 커피 가격 붕괴, 초과생산, 1929년 대공황으로 인한 급격한 소득 감소가 더욱 심화됐다.

정부는 1930년대의 대공황 및 세계무역의 붕괴를 맞이해 국내 신용으로 커피 재고에 대한 재정을 지원함으로써 실질적으로 국내 소득 보호정책을 실시했다.

국내 수요가 해외 수요보다 더 확고하게 유지되자, 국내시장을 위해 생산하던 분야가 수출 분야보다 더 좋은 투자 기회를 제공하게 되었다. 그 결과 자본형성 과정에서 국내시장과 연관된 분야가 우월했던 브라질 경제에서 실질적으로 새로운 상황이 조성되었다.

푸르따두는 수출 증가로 유발된 산업 생산 증가와 "수요를 스스로 생성할 수 있는"● 산업의 다각화 과정으로서 수입대체산업화를 구별하고 있다. 푸르따두에 따르면 이는 장비 산업의 설립, 그 제품을 생산하는 산업이 자체 산업 분야와 기타 생산 활동으로 흡수되는 것을 전제한다.

이에 따라 푸르따두는 국제수지 위기로 타격을 입어 국가가 경제에 강력하게 개입하게 되었던, 브라질의 수입대체산업화 과정의 역사적·구조적 조건(가능성과 한계)들을 규정하고 있다.

● Celso Furtado, *Formação econômica da América Latina*, Rio de Janeiro: Lia Editora, 1969.

제2차 세계대전 이후부터 1982년 외채 위기 전까지 브라질은 높은 경제성장률을 기록했다. 1947년부터 1980년까지 GDP는 연평균 7.1퍼센트 증가했는데, 이 기간에 비슷한 성장세를 보인 국가는 없었다. 이는 일본이나 아시아의 호랑이로 유명한 국가들도 달성하지 못한 성장률이었다.

브라질 산업화에 대한 비판은 자급자족경제, 비효율, 대외 경쟁력 부족, 국유화 등과 같은 경향을 고발하는 데 집중되어 있다. 브라질 경제를 비판하는 사람들은 이러한 경향이 수입대체 과정으로부터 야기된 병이라고 말한다. 많은 사람들이 이미 소위 '수입대체 모델'의 고갈을 지적하며 역동적인 움직임 속에 자리 잡고 있던 일부 중요한 과제로 ① 국내 저축, 특히 장기 금융 조달을 가능하도록 하는 국내 저축 기관 설립과 저축 수단 도입, ② 국내 대기업의 조직 현대화와 경쟁적 구조조정, ③ 페르난두 파즌질베르Fernando Fajnzylber[칠레 출신의 저명한 경제학자]가 지칭한 '기술혁신의 내생적 핵' 구축 등을 강조한다.

최근 20년간 브라질 경제의 성장과 침체 주기를 보면 1980년대 초부터 평균 경제성장률이 크게 떨어지고, 변동성이 더욱 심화되며, 경제 팽창 기간이 짧아지는 걱정스러운 경향을 보여 주고 있다.

브라질 발전과 관련한 현재의 논의는 지나치게 단기적인 거시경제 정책에 집중되어 있어서 '구조의 동력', 다시 말해 헤게모니를 가진 중심부와 주변부 지역의 세계경제 '편입'을 위한 국가전략 간 상호작용으로 결정되는 금융·기술·자산 및 공간상의 전환을 지침으로 삼는 연구를 어렵게 한다.

오늘날 이러한 전환들은 '지배 세력'pólo dominante(미국 경제, 미국의 기술력, 미국 금융시장의 유동성과 깊이, 달러화의 시뇨리지 힘)과 국제 환경 변화에 대한 개발도상국들의 '대응' 능력 간 전략적 게임에 의해 추동된다.

당연하게도, 주변부 경제들은 매우 상이한 사회적·경제적·정치적 구조와 발전 궤적을 지녔기 때문에 다양한 자본주의 발전 단계에서 소위 '경쟁적 통합'을 어느 국가는 쉽게, 어느 국가는 어렵게 이루고 있다. 예를 들어 1980년대 초까지 브라질이 거둔 성공은 새로운 국제 환경에 적응하려는 시도 속에서 '실패'를 반복하는 위기를 가져왔다. 그에 반해, 반대의 극단에서 1980년대까지 중국이 보여 준 실패는 그 이후부터 시작된 개혁의 성공에 유리한 초기 환경을 조성했다.

루이스 곤자가 지 멜루 벨루주[●]

● 루이스 곤자가 지 멜루 벨루주(Luiz Gonzaga de Mello Belluzzo)는 브라질 깜삐나스주립대학(Unicamp) 교수로 2005년 설립된 '세우수 푸르따두 국제개발정책센터'의 초대 센터장을 역임했으며 룰라 다 실바 전 대통령의 개인 경제 고문으로도 활동했다._옮긴이 주

이 책은 브라질의 경제발전사를 역사적 과정으로 소개하려는 단순한 시도이다. 1958년 이 책을 쓰면서 나는 마음속에 브라질 경제문제들을 정리된 형태로 처음 접하고자 하는 사람들(그 숫자는 나날이 증가하고 있다)을 위한 입문서, 깊은 지식은 없지만 관심을 가진 독자층이 쉽게 접근할 수 있는 입문서를 쓰고자 했다. 가능한 한 넓게 전망하고자 노력했는데, 이 전망이 적절한 깊이를 가지고 있지 않으면 경제 과정의 씨줄과 날줄을 구성하는 우연성의 사슬과 상호관계를 포착할 수 없다.

비록 광범위한 독자층을 대상으로 하고 있지만, 마음속으로는 사회과학도, 특히 철학·경제학을 전공하는 학생들을 염두에 두고 이 작업을 했다. 경제 이론들에 대한 이해는 학생들이 살고 있고 행동해야 할지도 모르는 현실의 밑바탕에 있는 역사적 과정에 이러한 이론을 적용함으로써 대학 차원에서 점점 더 완성되어야 할 필요가 있다. 단순한 입문서로서 이 책은 브라질 경제 연구의 입문 과정에서 기초가 되는 일련의 주제를 제시하고 있다. 이 책에서는 브라질의 역사적 문헌들을 거의 전부 생략했다. 이는 발전 과정 뒤에 자리 잡고 있는 역사적 사건의 재구성이 아니라 단순히 경제발전에 대한 분석이라는 이 책의 제한된 연구를 넘어서기 때문이다. 그렇지만 책 페이지 하단의 각주에 언급된 문헌 정보는 비교역사분석 관점에서 보면 흥미로울 것이다

나는 마지막 부분, 특히 31~35장에서 이전 연구인 『브라질 경제』* 에서 제시했던 분석을 충실히 따랐다. 그렇지만 정량적 데이터는 전부 새검토했으며, 그 출처 또한 언급했다. 이 책과 이전 연구의 근간이 되는 결론이 다르지는 않더라도, 강조하는 점이나 중점 내용은 많이 바뀌었으며 중요한 새로운 자료도 많이 추가했다.

세우수 푸르따두

---

* *A economia brasileira*, Rio de Janeiro, 1954.

P A U - B R A S I L

1부

영토 점령의 경제적 근간

교역의 팽창에서 농업 기업까지

아메리카 땅에 대한 경제적 점령은 유럽에서의 교역이 팽창한 결과였다. 그리스의 경우처럼 인구 압력으로 인한 인구이동도 아니었으며, 유럽 남쪽과 서쪽으로의 게르만족의 대이동처럼 힘의 균형, 즉 체제의 붕괴로 인한 민족의 대이동도 아니었다. 유럽 내 교역은 11세기부터 크게 성장하기 시작해 15세기에 이르러 높은 발전 단계에 도달했다. 당시에는 오스만튀르크 제국의 침공 때문에 제조품을 포함한 고품질 상품을 공급받던 동방 교역이 어려워지기 시작했다. 오스만제국이라는 장애를 넘어 동방 교역로를 재구축한 것이 15세기 후반기에 유럽이 이룩한 최대의 성과라는 데는 의심의 여지가 없다.[1]

아메리카 대륙의 발견은 기본적으로 이러한 놀라운 업적 가운데 하나로, 처음에는 부차적인 사건인 듯했다. 실제로 포르투갈인들에게 반세기 동안은 그랬다. 이 발견으로 인한 최초의, 그리고 거두기 쉬운 결실은 전부 스페인인들에게 돌아갔다. 멕시코 사원과 안데스 산맥 지역에 자리 잡았던 고대 문명이 축적한 금이 아메리카로 진출했던 첫 시기 유럽인들의 목표이자 아메리카 대륙이 이들에게 존재하는 이유였다. 발견의 손길을 기다리고 있는, 상상할 수 없는 부가 존재한다는 사실은 전설이 되어 전 유럽으로 퍼져 갔고, 아메리카라는 새로운 땅에 대한 관심을 크게 불러일으켰다. 이런 지대한 관심으로 인해 새로운 땅의 '주인'인 스페인과 포르투갈은 다른 유럽 국가들과 사이가 틀어졌다. 이때부터 아메리카 대륙의 점령은 단지 교역 문제에 머물지 않고 중요한 정치적 요인들과 연결되었다. 그때까지 알려지지 않았던 보물을 소유하게 된 스페인은 아메리카

1_ 15세기 포르투갈의 경제적 발전(아프리카 연안 개발, 대서양 제도에서의 농업 확장, 인도 항로 개척)은 유럽 교역 팽창에 있어 독자적인 현상으로, 오스만제국의 침입으로 동지중해 무역에서 커져 가던 어려움과는 대부분 상관없었다. 베네치아가 아직 동지중해 섬들의 설탕 공급원이던 15세기 후반에 포르투갈이 소유하고 있던 마데이라 섬과 상투메 섬에서의 설탕 생산은 정점에 달했다.
인도 향료 무역도 마찬가지였는데, 바스쿠 다 가마가 인도 항로를 개척하고 나서 25년이 지난 뒤에 오스만튀르크는 주요 중계지였던 이집트를 점령했다. 새로운 항로 개척에 따른 즉각적인 결과로 향료 가격이 급격하게 하락했고, 그 결과 베네치아 상인들은 리스본에서 알렉산드리아의 아랍인들에게 지급했던 가격의 절반으로 향료를 구매하게 되었다. 이에 대해서는 프레디 시리에(Freddy Thiriet)의 *Histoire de Venise*, Paris, 1952, p. 104 참조. 오스만튀르크의 위협에 맞서고 아랍 중계상들을 배제했으며, 베네치아의 독점을 타파하고 향료 가격을 낮춘 포르투갈의 이 위대한 업적은 이후의 유럽 무역 발전에서 본질적으로 중요한 것이었다. 포르투갈의 해양 진출 동기에 대해서는 안또니우 세르지우(António Sérgio)의 뛰어난 연구서인 *A Conquista de Ceuta, Ensaios*, Tomo I, 2ª ed., Coimbra, 1949 참조.

내에서 점령한 영토를 거대한 요새로 바꾸려 했다. 반면 다른 국가들은 금을 찾아 떠나는 출발지 또는 스페인인들을 공격하는 기지가 될 강력한 요새를 설치하려 했다. 만약 아메리카 발견 이후 첫 2세기 동안 스페인만이 누렸던 보물에 대한 신기루가 없었다면 아메리카 대륙의 탐험과 점령은 매우 천천히 진행되었을 것으로 보인다.

경제적으로 브라질 영토를 점령하기 시작한 것은 상당 부분 포르투갈과 스페인에 다른 유럽 국가들이 정치적으로 압력을 가한 결과라고 볼 수 있다. 이들 유럽 국가 사이에는 '스페인과 포르투갈이 실질적으로 점령한 영토 이외 지역에 대한 권리는 없다'는 원칙이 이미 지배적으로 자리 잡고 있었다. 그리하여 종교적인 이유 때문이기도 했지만 정부의 지원하에 프랑스인들이 아메리카 신대륙에 거주 식민지colônia de povoamento(신대륙 최초의 거주 식민지였다)를 건설하는 탐험대를 처음으로 조직했을 때 눈길을 돌린 곳은 현재의 브라질 북부 해안 지역이었다. 프랑스의 이러한 움직임을 예의주시하고 있던 포르투갈인들은 프랑스 왕실에 뇌물까지 주어 가며 브라질에 대한 프랑스인들의 관심을 다른 곳으로 돌리려 노력했다. 그러나 시간이 흐르면서 아메리카 대륙 내 영토를 지속적으로 점령하는 노력을 기울이지 않는 이상 자신들의 영토를 잃어버리게 되리라는 사실은 더욱더 자명해졌다. 영토를 지속적으로 점령하려 노력한다는 것은 당시 생산성이 훨씬 높았던 동양에서의 사업 재원을 아메리카로 돌리는 것을 의미했다. 브라질 내륙에도 금이 존재할지 모른다는 환상(이로 인해 프랑스인들의 압력이 점점 커져 가는 게 이상하지 않을 정도였다)은 포르투갈이 아메리카 내 영토를 보전하기 위해 많은 노력을 기울이도록 결정하는 데 확실한 영향을 끼쳤다. 그렇지만 포르투갈 입장에서 당장 뚜렷한 결실도 없는 브라질에 투입할 수 있는 재원에는 한계가 있었을 것이며, 오랫동안 이 새로운 영토를 지키는 데 필요한 재원 역시 충분하지 않았을 것이다. 스페인은 포르투갈과 비교할 수 없을 정도로 풍족했지만 침입자들의 압력 때문에 토르데시야스조약에 따라 자신들에 할당된 영토의 상당 부분을 양보해야 했으며, 보다 효율적으로 영토를 지키기 위해 적과 맞서는 최전선을 축소할 필요도 있었다. 이에 따라 쿠바처럼 경제적인 중요성은 적지만 방어와 보급 목적의 거주 식민지를 설치하는 게 필수적이었다. 스페인이 대규모로 군사-광산 사업을 벌이고 있는 지역을 제외한 여타 아메리카 지역은 경제적인 관심도가 적었을 뿐 아니라, 효과적이고 영속적으로 아메리카 대륙을 지키는 일은 거대한 재원을 삼키는 밑 빠진 독과 같았다. 16세기 아메리카 대륙의 동쪽 해안에서 발전한 인디오 원주민들과의 가죽 및 나무 거래는 제한적으로 이루어졌으며, 이 또한 보잘것없는 요새를 설치하는 것 이상의 작업을 필요로 하지 않았다.

아메리카 대륙 식민사의 첫 세기에 가장 눈에 띄는 자취는 경제적으로 사용되지 않거나 거의 사용되지 않은 땅을 소유하기 위한 싸움이었다. 스페인과 포르투갈은 자신들이 새로운 땅 전체에 대한 권리를 지녔다고 믿었으나, 당시 매우 빠르게 교역을 확대하고 있던 네덜란드·프랑스·영국 등 유럽 국가들은 이 권리에 이의를 제기했다. 스페인은 자신들의 풍요로운 영토를 방어하는 데 필요한 재원을 공급할 만큼 풍부한 결실을 즉시 수확했음에도, 지켜야 할 영토가 너무나 넓고 게다가 많은 지역이 전혀 쓸모없다고 여겨 귀금속 생산 축인 멕시코-페루를 중심으로 방어 체제를 구축하기로 했다. 이 방어 체제는 현재의 미국 플로리다에서 시작해 남미의 라플라타강 하구까지 펼쳐졌다. 그러나 스페인은 이러한 방어 체제와 풍부한 재원에도 불구하고 적이 방어전선 한가운데에 위치한 앤틸리스제도에 침입하는 것을 막지 못했다. 초기 앤틸리스제도의 식민 목적은 기본적으로 군사적 용도였다.[2] 그러나 나중에 살펴보겠지만 다음 세기로 접어들면서 앤틸리스제도는 경제적으로 엄청난 중요성을 지니게 된다.

한편 포르투갈에는 아메리카 땅에서 쉬운 귀금속 추출 대신에 경제적 활용 방법을 찾아야 한다는 과제가 주어졌다. 그렇지 않으면 아메리카 영토를 방어하는 데 드는 비용을 충당할 수 없을 터였다. 유럽의 발전을 보다 폭넓은 관점으로 바라보고 있던 다미어웅 드 고이스Damião de Góis[3] 같은 동시대 지식인들이 이 문제를 깊게 논의했다. 당시 정치적 조치들이 취해져 브라질 영토에 대한 농업 개발이 시작되었는데, 이는 아메리카 역사에서 매우 중요한 사건이다. 아메리카는 당대에 아프리카 해안 및 인도에서 이루어지던 것과 마찬가지로 약탈과 추출이라는 단순한 사업이 이루어지는 곳으로서

2_ 프랑스인들의 앤틸리스제도 정착은 "처음에는 스페인령 아메리카로부터의 식민지 보호와 공격이라는 관점에서 검토되었다." Léon Vignoles, "Les Antilles françaises sous l'ancien regime", *Revue d'Histoire Economique et Sociale*, no. 1, 1928, p. 34.

3_ 16세기 포르투갈의 대표적인 인문주의 철학자로, 동 마누엘과 동 주어웅의 연대기를 썼다._옮긴이 주

유럽 재생산 경제의 일원이 되었으며, 유럽 경제의 기술과 자본이 아메리카에 투입되며 창출된 재화가 지속적으로 유럽 시장으로 흘러갔다.

아메리카 대륙에 대한 경제적 탐사는 16세기에는 실제로 실현 불가능한 사업 같았다. 그 당시 유럽에서 어떤 농산품도 대규모 거래 대상은 아니었고, 아메리카 지역의 주산품인 밀은 유럽 대륙 내에서도 풍부한 보급원이 있었다. 거리가 멀다는 불안정성 때문에 운송 요금이 너무 높아 제조품과 동양의 향료만이 운송 비용을 감당할 수 있었다. 이외에도 머나먼 아메리카 땅에서의 농업에 막대한 비용이 소요되리라는 점은 쉽게 상상할 수 있었다. 아메리카에서 기업형 농업empresa agrícola을 맨 처음 시작한 것이 포르투갈인이었다는 점은 널리 알려져 있다.[4] 만약 포르투갈인들의 노력이 성공하지 못했다면 브라질 영토 방어에는 매우 많은 비용이 들었을 것이며, 또한 예상한 것보다 일찍 금을 발견하지 못했다면 아메리카 내에서 포르투갈이 식민 대국으로 남아 있기란 매우 힘들었을 것이다.

4_ "브라질은 아메리카에서 경작을 시도한 최초의 유럽인 정착지였다." Noel Deer, *The Cambridge Modern History*, vol. VI, Cambridge, 1909, p. 389 참조. 앤틸리스제도와 멕시코를 점령한 스페인인들이 포르투갈인들 이전에 농경 사업을 시도했다고 알려져 있으나, 이들의 시도는 실험 단계일 뿐이었다.

농업 기업의 성공 요인들

최초의 방대한 유럽 식민지 농업 사업은 일련의 매우 유리한 요인들에 힘입어 성공할 수 있었다. 포르투갈인들은 아메리카 대륙에 도착하기 수십 년 전에 유럽에서 매우 귀하게 여기던 향신료 중 하나인 설탕을 대서양 섬들에서 어느 정도 큰 규모로 생산하고 있었다. 결과적으로 이러한 경험이 설탕 생산과 관련된 기술적 문제를 해결하는 것 외에도 제당 공장에 필요한 장비 산업의 발전을 포르투갈에 가져다주었다. 당시 어떤 생산기술을 불문하고 기술 습득의 어려움과 장비 수출에 가해졌던 금수 조치를 고려하면, 제당 분야에서의 기술 발전이 없었다면 브라질에서의 사업 성공은 훨씬 더 힘들었거나 요원했을 것이다.[1]

이러한 대서양 섬에서의 경험이 갖고 있는 가장 큰 의미는 아마

교역에서 찾아볼 수 있을 것이다. 모든 정황을 고려할 때, 초기에 포르투갈 설탕은 이탈리아 도시 상인들이 통제하는 전통적인 교역 경로를 통해 유통되었다. 그렇지만 15세기 마지막 25년 동안 설탕 가격이 하락했다는 사실을 감안하면 늘어난 설탕 생산량을 소화할 정도로 이 경로에서의 무역량이 증가하지는 않았다는 것을 알 수 있다.[2] 이 시기 과잉생산으로 발생한 설탕 가격 하락의 위기는 전통적으로 지중해 도시들이 구축하고 있던 교역 시장에서 설탕이 비교적 제한된 규모로 거래될 수밖에 없었다는 점을 명확히 드러낸다. 그럼에도 포르투갈이 생산한 설탕이 시장에 유입됨으로써 일어난 주요 결과 중 하나는 생산지生産地 접근에 대한 독점, 즉 베네치아인들이 그동안 유지해 온 독점의 붕괴였다. 일찍부터 포르투갈이 생산한 설탕 중 상당량이 플랑드르 지방으로 운송되었다. 1496년 설

1_ 설탕 생산기술은 지중해 지역에 어느 정도 보급되어 있었다. 시리아부터 스페인까지 비록 그 양이 적으나마 모든 지역에서 설탕이 생산되었기 때문이다. 그러나 사이프러스 섬에서 생산된 설탕 같은 일등급 상품은 비밀 기술이 필요했다. 어느 제노바인이 마데이라 섬의 주요한 생산자라는 기록은 당시 설탕 생산과 교역의 주역인 이탈리아인들이 대서양에 위치한 포르투갈령 섬들에서의 농경 팽창에 관여했다는 것을 보여 준다. 정제 기술의 비밀은 매우 엄격하게 지켜졌다. 오랫동안 유럽에서 소비되던 설탕에 대한 정제를 독점하고 있던 베네치아 의회(Council of Venice)는 1612년에도 설탕 산업과 관련된 자본, 기술, 장비 수출을 금하고 있었다. Noel Deer, *The History of Sugar*, vol. I, London, 1949, p. 100; vol. II, p. 452 참조.

2_ 포르투갈 설탕 생산이 팽창되던 시기에 베네치아 바깥에서 제당소(engenho de açúcar)가 출현했다는 사실(예를 들어 1470년부터 볼로냐)을 통해 당시 베네치아인들의 설탕 생산 독점이 붕괴되었음을 알 수 있다. 1490년대에 나타난 급격한 설탕 가격 하락은 독점 시장에서 경쟁 시장으로 이행된 결과라고 볼 수 있을 것이다.

탕 가격 하락 압력을 받은 포르투갈 정부가 설탕 생산을 제한하기로 결정했을 때 이미 세 번째 설탕 생산분이 플랑드르 항구로 운송되고 있었다.[3]

16세기 중반부터 포르투갈의 설탕 생산 사업은 초기에는 안트베르펜, 그다음에는 암스테르담의 이익을 대표하는 플랑드르인들과의 공동 사업이 되었다. 플랑드르인들은 포르투갈의 수도인 리스본에서 설탕을 수거한 다음 이를 정제해 전 유럽, 특히 발트해 지역, 프랑스, 영국으로 수출했다.[4]

16세기 후반 플랑드르 지방, 특히 네덜란드는 설탕 시장의 급속한 팽창에 크게 기여했다. 이는 브라질의 식민지화가 성공할 수 있었던 근본적인 요인이 되었다. 당시 네덜란드인들은 유럽 내 교역에 특화되어 있었고 교역의 상당 부분에 자금을 대고 있어, 설탕과 같은 새로운 상품의 대규모 시장을 조성하는 데 필요한 교역 체제를 갖춘 유일한 민족이었다. 실제로 초기에는 마데이라에서 생산되

3_ 포르투갈의 동 마누엘 1세는 1496년 최대 설탕 생산량을 12만 아호바(arroba)[옛 무게 단위로 현재 약 15킬로그램에 해당함]로 제한했으며, 그중 4만 아호바가 플랑드르 지방, 1만6천 아호바가 베네치아, 1만3천 아호바가 제노바, 1만5천 아호바가 키오스(Quios) 섬, 7천 아호바가 영국으로 수출되었다. Henrique Da Gama Barros, *História da Administração Pública em Portugal*, vol. IV, cap. v., Lisboa, 1777; Noel Deer, op. cit., vol. I, p. 101 재인용.

4_ "최초의 제당소가 안트베르펜에 언제 설치되었는지에 대한 기록은 없다. 그러나 16세기가 막 접어들었을 때였을 것이다. …… 1550년에는 이미 13개의 제당소가 있었으며, 1556년에는 그 수가 19개로 늘었다. …… 안트베르펜에 있는 제당소들이 강제로 문을 닫게 되자 유럽의 교역은 암스테르담으로 옮겨 갔다. …… 1587년에는 상당수의 제당소가 운영되고 있었는데, 그중 일부를 안트베르펜으로부터 망명한 사람들이 설립했다는 것은 확실하다." Noel Deer, op. cit., vol. II, p. 453.

던 소량의 설탕을 판매하는데도 어려움이 컸다. 그러나 이후 설탕 시장이 놀랄 만큼 빠르게 성장하면서 안정적인 가격으로 브라질에서 생산된 대규모 설탕을 흡수해 버렸다. 이를 살펴보면 설탕 산업의 성공에서 상업화 단계가 얼마나 중요했는지를 명확히 알 수 있다.

네덜란드인들은 자신들의 교역 경험뿐만 아니라 설탕 기업에 필요한 실질적인 자본도 제공했다. 네덜란드 자본가들이 설탕 정제 및 상업화 이외의 다른 분야에도 자금을 제공했다는 자료가 꽤 많다. 모든 정황을 고려할 때, 플랑드르 자본이 브라질 내 설탕 생산 시설뿐만 아니라 노예 노동력 수입에 필요한 자금도 지원했으며, 사업 실현 가능성과 높은 수익률만 입증되면 사업 확장을 위한 자금조달은 큰 문제가 아니었음을 알 수 있다. 브라질 설탕 판매 확대에 관심 있던 강력한 네덜란드 금융 그룹이 생산능력 증대에 필요한 재원을 쉽게 지원했으리라는 사실은 명백하다.[5]

그러나 설탕 생산 시기 포르투갈인들이 가지고 있던 기술적 경험, 재정 및 교역 능력만으로 브라질 땅에서 식민 농업 사업을 벌이는 것은 불가능했으며, 노동력도 해결해야 할 큰 문제였다. 유럽으로부터 필요한 노동력을 수입할 경우 막대한 투자가 필요해 사업 전체가 경제성이 없었다. 유럽의 노동력을 유치하기 위해서는 유럽보다 훨씬 높은 임금을 지급해야 했다. 토지는 대규모 자본을 집중

5_ 당시 네덜란드인들이 설탕의 운송(브라질과 포르투갈 간의 운송을 포함), 정제, 상업화를 통제하고 있었다는 점을 염두에 둔다면, 설탕 사업은 실질적으로 포르투갈보다는 네덜란드의 사업이었다는 사실을 쉽게 유추할 수 있다. 정제 작업에 따른 이윤만 해도 순 설탕 금액의 약 3분의 1에 달했다. 이 점에 대해서는 Noel Deer, op. cit., vol. II, p. 453 참조.

적으로 투입하지 않고서는 실질적으로 경제적 가치가 없었기 때문에 일정 기간 노동력을 제공하는 대가로 정착민에게 토지를 제공해 비용을 감축하는 방안은 그다지 매력적이지도 않았고, 실현 가능성도 없었다. 당시 포르투갈, 특히 동양에서의 사업이 놀랍도록 빠르게 번창하고 있어 포르투갈에서 노동력을 쉽게 끌어올 수도 없었다. 그러나 이러한 상황에서도 한 가지 상황 덕분에 노동력 문제가 매우 쉽게 해결되었다. 당시 포르투갈인들은 아프리카에 흑인 노예 시장이 존재한다는 사실을 이미 확실하게 알고 있었다. 항해 왕자 엔히끼(1394~1460)가 활동하던 시대보다 거의 1세기 앞서 이교도인 흑인들을 포로로 나포하기 위한 전쟁이 시작되었다. 이 전쟁은 이후 유럽의 특정 지역에 노예 노동력을 제공할 정도로 체계적이고 이윤이 큰 교역 사업으로 발전했다. 재원이 충분할 경우 이러한 노예 사업 확대를 통해 새로운 농경 식민지인 브라질에 값싼 노동력을 제공할 수 있었다. 이러한 노예 노동력의 제공이 없었을 경우 브라질의 농경 식민 사업은 경제적으로 가능하지 않았을 것이다.[6]

앞에서 언급한 각각의 문제들, 즉 생산기술, 시장형성, 재정지원, 노동력 등은 이미 수립된 계획의 존재 유무와 상관없이 적절히 때에 맞게 해결되었다. 여기서 우리가 중요하게 고려해야 할 것은 일련의 유리한 상황이 조성되었다는 점이다. 그렇지 않았다면 사업은

6_ 원주민 노동력을 사용하겠다는 생각은 첫 번째 식민화 프로젝트의 일환이었다. 아프리카 노예 수입에 동원된 자본금 액수가 너무 컸기 때문에 사업 이윤이 매우 높게 평가될 때만 대안으로 여겨졌다. 그러나 원주민 노동력은 식민 정착촌이 경제적으로 팽창할 기회가 없는 지역에서는 언제나 핵심적인 역할을 맡았다.

큰 성공을 거둘 수 없었을 것이다. 물론 이 모든 사업 뒤에는 아메리카 대륙 가운데 자국에 할당된 영토를 유지하려는 포르투갈 정부의 노력과 욕망이 있었다. 특히 포르투갈 정부는 언젠가 이 지역에서 대량의 금이 발견될 것을 기대하고 있었다.

포르투갈 정부의 욕망은 구체적인 근거가 발견되면서 실질적인 정책으로 변환되었다. 포르투갈과 같은 소왕국에 있어 새로운 영토를 방어하는 일이 오랫동안 재정적으로 큰 부담을 주는 경우 일반적으로 사업 속도가 느려졌을 것이 틀림없다. 포르투갈인들은 거대한 아메리카 대륙에 계속 남아 있었던 이유는 16세기 대규모 농경 사업의 성공(당시 유일했다)때문이었다. 토르데시야스조약에 따라 아메리카 대륙 진출에서 배제된 패권 국가들의 진출로 인해 그다음 세기의 유럽 내 역학 관계가 변화했을 때 포르투갈은 이미 자국에 할당된 지역을 실질적으로 지배하고 있었다.

독점의 근거

브라질 농경 식민 사업에 대한 재정지원의 멋진 결과는 새로운 땅을 경제적으로 활용하는 매력적인 전망을 열었다는 것이다. 그러나 스페인은 귀금속을 추출하는 사업에 계속해서 집중했고, 적대국들의 압력이 커지자 자신들이 지배하고 있던 풍요로운 지역에 대한 방어망을 강화하는 데에만 힘을 쏟았다. 스페인인들이 집중적으로 모여 살던 이들 지역은 아메리카 대륙에서 인구가 많은 지역으로 발전했다. 사실 스페인의 식민 사업은 이들 지역에서의 노동력 착취를 기본으로 했다. 스페인은 식민지와의 교류나 식민지들 간의 교류를 증진하는 데는 관심을 전혀 두지 않았다. 이로 인해 당시 스페인 본국과 식민지들 간에는 계속해서 운송 수단이 부족했으며, 결과적으로 이는 이후 지나치게 높은 운임의 원인을 제공했다.[1] 스페인의 정책은 식민지를 가능한 한 자급자족하면서 정기적으로 순잉여금(귀금속의 형태로)을 본국으로 이전하는 생산자 중심의 경제 체제로 이행시키는 데 초점을 맞추었다.

아메리카로부터 비교적 많은 양의 귀금속이 유입되면서 스페인 경제는 심대한 구조적 변화를 겪었다. 스페인의 경제력은 측정할 수 없을 만큼 커졌다. 그러나 스페인은 지속적인 무역수지 적자에 시달렸으며, 공공 부문 지출이나 정부 보조금을 받는 민간 부문의 지출로 소득이 크게 증가해 만성적인 인플레를 겪었다. 스페인이 전 유럽으로 확산된 인플레의 중심지였기 때문에 전반적인 물가수준이 이웃 나라들보다 계속해서 높았으며, 이는 결과적으로 수입 증가와 수출 감소를 초래했다.[2] 아메리카로부터 일방적으로 귀금속이 유입되면서 스페인의 수입은 급증했다. 결과적으로 이는 국내

1_ '인도법'(As Leis das Índias)은 아메리카 항구에 스페인 국적이 아닌 선박의 입항을 엄격하게 금지했으며, 스페인과의 교역 행위를 세비야 항구로 제한했다. 아메리카에서 세비야 항구로의 선단이 매년 한 번만 운행되었기에, 선단에 자리를 얻기가 매우 어려웠다. 포르투갈이 스페인과 합병되었던 시기에도 포르투갈 리스본에서 생산된 제당 장비는 세비야 항구로 먼저 이송된 후 높은 운임으로 아메리카의 스페인 식민지로 선적되었다. Ramiro Guerra Y Sánchez, *Azúcar y población en las Antillas*, 3ª ed, La Habana, 1944, p. 50.

2_ 세비야에서의 선단 공급과 관련한 해밀턴(J. Hamilton)의 연구는 제조품이든 식량이든 수입 상품의 상당 부분에 있어서 동일한 현상이 발생했음을 명확하게 보여 주고 있다. 이에 대해서는 그의 여러 연구 중 *American Treasure and the Price Revolution in Spain, 1501-1610*, Cambridge: Mass, 1934 참조. 스페인 시장을 점유하려는 투쟁은 다른 유럽 국가들의 공통 목표가 되었는데, 이와 관련해서는 콜버트(Colbert)의 "*Plus chacun Etat a du commerce avec les Espagnols plus il a d'argenit*" 참조. 또한 E. Levasseur, *Histoire du Commerce de la France*, vol. I, Paris, 1911, p. 413 참조.

생산에 부정적인 효과를 미치는 동시에 다른 유럽 국가들의 경제를 발전시키는 요인으로 작용했다. 국가로부터 직간접적인 보조금을 받으며 생활할 수 있는 가능성이 높아지면서 비경제활동인구 수가 증가했다. 이에 따라 스페인 사회에서 생산 활동 그룹의 중요성이 약화되었을 뿐만 아니라 국가정책에서 그들의 영향력도 축소되었다.

스페인의 경제 쇠퇴는 아메리카 식민지들에 커다란 손실을 입혔다. 광산 개발 외의 다른 대규모 경제 사업이 전혀 이루어지지 않았기 때문이다. 3세기 동안 지속된 거대한 식민 제국에서 농산품 수출은 중요성이 높지 않았다. 당시 대규모 원주민 집단에게 제조품을 공급하는 일은 아메리카 현지의 수공업에 그 기반을 두었다. 이에 따라 아메리카 지역에 이미 존재하고 있던 자급자족경제economia de subsistência의 변화가 지체되었다. 스페인 경제의 쇠퇴, 특히 17세기 후반에 더욱 심화된 경제 쇠퇴[3]가 아니었다면 스페인 본국에서 생산된 제조품을 아메리카 식민지로 수출하는 일이 틀림없이 가능했을 것이다. 그 경우 귀금속 형태를 띤 생산 잉여물의 단순한 주기적 이전보다는 좀 더 복잡한 형태의 경제 관계로 발전했을 것이다. 멕시코 고원과 안데스 고지대에 거주하는 수많은 사람들이 유럽산

3_ 이러한 쇠퇴가 가장 명확히 드러난 징후는 1594-1694년의 인구조사와 비교해 인구가 25퍼센트 감소했다는 점이다. "거의 대부분의 제조품 생산 도시는 인구 면에서 최악의 감소를 겪었다. …… 예를 들어 바야돌리드, 톨레도, 세고비아는 거주민의 절반 이상이 줄었다." 18세기 중반 프란시스코 마르티네스 마타는 철, 강철, 동, 주석, 유황 노동자 조합을 포함하여 수많은 조합이 사라진 것을 관찰했다. J. Hamilton, "The decline of Spain", *Essays in economic history*, London, 1954, p. 218.

제조품을 소비함에 따라 스페인 내수 소비를 위한 것이든, 재수출을 위한 것이든 현지 제품을 수출하는 대상이 필요했을 것이다. 이런 유형의 교류는 틀림없이 낡은 원주민 경제구조에 변화를 가져다주었을 것이고, 더 많은 유럽 자본과 기술의 유입을 가능케 했을 것이다.

스페인 식민 사업이 이런 방향으로 발전했다면 포르투갈 식민 사업이 극복해야 할 어려움은 훨씬 더 컸을 것이다. 스페인인들은 설탕 생산에 필요한 최상 품질의 토지(유럽 토지와 매우 유사한)가 풍부했고, 농경의 관점[4]에서 볼 때 선진 농경에 익숙한 값싼 원주민 노동력을 보유하고 있었으며, 재정 능력도 막대했다. 이에 따라 스페인인들이 16세기 이후 열대 상품 시장과 설탕 시장[5]을 쉽게 지배했으리라 예상할 수 있지만 이런 일은 실제로 일어나지 않았다. 그 이유는 무엇보다도 스페인 경제가 쇠퇴했기 때문이다. 포르투갈처럼 스페인 내에는 정치적 불안 요소가 없어 식민지 시장에서 자신들의 상품을 팔고자 했던 강력한 경제 그룹들이 아메리카 식민지의 농산품 수출 선을 발전시켰을 것이다. 막대한 양의 귀금속이 유입되고

4_ 농경의 관점에서 가장 발전한 사람들은 멕시코와 안데스산맥에 거주하던 고원지대 부족이었다. 그러나 이들은 저지대 습지에 위치한 사탕수수 농장에서의 작업에 잘 적응하지 못해 이 지역 주민들에게 설탕을 제공하기 위해 설치되었던 제당소에는 흑인 노동력이 유입되었다. 이 지역 농경 발전에 투입될 수 있던 많은 앤틸리스제도 거주민 중 상당수가 다른 기후 조건을 가진 광산 지역에 투입되었고, 결국에는 대부분이 죽었다.

5_ 안달루시아 지방에서 생산되는 소량의 설탕과 스페인 국내시장에서 경쟁하지 못하도록 아메리카 식민지의 설탕 수출은 금지되어 있었다.

스페인에 부가 집중되던 이 시기에 제조업 분야가 퇴보하지 않았다면 제조업자들이 이러한 발전을 주도했으리라는 점은 충분히 예상할 수 있다. 그러므로 포르투갈 농경 식민 사업이 성공한 주요 요인 가운데 하나는 스페인 경제의 쇠퇴, 무엇보다 때 이른 귀금속 발견으로 인한 스페인 경제의 쇠퇴였다는 점을 알 수 있다.

체제의 와해

브라질 식민화의 근간이었던 농업 기업이 탄생해 놀랍도록 빠르게 성장할 수 있었던 당시의 정치적·경제적 상황은 포르투갈이 스페인에 의해 합병됨으로써 크게 바뀌었다. 1580~1640년의 합병 기간에 스페인과 네덜란드[1] 사이에 벌어진 전쟁은 포르투갈의 아메

1_ 현재의 네덜란드, 벨기에, 북부 프랑스 일부를 포함한 지역은 근대 초기에는 네덜란드, 즉 '저지대 국가들'이라는 지명으로 알려져 있었다. 홀란트와 제일란트로 대표되는 7개[2개 이외의 5개 지방은 헬러 공국, 위트레흐트 지역, 오베르이셀 지역, 프리지아 지역, 흐로닝언과 옴멜란덴 지역임] 북부 지방이 16세기 말 독립을 쟁취하자 그 밖의 다른 지방들은 스페인령 저지대 국가들로 불리게 되었고, 18세기부터는 오스트리아 저지대 국가들로 알려졌다. 당시 독립한 지역은 '연합 주'(United Provinces)로 불렸으며, 이후에 네덜란드라는 이름을 갖게 되었다. 연합 주의 독립은 공식적으로 1579년에 이루어졌으나(위트레흐트 동맹), 스페인과의 전쟁은 30년간 계속되었으며, 마침내 1609년에 12년 휴전협정을 맺음으

리카 식민지였던 브라질에 커다란 영향을 미쳤다.

17세기 초 네덜란드인들은 유럽 국가들의 모든 해상 교역을 실질적으로 통제하고 있었다.[2] 네덜란드 상인들의 협조 없이 유럽에 설탕을 배급하는 것은 불가능했다. 또한 네덜란드 상인들은 자신들의 노력에 성공 여부가 달려 있던 중요한 설탕 사업을 결코 포기하려 하지 않았다. 네덜란드인들이 스페인에 대항해 끈질기게 전쟁을 벌인 이유 가운데 하나가 바로 설탕 교역에 대한 지배권 확보였다. 그리고 이 전쟁으로 인해 네덜란드인들은 약 25년간(1630~1654) 브라질 내 설탕 생산 지역을 점령했다.[3] 그렇지만 이전에 존재했던

로써 종결되었다. 스페인에 종속되어 있던 시기에 포르투갈과 교역을 크게 발전시킨 연합주의 플랑드르인들은 독립을 성취했으나, 그다음 해에 스페인이 포르투갈을 점령했기 때문에 포르투갈과의 교역을 포기할 수밖에 없었다.

2_ "지리적 위치, 뛰어난 교역 시스템과 기술, 주변국들의 경제적 낙후 등으로 인해 17세기 초 유럽의 운송 및 교역에 대한 네덜란드의 실질적인 독점이 1730년까지 완전히 지속되었으리라는 점은 큰 무리 없이 추정할 수 있다." C. H. Wilson, "The Economic Decline of the Netherlands", *Essays in economic history*, London, 1954, p. 254.

3_ 네덜란드인들은 1609년 휴전협정을 맺기 이전에 포르투갈의 동양 제국에 침투해 들어가기 시작했다. 동시에 다양한 속임수를 이용해 리스본에서 설탕을 계속 수입했다. 이는 무엇보다 플랑드르인들을 자국을 점령한 스페인의 적으로 여겼던 포르투갈인들의 묵인 하에 이루어진 것이었다. 이어 12년간의 휴전 기간에 네덜란드의 침략은 더욱 거세져 브라질과 직접 교역하기에 이르렀다. "스페인 왕실이 식민지의 대외 교역을 확고하게, 그리고 반복적으로 금지했음에도 불구하고 브라질과 외국 간의 교역이 크게 확대된 것은 1609~1621년의 휴전협정 기간이었다. 1622년 네덜란드 의회에 소속된 네덜란드 상인 대표부가 이 교역 사업과 연관되어 있었다는 사실은 부러움을 살 만한 유리한 위치를 어떻게 획득했는지를 잘 설명해 준다. 브라질과 네덜란드의 교역은 대부분 비아나두까스뗄루 (Viana do Castelo)와 뽀르뚜(Porto)에 거주하는 정직하고 능력 있는 수많은 포르투갈인들의 중계를 통해 이루어졌다. 이들은 네덜란드의 설탕 사업 참여 금지가 공식적으로 처음

협력 시스템이 붕괴한 결과가 군사 점령보다 훨씬 더 오래 지속되었다. 브라질의 북동부를 점령한 동안 네덜란드인들은 설탕 산업 관련 기술 및 조직에 대한 지식을 완벽히 습득했다. 바로 이 지식에 힘입어 네덜란드는 카리브 지역에 브라질과 경쟁 관계에 놓이게 될 설탕 공장을 대규모로 조성해 더욱 발전시킬 수 있었다. 이때부터 포르투갈 생산자들과 유럽 교역을 통제하고 있던 네덜란드 금융 그룹 간의 이해가 일치함으로써 구축되었던 기존 75년간의 독점 체제가 사라졌다. 그 결과 1651~1675년 사이 설탕 가격은 절반으로 떨어졌고, 18세기 내내 낮은 수준에 머물렀다.

포르투갈 식민 농업 사업이 최대의 이윤을 남기던 시기는 지나갔다. 17세기 후반의 연평균 수출량은 최고조에 달했던 1650년경 수출량의 50퍼센트에도 미치지 못했다. 이렇게 줄어든 수출 물량은 이전 시기의 절반도 안 되는 가격에 팔렸다. 모든 것이 설탕 생산으로 인한 실질 수익이 최고조였던 시기에 비해 4분의 1로 줄었다. 이 시기 포르투갈 통화의 금 대비 평가절하가 실질적으로 동일한 비율로 발생했는데, 이는 포르투갈의 국제수지에서 브라질 설탕이 얼마나 중요한지를 확실하게 보여 준다. 포르투갈은 식민지의 주요 공

공포된 1594년 이후 자신들의 이름과 국기를 내걸고 자발적으로 이 사업에 뛰어들었다. …… 특히 비아나두까스뗄루 시장은 늘 현지 네덜란드 공장 및 중개인들에게 '스페인인들로부터 피해 보지 않고 자신을 지키는 방법'을 '귀띔'해 주었다. …… 네덜란드 상인들이 브라질-유럽 간 무역량 가운데 2분의 1에서 3분의 2 정도를 취급했던 것으로 추정된다." C. R. Boxer, *The Dutch in Brazil*, Oxford, 1957, p. 20. 스페인과의 전쟁을 재개한 네덜란드인들은 여러 측면에서 연합 주와 경제적·재정적으로 통합되어 있던 설탕 생산지인 식민지 브라질을 군사적으로 점령하려 시도했다.

급자였고, 이러한 평가절하는 식민지에 유리하도록 실질소득이 크게 이전되었다는 것을 의미한다. 그러나 이미 알려져 있듯이 당시 브라질은 주로 포르투갈이 다른 유럽 국가들로부터 수입한 제조품을 공급받았다. 게다가 포르투갈이 자체 생산해 브라질로 수출하는 제품은 일반적으로 다른 나라로 수출하는 제품과 동일한 제품이었기에 그 가격이 금으로 정해졌을 가능성이 크다. 이런 이유로 화폐 평가절하로 인한 소득 이전은 주로 포르투갈 본국 수출업자에게 유리하게 작용했다.[4]

4_ 포르투갈 화폐의 금 대비 평가절하는 설탕 판매량의 축소와 가격 하락으로 인해 실질 수출액이 상당히 감소함에 따라 자연스럽게 발생한 결과였다. 평가절하는 설탕 사업에 자본이 묶인 상인들의 손해를 최소화함으로써 설탕 사업이 지속되도록 했다. 만약 반세기 이전의 금 발견처럼 다른 요인들이 화폐의 평가절하를 억제했다면 17세기 후반 설탕 생산 지역의 몰락은 훨씬 더 심각했을 것이다.

북아메리카의 거주 식민지

17세기 아메리카 역사상 브라질에 가장 큰 사건은 열대 상품 시장에 강력한 경쟁 경제가 출현한 것이었다. 이러한 경쟁 경제의 부상은 상당 부분 17세기 전반기 스페인의 군사력 쇠퇴에 기인했다. 당시 거의 동시에 성장을 경험한 세 강대국, 즉 네덜란드, 프랑스, 영국은 스페인의 쇠퇴를 예의주시하고 있었다. 세 나라는 스페인 지배하에 있던 풍요로운 아메리카 지역을 계속 노리고 있었다. 아메리카 대륙을 제대로 점령하지 못한 것은 커져 가고 있던 영국과 프랑스의 경쟁심 때문이었다. 두 나라는 군사적 목적을 지닌 거주 식민지를 설치하려고 카리브 지역의 전략적 요충지가 될 수 있는 섬을 점령하려고 애썼다. 프랑스 역사가에 의하면 "식민 초기의 주요 정책은 귀금속 생산 지역의 점령, 또는 이를 점령하는 데 실패할

시 귀금속을 채취할 수 있는 지역을 점령하는 것이었다."[1]

17세기 초 프랑스와 영국은 당시 매우 쇠퇴하고 있던 강대국 스페인이 보유한 풍요로운 영토를 뺏으려는 희망을 가지고 앤틸리스 제도에 주요 유럽 정착촌을 집중적으로 건설하려고 했다. 프랑스의 리슐리외Richelieu 추기경이 마르티니크 섬을 식민화하려 했던 목적에 대해 또 다른 프랑스 역사가는 다음과 같이 언급했다. "가능한 신속하고 강력하며, 영속적인 군사 요새 건설이 시급한 일이 되었다. 이러한 원칙에서 식민화가 시작되었고, 모든 게 이 원칙을 따랐다. 마르티니크 섬에는 많은 수의 정착민, 농민, 군인이 필요했다."[2] 이러한 리슐리외 추기경의 정치적 목적을 위한 정착은 비용이 적게 소요되는 방식이어야 했다. 정착민들은 선전이나 유혹에 빠져서 갔거나, 범죄자들 가운데서 모집되었으며, 심지어 납치되기도 했다.[3] 정착민에게는 소규모의 토지가 주어졌으며, 나중에 노동하여 번 돈으로 토지 대금을 치러야 했다.

영국령 앤틸리스 식민지로의 이주는 프랑스령보다 훨씬 빨리, 그

1_ Lêon Vignoles, op. cit., loc. cit.

2_ M. Delawarde, *Les défricheurs et les petits colons de la Martinique au XVIIe siècle,* Paris, 1935, p. 30.

3_ 일부 경우에는 폭동을 일으킨 주민들의 대규모 이주도 있었다. 크롬웰은 아일랜드 반란 자들과 관련 "항복하면 장교들은 머리를 때리고, 군인 10명당 1명은 죽이며 나머지는 바베이도스(Barbados)로 보내라"라는 명령을 내렸다. V. T. Harlow, *A History of Barbados,* Oxford, 1926, p. 295. "정치범죄자, 전쟁 포로, 부랑자, 부랑자의 자식들은 정부와 계약을 맺은 상인 들이 아메리카로 데리고 갔다. 또 납치하거나 거짓말로 속여 보냈다." Julius Isaac, *Economics of Migration,* London, 1947, p. 17.

리고 영국 정부의 적은 재정지원으로 이루어졌는데, 이는 영국에서
의 정착민 모집이 프랑스보다 좀 더 용이했기 때문이었을 것이다.
17세기는 영국이 거대한 사회적 변화와 심각한 정치적·종교적 변
혁을 겪은 시기였다. 1689년 '관용령'Toleration Act[4]이 공포되기 이
전 75년간 지속된 정치적·종교적 불관용은 영국 국내뿐만 아니라
해외로의 인구이동을 일으킨 주요 원인이었다.[5] 종교적·정치적 요
인들로 인한 이러한 인구이동은 17세기 전반기에 시작된 영국의
식민지 팽창과 밀접하게 연관되어 있지만 그 자체가 식민지 팽창을
촉진하는 요인은 아니었다. 대서양을 통해 인구를 수송하자면 당시
막대한 투자를 해야 했다. 그렇지만 상당히 많은 이민자들이 매우
힘든 여행 조건을 받아들였다는 점 덕분에 비교적 유리한 조건으로
유럽 노동력을 활용할 수 있었다. 이민을 재정적으로 지원하는 중
요한 회사들이 설립되었고, 이 회사들은 향후 건설될 식민지에 대
한 커다란 경제적 특권을 확보했다. 영국 정부는 분명한 군사적 목
적을 지닌 일부 예외의 경우(18세기 조지아처럼)에만 정착을 위해 식

4_ 영국 명예혁명의 결과 비국교도(非國敎徒)인 프로테스탄트에게 어느 정도 신앙의 자유
를 인정한 법령._옮긴이 주

5_ "17세기에 이루어진 영국민의 식민지 정착은 1689년의 관용령 이전에 종교적이거나 정
치적인 박해를 피해 영국을 떠난 망명자들의 이민에 기인했다. 청교도들은 1620년 뉴잉글
랜드에서 첫 번째 정착촌을 설립했다. 비국교도들은 매사추세츠 만 회사(Massachusetts Bay
Company)[청교도들이 설립한 회사로 매사추세츠 식민지를 세웠다]가 1629년 특허장을
받은 매사추세츠에 정착했다. 이러한 망명자들의 이민으로 1633년에 커네티컷, 1636년 로
드아일랜드가 설립되었다. 거의 비슷한 시기에 불만을 품은 가톨릭교도들은 칼라일 백작
(Earl of Carlisle)이 특허장을 받은 서인도제도로 이주했다. Julius Isaac, op. cit., p. 16.

민지로 이주하는 사람들에게 필요한 비용을 내주었다.

즉, 17세기 아메리카에서 시작된 정착 목적의 식민지 건설은 정치적 목적의 이주, 또는 영국 내 여러 상황으로 인해 상대적으로 값이 싸진 유럽 노동력을 착취하려는 이주였다. 아메리카 대륙을 점령하기 시작했을 때부터 지속적으로 노동력 부족 문제를 겪었던 스페인·포르투갈과는 반대로 17세기의 영국은 이전 세기인 16세기부터 시작된 농업 분야에서의 심각한 변화 때문에 인구가 상당히 남아도는 상황이었다.[6] 오랜 공동 농경 체제가 사라지고 농토가 양모 생산을 위한 양 사육용 토지로 바뀌어 감에 따라 잉여가 된 농촌 인구는 시골을 떠났다. 열악한 생활환경에 처한 이들 농민들은 작은 재산이라도 모을 목적으로 일정 기간 노예처럼 일하는 것을 받아들였다. 이렇게 일하는 데 관심 있는 사람은 영국에서 계약을 체결했는데, 그 계약은 5~7년간 다른 사람을 위해 일을 하는 대신 여비와 생활비를 제공받고, 계약이 끝날 때 보상으로 약간의 땅이나 현금을 받는 것이었다. 모든 자료에 의하면 이들은 당시 아프리카

6_ "영국은 본국 산업에 값싼 노동력을 공급하는 데 크게 위협받지 않는 상황에서 해외로 많은 사람들을 이주시킬 만한 여력이 있었다. 농업 체제의 변화, 특히 인클로저[16세기 영국에서 모직물 공업의 발달로 양털 값이 폭등하자 지주들이 자신의 수입을 늘리기 위해 농경지를 양 방목 목장으로 만든 것]로 인해 영국에서는 농업 인구가 남아돌게 되고, 최저생계비 수준으로 임금이 내려갔으며, 노동시장에서 노동력이 넘쳐 났다." Julius Isaac, op. cit., p. 17. 스페인의 아메리카 대륙 식민지 형태는 많은 유럽 인구이동을 필요로 하지 않았기 때문에 스페인이 대규모 아메리카 이민으로 가난해졌다는 주장은 근거가 없다. 실제 1509~1790년 스페인에서 아메리카로 이주한 이민자 숫자는 약 15만 명으로 추산된다. 반면 영국에서 이주한 숫자는 17세기에만 약 50만 명이었다. Irme Ferencz, "Migrations", *Encyclopaedia of Social Sciences*, Nova York, 1936 참조.

노예들과 같거나 더 나쁜 대우를 받았다.[7]

17세기 이러한 형태의 이주 식민지화가 시작되면서 새로운 아메리카 대륙 역사의 장이 열렸다. 초기 식민 정착 사업은 이주를 담당하는 식민 회사들에게 큰 손해를 끼쳤다. 특히 북아메리카에 건설된 식민 정착촌이 가져다준 손해는 매우 컸다.[8] 포르투갈의 농업 식민지화는 판매 시장이 빠르게 커지는 상품을 생산해 성공적이었다. 그러므로 시장이 커질 수 있는 상품을 찾는 것이 새로운 식민 정착촌의 과제였다. 또한 소규모 농장에서 생산할 수 있는 상품도 찾아야 했다. 이는 유럽 노동력을 계속 모집할 수 있는 조건이었기 때문이다. 이러한 조건하에서 아메리카 북부 지역 식민 정착지는 안정적인 경제 기반을 조성하는 데서 심각한 어려움을 겪었다. 이주·정착에 필요한 초기 비용을 부담한 식민 회사들의 관점에서 볼 때 아메리카 북부 지역의 식민화는 실질적으로 실패였다. 투자한 자본을

7_ "이 유럽 출신 노예들의 처우 문제에서 가장 의미 있는 사실은 유럽 노예들이 아프리카 노예들보다 더 열악한 위치에 있었다는 점이고, 이는 현대 사가들 사이에서 일반적으로 일치된 의견이다." V. T. Harlow, op. cit., p. 302.

8_ 맨 처음 버지니아의 식민화를 시작한 회사는 주주들에게 단 한 푼의 수익도 지급하지 못했으며, 장부에 기록된 손해는 10만 파운드에 달했다. Edward C. Kirkland, *Historia Económica de los Estados Unidos*, Mexico, 1941. 캐나다는 프랑스에 짐이 되었고, 캐나다의 상실이 어느 정도는 구원이었다고 언급하며 E. 르바쇠르(Levasseur)는 "프랑스에서 국가 경영자들과 지식인들은 이 (캐나다) 상실의 심각성을 느끼지 못했다. …… 사실 그 지역 인구는 부유하지 못했다. 사냥과 농사로 살았다. …… 하이날 신부의 보고에 의하면 1715년에 캐나다의 대프랑스 수출은 약 30만 파운드에 불과했다. 가장 번성한 시기에도 130만 파운드를 넘지 못했으며, 1750~1760년에 정부가 1억 2,750만 파운드를 캐나다에 투자했지만 프랑스 정부는 캐나다에서 인기를 얻는 데 실패했다." op. cit., I, p. 484.

회수할 수 있는 상품, 즉 유럽으로 수출할 수 있는 조건을 지녔으면서 이 지역에도 알맞은 상품을 찾을 수 없었다. 실제 뉴잉글랜드에서 생산할 수 있는 상품은 당시에도 임금이 매우 낮아 생계비 수준에 머무른 유럽에서도 마찬가지로 생산되는 상품이었다. 게다가 수송 비용이 기초 필수품 생산 비용과 비교해 너무 높아서, 실질임금이 상당히 차이 나더라도 큰 의미가 없었다. 이러한 이유 때문에 아메리카 이주 초기에 북아메리카의 식민지 개발이 늦게 진행되었다는 사실을 쉽게 이해할 수 있다. 나중에 설명하겠지만 북아메리카 식민지들은 몇몇 사건들로 인해 상기 언급한 상황이 바뀌지 않았다면 아마 이후에도 오랫동안 관심을 받지 못했을 것이다.

앤틸리스제도의 기후는 목화, 인디고, 커피, 그리고 무엇보다 담배 같은 유럽 시장에서 판매 전망이 높은 특정 상품을 생산하는 데 유리했다. 이들 상품은 작은 규모의 농장 체제에서도 생산 가능했으며, 식민회사들은 이를 통해 상당히 많은 이윤을 얻었고 프랑스·영국 등 팽창주의를 지향하는 정부는 군사력을 확대했다.

일시적인 노예제도를 통해 노동력을 확보하려는 노력, 특히 영국에서의 노력은 식민 사업이 번성하면서 더욱 심해졌다. 범죄자나 범법자들이 교도소 대신 일을 하러 아메리카로 가도록 유도하려 모든 수단이 동원되었다. 그럼에도 식민지에 노동력이 충분히 공급되지 않아 성인과 어린 아이를 유괴하는 행위가 영국에서 공공질서를 파괴하는 재난이 될 정도였다.[9] 이런저런 수단을 통한 유럽 인구의

9_ V. T. Harlow, op. cit., passim 참조.

앤틸리스제도 유입은 크게 증가하여, 1634년 바베이도스 섬에만 유럽 출신 주민 수가 3만7,200명에 달했다.

앤틸리스제도의 사탕수수 도입 결과

열대 농업, 특히 담배 재배가 상업적으로 성공해 감에 따라 유럽 노동력 수급의 어려움도 커졌다. 새로운 식민지 교역에 관심을 가진 회사들이 볼 때 이 문제는 아프리카 노예 노동력의 유입으로 자연스럽게 해결될 수 있었다. 토지가 전부 소규모 생산자 소유지로 나뉘지 않았던 버지니아에서는 대단위 농경지가 신속히 출현했다. 이로써 열대작물 시장에서 완전히 새로운 상황, 즉 노예 노동력을 활용하는 대규모 생산 지역과 유럽 출신의 소규모 자영농이 경작하는 지역 간 경쟁이 심화되었다. 국제시장가격이 떨어져 앤틸리스제도의 주민들은 매우 심각한 어려움을 겪게 되었으며, 이곳에 자리 잡고 있던 식민 제도의 취약성이 드러났다.[1] 실제 이곳의 거주 식민지는 경제적 잠재력이 불확실한 상품을 생산하기 위한 실험 기지 이상은 되지 못했다. 불확실한 시기를 극복하자 막대한 투자가 필요한 대규모 노예 농장이 매우 이윤 높은 사업이라는 게 밝혀졌다.

이때부터 앤틸리스제도의 식민화 과정이 바뀌었는데, 그 변화는 브라질에 근본적으로 중요한 것이었다. 소규모 자영농에 기초한 앤틸리스제도를 식민화하려는 최초의 방안은 설탕 생산과 관련된 모든 것을 배제하려는 것이었다. 열대작물 가운데 사탕수수는 다른 어떤 작물보다 소규모 재배 농가 시스템과 맞지 않았다. 포르투갈이 아닌 다른 나라가 시행한 아메리카 농업 식민화의 첫 단계에서는 브라질이 독점적으로 설탕을 생산한다는 게 표면적으로는 받아들여졌다. 대신 앤틸리스제도에서는 다른 열대작물 생산이 이루어졌다. 재배 작물을 구분하는 이유는 유럽 출신 인구가 거주하는 강력한 정착촌을 만들고자 했던 프랑스·영국의 앤틸리스제도 식민화 사업의 정치적 목적 때문이었다. 그럼에도 경제적 요인이 크게 부상하자 정치적 목적은 포기되었다.

앤틸리스제도의 경제 변화는 17세기 전반기 말의 강력한 외부 요인, 즉 브라질 북동부 지방에서 네덜란드인들이 완전하게 추방되는 일이 발생하지 않았다면 매우 천천히 진행되었을 가능성이 있다. 설탕 생산기술과 더불어 장비 생산[2] 능력까지 갖춘 네덜란드인

1_ "추가적인 이윤이 불가능해지자 영국 식민지 개척자들은 좋은 가격이나 신용대출로 구매한 흑인 노예로 백인 노동을 대체했다." Louis Philippe May, *Histoire Économique de la Martinique 1635-1763*, Paris, 1930, p. 89.

2_ 네덜란드인들의 설탕 생산기술 보유 여부나, 설탕 생산기술을 배우기 위해 앤틸리스 전문가들을 브라질로 파견했느냐 하는 문제는 실질적으로 의미가 없다. 이에 대해서는 다음

들은 브라질이 아닌 곳에 또 다른 설탕 생산 중심지를 건설하려 애썼다. 네덜란드인들은 프랑스와 영국령 앤틸리스제도의 상황이 새로운 사업을 시작하기에 너무 유리하다고 판단해 새로운 땅을 차지하고 자신들만의 힘으로 독자적인 공장을 설립하기보다는 이들 지역의 식민지 개척자들과 협력을 선호했다. 또한 마르티니크 제도에서는 담배 가격 하락으로 큰 어려움이 발생해 또 다른 번영을 찾아 줄 사업을 쉽게 시작할 수 있었다. 영국에서 지속되고 있던 내전으로 인해 영국령 앤틸리스제도의 상황은 더욱 악화되었다. 실질적으로 본국으로부터 격리된 영국 식민지들은 네덜란드인들과의 교역 강화 가능성을 열광적으로 받아들였다. 네덜란드인들은 필요한 기술뿐만 아니라 장비, 노예, 토지 구입에 필요한 재정을 수월하게 제공했다.[3] 곧 앤틸리스제도에는 엄청난 규모의 토지를 장악하고 거대한 설탕 공장을 소유한 강력한 금융 그룹이 형성되었다. 그 결과 브라질에서 네덜란드인들이 축출된 지 10년도 안 되어 앤틸리스제도에는 비교적 큰 규모의 사탕수수 경제, 즉 새로운 장비와 유럽 시

을 참조. A. P. Canabrava, "A influência do Brasil na técnica do fabrico de açúcar nas Antilhas francesas e inglesas no meado do seculo XVII," *Anuário da Faculdade de Ciências Econômicas e Administrativas, 1946-47*, São Paulo, 1947.

3_ "설탕 생산 및 제조 기술이 바베이도스 섬으로 전달된 것은 포르투갈인들이 다시 점령한 브라질에서 도망친 네덜란드인들 덕분이었다. 네덜란드 자본은 농장주들이 필요한 기계를 살 수 있도록 했다. 네덜란드가 제공한 신용은 이들에게 설탕 농장에서 일할 흑인 노예를 제공했으며, 네덜란드 선박들은 이들의 설탕을 실어 갔고, 영국이 국내 문제 때문에 제공하지 못하게 된 음식과 여타 상품을 공급했다." Alan Burns, *History of the British West Indies*, London, 1954, p. 232.

장 접근에 유리한 지리적 위치에 힘입어 보다 나은 조건을 갖춘 사탕수수 경제가 작동하기 시작했다.

다른 경제 시스템 내부로 새로운 경제 시스템이 갑작스레 등장한 결과는 매우 크게 느껴졌다. 유럽 출신 인구는 프랑스령 앤틸리스뿐만 아니라 영국령 앤틸리스에서도 급속하게 줄어들었고, 대신 아프리카 노예 숫자가 매우 빠르게 늘었다. 예를 들어 바베이도스에서 백인 인구는 20년간 절반으로 줄었으나 흑인 인구는 열 배 이상 늘었다. 그동안 부는 40배 늘었다.[4] 무역회사가 정부에 영향력을 그다지 행사하지 못했던 프랑스에서 앤틸리스의 급속한 경제적·사회적 변화로 인해 매우 큰 반발이 일어났다. 백인 인구의 이탈을 방지하고 정착 식민지가 거대 사탕수수 농장으로 급속히 탈바꿈하는 것을 억제하기 위해 수많은 조치가 취해졌다. 심지어 제조 산업 도입과 같은 당시의 식민지 정책에 반대되는 조치도 취해졌다. 콜베르 수상이 직접 이 문제를 관장하며 수많은 해결책을 취했고, 섬의 자원 조사라는 기술적 임무를 띤 전문가들을 파견했으나 전부 소용이 없었다. 사탕수수의 도입으로 토지 가격이 급등했고, 아메리카 대륙 내 열대지방 정착 식민화라는 초기 실험은 이내 약화되었다.[5]

4_ "이미 1667년에 백인 하인을 흑인 노예로 대체한 비율이 상당했다. 그해 스콧 소령(major Scott)은 바베이도스 섬의 기록을 전부 검토한 후 1643년 이래 1만2천 명이나 되는 '좋은 사람'(goodmen)들이 다른 농장을 찾아 섬을 떠났고, 지주 수의 경우 1645년에 1만1,200명이었던 소규모 자작농이 1667년에는 745명의 대규모 농장주로 줄어들었으며, 같은 기간 흑인들의 숫자는 5,680명에서 8만2,023명으로 늘었다는 사실을 밝혀냈다. 결국 1667년에 바베이도스 섬은 노동력은 절반도 되지 않았으나, 부는 1645년보다 40배 늘어났다고 당시 상황을 요약하고 있다." V. T. Harlow, op. cit., p. 310.

앤틸리스제도에서 꽃을 피우던 사탕수수 경제가 한편으로는 이
곳에서 자리를 잡으려 했던 정착 식민지를 사라지게 했다면, 다른
한편으로는 영국인들이 아메리카 대륙 북부 지역에 설립한 정착 식
민지에 튼튼한 경제 기반을 제공하는 데 크게 기여했다. 이미 언급
했듯이 이들 영국 식민지들은 당시 대서양 무역을 가능하게 한 상
품들을 생산할 수 없었기 때문에 설비 자금을 댄 회사들에게 경제
적 성공을 거의 가져다주지 못했다. 그렇지만 초창기의 힘든 상황
을 극복하고 살아남은 이들 식민지 사회는 꼭 필요한 상품만을 최
소한도로 수입하고 나머지는 자급자족하는 경제를 만들고자 노력
했다. 이러한 식민지들은 캐나다에 정착한 프랑스 식민촌과 같이
느린 발전이라는 운명에 묶이는 듯했으나, 17세기 후반 앤틸리스
제도의 사탕수수 경제가 부상함으로써 기대하지 않았던 가능성을
얻었다.

사탕수수가 유입되자 카리브 섬에 정착했던 백인 인구 중 상당수

5_ 현재 남아 있는 콜베르 수상과 마르티니크 섬 총독 간의 빈번한 서신 기록을 보면 대규
모 사탕수수 농장으로 인해 급속하게 줄어들던 소규모 자작농을 보호하기 위해 여러 계획
이 시행되었다. "1683년, 남성 및 여성 숙련 노동자들이 마르티니크 섬으로 이주했고, 중앙
정부의 주도로 나무와 더불어 종자가 이들에게 배분되었다. 1685년, 왕은 욕심을 더욱 드
러내며 더 많은 종자를 보냈고, 공장 설립을 원했다." Adrien Dessalles, *Histoire Générale des
Antilles*, II, Paris, 1847~48, p. 59. 콜베르 수상은 1687년 마르티니크 섬 총독에게 이렇게 편
지를 썼다. "(주민들에게) 인디고, 호쿠(recou), 코코아, 계수나무, 생강, 목화, 다른 가능한
작물을 강제로 심도록 해야 한다. …… 그렇지 않으면 지나친 사탕수수 재배로 인해 섬의
손실을 피할 수 없을 것이다." Lucien Peytrand, *L'Esclavage aux Antilles Francaises avant 1789*,
Paris, 1897. 그럼에도 프랑스 정부의 정책은 늘 일관되지 못했는데, 이는 설탕으로 인한 이
해관계가 매우 컸다는 점을 고려하면 쉽게 납득할 수 있다.

가 떠났는데, 이들 가운데 많은 수가 아메리카 북부 지역 식민지로 이주했다. 이주민 대부분은 급하게 토지를 처분하지 못해 약간의 자본만 들고 이주해야 하는 소규모 지주들이었다. 한편 사탕수수는 자급자족 농업 시스템을 와해해 갔고, 일부 지역에서는 완전히 파괴했다. 앤틸리스 섬들은 얼마 되지 않아 거대한 식량 수입 지역으로 바뀌었고, 얼마 전까지 남아도는 밀 생산량을 처리할 방도를 몰랐던 아메리카 북부 지역 식민지들이 사탕수수 재배가 번성하고 있던 앤틸리스제도의 주요 식량 공급처로 부상했다. 이에 대해 한 영국 역사학자가 다음과 같이 지적했다. "뉴잉글랜드인들은 서인도제도가 …… 근본적으로 연결고리 역할을 했던 복잡한 판매·물물교환 시스템을 통해 생선·목재·고기부터 자신들이 필요로 했던 모든 상품을 구세계로부터 획득했다."[6]

이들 두 영국 식민지 간에 이루어진 중요한 교역은 소비재에만 국한되지 않았다. 앤틸리스 섬들은 제당소를 운영하는 데 필요한 수자원이 없었기에 주로 사냥해서 잡은 동물들을 에너지원으로 이용했다. 더구나 설탕 수출에 필요한 나무상자를 만들 목재조차 거의 없었다. 그래서 모든 것을 북아메리카로부터 수입해 왔다.[7] 이러

6_ V. T. Harlow, op. cit., p. 281.

7_ "사탕수수 압착기는 사탕수수를 찧을 동력이 필요했으나 바베이도스 섬사람들은 이 압착기를 움직일 만한 수력에너지를 보유하지 못했다. 대안은 말이 끄는 압착기였는데, 이 말들도 뉴잉글랜드에서 수입되었다. 설탕을 포장하는 데는 나무통이나 금속 통이 필요했다. 이것들 또한 매사추세츠와 코네티컷의 풍부한 숲에서 공급되었다." V. T. Harlow, op. cit., p. 274.

한 중요한 교역은 주로 뉴잉글랜드의 식민지 개척자들이 소유한 선박으로 이루어졌고, 그 결과 뉴잉글랜드 지역의 조선산업이 부흥했다. 선박 건조에 적합한 목재가 풍부했던 뉴잉글랜드에서 조선산업 발전에 매우 유리한 환경이 조성되자 조선산업은 주요 수출산업이 될 정도로 크게 발전했다. 마지막으로 사탕수수에서 파생된 또 다른 주요 산업인 알코올 증류 산업을 언급할 필요가 있다. 이는 프랑스령 앤틸리스제도와의 협력하에 일구어졌다. 당시 프랑스령 앤틸리스제도에서는 본국인 프랑스의 주류 산업과 경쟁할 수 없도록 사탕수수를 재료로 사용하는 것을 금지했기 때문에 이를 매우 낮은 가격으로 팔았다. 북미의 뉴잉글랜드 식민지 개척자들은 이익률이 매우 높은 주류 사업에서 낮은 사탕수수 가격 덕분에 영국령 앤틸리스제도와의 경쟁에서 유리한 위치를 점했다.

이렇게 열대작물을 생산하는 앤틸리스제도가 역동적인 역할을 하며, 현재 미국 북부 지방에 위치한 식민지들은 17세기 후반과 18세기 전반기에 보다 큰 경제 시스템의 일원으로 발전했다. 이 경제 체제는 두 중심지, 즉 수출 기본 품목을 생산하는 지역과 이 생산 지역에 물자를 공급하는 두 지역으로 나뉘었다. 이러한 구분은 이들 두 지역의 향후 발전사를 설명하는 데서 매우 중요하다. 실제 이렇게 두 지역으로 나뉜 덕분에 전체 경제 시스템 내에서 형성된 자본이 가장 이윤 많은 설탕 산업에 전부 투입되지 않았다. 또한 이러한 분리는 오직 열대작물 수출로 특화되지 않는 농업 경제의 발전이 가능하도록 해주었는데, 이는 아메리카 대륙에 대한 경제적 점령의 새로운 시기가 시작되고 있음을 보여 주었다. 첫 번째는 기본적으로 귀금속이라는 순잉여 생산을 위해 이미 존재하고 있던 노동력을 개발하던 시기이다. 두 번째는 수입한 노예 노동력을 많이 활용하던 큰 기업들이 열대작물을 생산하던 시기이다.

세 번째 시기에 동시대의 유럽 경제와 유사한 경제가 출현했다. 다시 말해 수출과 국내시장을 위한 생산 활동이 기본적으로는 분리되지 않으나 주로 국내시장용 생산이 이루어지는 경제, 즉 내부에서 외부를 지향하는 경제가 출현했다. 이런 경제는 당시 성행하던 식민 정책의 원칙들과 확연히 상반되었지만 일련의 유리한 상황 덕분에 발전할 수 있었다. 실제 17세기 영국에서 긴 내전이 발발하지 않았다면 뉴잉글랜드의 식민자들이 당시 번창하던 앤틸리스제도에 제대로 자리 잡기 무척 어려웠을 것이다. 게다가 네덜란드인들을 식민 무역에서 퇴출시킨 1751년의 영국 항해 조례는 뉴잉글랜드의 수출뿐만 아니라 뉴잉글랜드의 조선산업에 또 다른 중요한 기폭제가 되었다. 마지막으로, 영국-프랑스의 오랜 전쟁으로 앤틸리스제도에 대한 유럽 상품의 공급이 불안정해져 뉴잉글랜드의 식민자들은 영국령 카리브 섬들에 대한 정기적인 물품 공급자, 그리고 간헐적이나마 프랑스령 앤틸리스제도에 대한 물품 공급자라는 유리한 지위를 차지하게 되었다.[8]

영국인들은 이들 북아메리카 지역 식민자들과 프랑스령 앤틸리

8_ 식량 공급 문제는 프랑스령 앤틸리스제도에서 덜 심각했다. 프랑스 정부는 오랜 전쟁 기간에 무역망을 유지할 수 없음을 인식하고, 각 섬에서 물품 생산을 허용하는 조치를 시행했다.

스제도 간의 교역을 없애려 애썼다. 비록 실패했지만 상호 간 이해가 충돌하고 마찰이 일어나기 시작했고, 시간이 흐르며 충돌은 더욱 심화되었다. 주요 아메리카 지역에서 프랑스인들을 축출하며 우위를 점한 영국은 17세기 후반부터 증폭되던 북미 지역 식민지들과 본국 사이의 경제 경쟁에 종지부를 찍고자 했다. 이를 위해 여러 법적 조치들을 취한 탓에 기존의 이해관계가 더욱 부딪쳤고, 긴장이 심해져 결국 미국의 독립이 앞당겨졌다.

거시경제적인 관점에서 볼 때 뉴욕·펜실베이니아 같은 뉴잉글랜드 식민지들에서는 18세기 들어서도 상대적으로 생산성이 낮은 경제가 유지되었다. 생산성 면에서 1인당 생산량은 기본적으로 대농장 중심의 농업 식민 지역보다 적었을 것이나, 이들 식민 지역에서 성행했던 경제활동 유형은 큰 자본을 투입할 수 없던 가족 기반의 소규모 생산 단위와 양립할 수 있었다. 다른 한편으로는 풍부한 땅덕분에 유럽인들이 일시적 노예제 형태의 이민을 매혹적으로 느꼈다. 또한 수확한 농산품 중 일부를 정기적으로 팔 수 있다는 가능성이 생기자 소지주들은 유럽 이민자의 여행 경비를 충당할 수 있게 되었고, 4년 동안이라도 그 노동력을 활용할 수 있었다. 1700년 이전 미국으로 이민 간 유럽 인구 가운데 최소 절반이 이런저런 일시적 노예제를 받아들인 사람들이었다.[9] 소지주들에게 이 제도의 가장 유리한 점은 노예를 구입하는 것보다 투입하는 자본이 훨씬 적

9_ "1700년 이전 백인 이민 인구 중 최소한 절반이 무임이거나 다른 사람들이 운임을 지불했다고 추정된다." F. A. Shannon, *America's Economic Growth*, New York, 1951, p. 64.

었을 뿐만 아니라 사망에 따른 위험도 적었다는 점이다. 아프리카 노예 구입은 거대 자본가에게는 이윤이 매우 큰 사업이었지만, 일 반적으로는 소규모 생산자의 능력 밖이었다. 다른 한편으로는 이들 북아메리카 식민지의 농업 활동은 크게 투자할 만큼의 가치가 없었 다. 그러므로 당시 가장 저렴하다고 인정된 것은 노예 노동력이었 지만 일시적인 노예제도하의 유럽 노동력 수입이 가난한 식민 지역 에서 지속되었고, 부유한 식민지에서는 이루어지지지 않았다는 점 을 이해할 수 있다. 노동력을 아프리카 노예로 전환하는 것은 대단 위 수출 작물 농업으로 특화 가능한 지역에서만 이루어졌다.

대부분 자급자족하고 있던 소농장 중심의 식민지들에서는 수출 농업을 하는 부유한 식민지 사회와는 완전히 다른 성격의 공동체가 만들어졌다. 이들 식민 공동체는 소득 집중이 덜했으며, 또한 경제 상황이 급격히 나빠졌을 때의 영향 역시 덜했다. 게다가 외국 자본 가에게 돌아가는 소득은 거의 의미가 없을 정도였다. 그 결과 평균 소비 수준이 1인당 생산 수준보다 상대적으로 높았다. 필요한 물건 을 수입해서 썼던 일부 지주계급에 상당 부분의 소득이 집중되던 대규모 플랜테이션 농업 중심의 식민지와는 반대로 미국 북부 식민 지에서는 전체 인구가 골고루 소비했으며, 공용 물품 시장이 상대 적으로 컸다.

이러한 경제구조 차이는 두 식민지 지배층의 매우 다른 생활양식 과 일치했다. 영국령 앤틸리스제도의 지배층은 본국의 강력한 금융 그룹과 밀접한 관계였으며, 영국 의회에서도 큰 영향력을 행사했 다. 이렇게 얽힌 이해관계로 인해 앤틸리스제도 경제를 이끌던 지도층은 앤틸리스 경제를 전적으로 영국에서 시작된 사업의 일부로 여겼다. 이와는 달리 북아메리카 식민지들은 식민지인 보스턴과 뉴욕에 본부를 둔 사업과 연결되어 있었고, 일부 지도층은 종종 본국인 영국과 이해관계에서 충돌을 빚었다. 또한 농촌을 대표하는 또다른 지도층은 실질적으로 영국과 전혀 이해관계가 없었다. 본국에 대해 이들 식민지 지도층이 지녔던 독립성은 식민지 발전에서 근본적으로 중요한 요소였다. 본국 경제 중심의 이해를 단순하게 반영하는 것이 아니라 식민지 정착민들의 이해를 진정하게 대변하는 정치 조직이 식민지에 있었다는 의미이기 때문이다.

식민 단계의 종식

17세 후반기 이후 포르투갈의 아메리카 식민지는 포르투갈이 취한 새로운 식민 정책의 영향을 깊이 받으며 발전했다. 스페인에 병합되었던 시기 포르투갈은 최고의 동양 중계 무역지를 잃어버렸으며, 동시에 최고의 아메리카 식민지를 네덜란드인들에게 빼앗겼다. 포르투갈은 1640년 스페인으로부터 독립하며 주권을 되찾았지만, 25년 이상 포르투갈의 독립을 인정하지 않은 스페인이 포르투갈 본토를 지속적으로 위협했기 때문에 매우 취약한 상태였다. 한편 동양과의 교역로를 상실하고 설탕 시장이 붕괴되어 버린 조그만 왕국 포르투갈에게는 점차 제국주의 영향이 커져 가던 시대에 자국 식민지를 방어할 수단이 없었다. 강대국 앞에서 중립은 불가능했다. 포르투갈은 식민국으로서 생존하려면 강대국과 연합해야 한다는 것을 깨달았으나, 그러자면 필연적으로 주권의 일부를 포기해야 했다. 포르투갈은 1642년, 1654년, 1661년 연속적으로 영국과 협정을 맺었는데 이는 그다음 2세기 동안 자국뿐만 아니라 브라질의 정치와 경제에 심대한 영향을 끼친 동맹이었다.[1]

네덜란드와의 교역 및 금융 협력을 고려하지 않고 사탕수수 사업이 크게 성공한 이유를 설명하기 어렵듯이, 포르투갈 정부가 주권의 한 형태로서 받아들였던 영국에 대한 반半종속semidependência이라는 특별한 상황을 고려하지 않고서는 어떻게 포르투갈이 광대한 브라질 식민지를 유지할 수 있었는지 설명할 수 없다. 작고 가난한 왕국 포르투갈은 이러한 반종속을 통해 17세기 후반에 식민지를 지킬 수 있었고, 가장 많은 이익을 가져다준 식민지를 18세기에도 문제없이 계속 지배할 수 있었다. 포르투갈에서 영국 상인들은 폭넓은 치외법권, 포르투갈 식민지와의 교역 자유, 영국 수입 상품에 대한 관세 통제 등 매우 큰 특권을 누리면서 포르투갈 정부에 점점 더 많은 영향력을 행사하는 강력한 세력이 되었다. 이에 대해 상세히 조사한 연구자의 말을 빌리면 "포르투갈은 사실상 영국의 무역

1_ 1640년에 독립한 포르투갈 정부는 당시 해상에서 스페인의 주적이었던 네덜란드와 협정을 맺으려 노력했다. 브라질의 분리를 포함하여 여러 제안을 했으나, 자국의 해상 권력을 과신하는 동시에 심각한 내부 이견 때문에 전반적인 정책 지침이 부족했던 네덜란드가 거부했다. 전쟁 상태가 지속되자 포르투갈은 네덜란드의 봉쇄로부터 벗어나고자 영국 선박에 더 많이 의존했다. 영국은 이렇게 유리한 조건하에 신속하게 브라질에 침투할 수 있었다. 1654년의 협정은 포르투갈이 네덜란드·스페인과 전쟁을 하던 시기 영국 함대가 포르투갈을 공격한 이후에 맺어졌다. 영국의 침공에 대해서는 C. R. Boxer, "Blake and the Brazilian Reets in 1650", *The Mariner's Mirror*, vol. XXXIV, 1950 참조.

속국이 되었다."² 1640년 포르투갈이 스페인으로부터 주권을 회복한 이후 20년 동안 영국과 포르투갈 양국 간에 맺어진 다양한 협정의 기본 정신은 언제나 동일했다. 포르투갈은 영국에게 경제적으로 양보하는 대신 영국은 포르투갈에게 정치적인 보장이나 약속을 하는 것이었다. 예를 들어 동인도에서 포르투갈은 봄베이를 영국에 영속적으로 양도했고, 영국은 포르투갈 식민지 방어를 위해 함대를 지원할 것을 약속했다. 이외에도 영국은 자국 상인들이 실질적으로 거의 모든 포르투갈 식민지에서 계속 거주할 수 있도록 하는 특권을 확보했다. 심지어 1661년 협정에는 영국인들이 어떠한 적대 국가로부터든 포르투갈 식민지를 보호할 것을 약속하는 조항이 포함되었다. 당시 스페인은 포르투갈의 독립을 인정하지 않았고, 그해에 네덜란드와의 평화 협상이 진행 중이었다는 사실을 생각해 보면 식민국의 위치를 계속 보장해 주는 영국과의 동맹이 포르투갈 정부에 어떤 의미였는지 쉽게 이해된다.

그러나 식민국으로서의 생존 보장은 설탕 시장 붕괴에 따른 브라질 식민지 쇠퇴라는 근본적인 문제를 해결해 주지 못했다. 포르투갈의 경제적 어려움은 계속 심화되었으며, 통화가치는 반복적으로

2_ Alan K. Manchester, *British Pre-eminence in Brazil: Its Rise and Decline*, North Caroline, 1933, p. 9. "그렇게 최종적으로 비준된 조약은 영연방에는 외교적 승리였다. 왜냐하면 이를 통해 포르투갈은 (영국에) 상업적·종교적 편의를 제공했기 때문이다. …… 조약은 확실한 영국의 부상을 입증했는데, 이로 인해 포르투갈에 거주하거나 포르투갈과 교역하는 영국인들은 이후 포르투갈인들보다 더 나은 환경을 갖게 되었다. 영국은 포르투갈의 해외 영토에서 특권적인 지위를 갖게 되는 기반을 마련했다." pp. 11-12.

하락했다. 17세기 마지막 25년 동안 포르투갈 정부는 국가 경제정책을 재고해야 한다는 인식을 가지게 된다. 식민지에서 생산한 상품을 수출해 무역수지 적자를 타개하겠다는 방안만으로는 이제 충분치 않았다. 국내에서 제조업 분야 생산을 장려하고, 대신 수입을 줄이는 방안이 강구되었다. 당시 주요 수입 품목이던 모직물 수입이 20년간 금지되기도 했으나, 이러한 정책이 완전한 성과를 낸 것은 아니다. 18세기 초부터 시작된 브라질에서의 급속한 금 생산 증가는 문제의 핵심을 근본적으로 바꾸게 만들었다. 다음 장들에서 상세히 살펴보겠지만 1703년 영국-포르투갈 간에 조인된 메수엔조약Methuen Treaty은 이후의 상황 전개에 결정적인 영향을 끼쳤다. 이 조약은 포르투갈의 제조업 발전 완전 포기, 브라질의 금 생산으로 창출된 역동적 동력의 영국 이전을 의미했다. 그렇지만 브라질에 대한 영토 지배를 대외적으로 확실하게 입증해야 했던 시기에 포르투갈은 이 메수엔조약 덕분에 확고한 정치적 지위를 유지할 수 있었다. 1703년 조약 체결을 주도한 영국의 존 메수엔John Methuen은 포르투갈로 하여금 스페인 왕위 계승 전쟁에서 영국 편에 서도록 했고, 영국은 이후 위트레흐트Utrecht 평화 협상에서 포르투갈이 유리한 입지를 차지하도록 도왔다. 협상 때 포르투갈 정부는 프랑스 정부가 아마존 만에 대한 권리와 아마존강의 항해 권리를 포기하도록 이끌었다. 동시에 스페인으로부터는 사크라멘토 식민지[현재의 우루과이]에 대한 권리를 인정받았다. 이들 두 나라와 맺은 협정은 영국으로부터 직접 보장받았으며, 포르투갈령 아메리카 영토 안정의 근간이 되었다.

넓은 관점에서 18세기의 포르투갈-브라질 경제는 당시 가장 신속하게 팽창되고 있던 경제 시스템인 영국 경제와 근본적인 제휴 관계를 갖게 되었다. 브라질의 금주기金週期; Ciclo do Ouro는 어느 정도 통합된 체계를 구축했으나 이 체계 안에서 포르투갈에는 단순한 중계지 역할만 주어졌다. 브라질에서 금이 생산되자 인구가 크게 팽창하는 데 필요한 자금 지원이 가능해졌다. 이러한 인구 팽창으로 인해 아프리카 노예들이 소수가, 유럽 출신 인구가 다수가 되는 근본적인 인구 비율상의 변화가 발생했다. 브라질의 금주기는 영국의 제조업 발전을 강력히 자극했으며, 수출 능력의 유연성을 크게 향상시켰다. 또한 영국 은행 시스템이 유럽의 주요 금융 센터로 탈바꿈하는 데 필요한 금을 축적하도록 해주었다. 그렇지만 포르투갈 입장에서 금 경제는 17세기 스페인에서와 마찬가지로 외견상으로만 부유해 보이도록 했을 뿐이었다. 18세기 후반 포르투갈을 통치했던 퐁발 후작Marquês de Pombal이 예리하게 지적했듯 금은 포르투갈에 가상의 부 그 이상은 아니었다. 광산에서 일하는 흑인들조차 영국인들이 제공하는 천으로 만든 샬바를 입어야 했다. 정치적으로 종속된 조국 포르투갈의 위치[3]를 잘 인지한 퐁발 후작은 확고한 의지를 가지고 영국과의 관계를 근본적으로 바꾸려 했지만 성공하지 못했다. 사실 이러한 관계가 없었다면 작은 왕국인 포르투갈이 당

3_ 퐁발 후작은 회고록에서 영국이 군사적 점령이라는 귀찮은 절차 없이 포르투갈을 종속시켰으며, 모든 포르투갈의 정부 활동은 영국 정부의 의향에 맞추어 이루어졌다고 명확히 밝히고 있다.

시 가장 부유한 식민지 가운데 하나였던 브라질을 보유하는 국가로서 살아남기 힘들었을 것이다. 당시 일부 영국 역사가들이 포르투갈과의 무역이 "현 시점에서 우리에게 가능한 최고로 유리한 무역"이라거나 "우리가 하는 모든 유럽 무역 가운데 최고"라고 여긴 데는 그만한 이유가 있었을 것이다.[4]

18세기 마지막 25년 들어 브라질의 금광 산업은 쇠퇴하기 시작했다. 영국은 그사이 완전한 산업혁명 시기에 들어갔다. 기계화가 급속히 진행되고 있던 제조업의 경우 시장이 점점 더 필요해졌고, 이에 따라 영국은 보호주의 원칙을 점차 포기했다. 포르투갈 와인에 영국 시장 내 특혜를 부여한 메수엔조약[5]은 신자유 경제 이념의 측면에서 심한 비판에 직면하게 되었다. 영국의 근본적인 문제는 제조업이 필요로 하는 거대 유럽 시장의 개방이었기에 이런 목적을 이루기 위해서는 중상주의 시대부터 취해 온 폐쇄정책의 포기가 필수 불가결했다. 실제로 프랑스와 맺은 1786년 협정에서 영국은 18세기 초부터 포르투갈 와인이 영국 시장에서 누렸던 관세 특혜 조치를 종료했는데, 이 조치는 포르투갈이 150년간 경제적 종속 관계에 있으면서 영국으로부터 유일하게 받은 혜택이었다.[6] 브라질 금

4_ Alan K. Manchester, op. cit., p. 33 재인용.

5_ 이 조약에 따라 포르투갈은 영국의 직물을 수입하는 대신 포르투갈산 와인을 수출할 때 프랑스 와인보다 관세를 3분의 1 적게 냈다._옮긴이 주

6_ 애덤 스미스는 메수엔조약이 포르투갈에 관세 특혜를 주는 반면, 영국은 포르투갈 시장에서 다른 생산 대국들과 경쟁해야 한다며 이 조약이 영국에 손해라는 사실을 밝히려고 했다. 『국부론』 참조. 1786년 프랑스와 맺은 무역협정에서 영국 정부는 메수엔조약을 형식

광 산업의 쇠퇴로 포르투갈-브라질 시장은 축소되었으며, 프랑스라는 유럽 대륙의 주요 시장을 대대적으로 침투해 들어가는 데 방해가 되는 특혜를 더 이상 유지할 이유가 없었다.

포르투갈령 아메리카가 독립하는 독특한 과정은 이후 이 지역 발전에 근본적인 영향을 끼쳤다. 1808년 포르투갈 왕실은 영국의 보호하에 브라질로 천도했다. 그리고 1822년 실질적으로 국가를 통치하는 수장이 바뀌지 않은 채 브라질이 독립함으로써 영국이 포르투갈에서 누렸던 경제적 특혜가 독립한 브라질에서도 자동적으로 이어졌다. 브라질이 포르투갈로부터 독립한 뒤로도 엄격한 일련의 국제 조약을 통해 유지되던 영국의 후견 역할이 사라지는 데는 수십 년이라는 시간이 필요했다. 어려운 시기에 맺어진 이들 조약은 포르투갈-영국의 전통적인 관계를 따라 정치적인 혜택을 받는 대신 영국에 경제적 특혜를 주는 협약들이었다. 브라질이 독립하기 이전인 1810년에 영국-포르투갈 간에는 나폴레옹이 포르투갈에 세운 괴뢰 정권을 인정하지 않겠다는 협약이 맺어졌다. 대신 영국인들은 이 협약에 따라 포르투갈 내 치외법권을 포함한 여러 특혜와 관세 특혜도 확보했다.[7] 모든 정황으로 볼 때 포르투갈 정부는

상으로는 존중한다며 포르투갈의 반발을 무마하려고 했다. 실제로 프랑스 와인에 대한 세금은 갤런당 8실링 3/4펜스에서 4실링 6펜스로, 포르투갈 와인에 부과한 세금 역시 4실링 2펜스에서 3실링으로 낮아졌다. 이렇게 세금이 인하되자 전체 가격 차이는 거의 나지 않게 되었다. 실제 프랑스산 와인 수입량은 협정 다음 해에 열 배로 늘었다. 이에 대해서는 W. O. Henderson, "The Anglo-French Commercial Treaty of 1786", *The Economic History Review*, vol. V, no. 1.

협약을 맺을 때 포르투갈 본토의 왕실 존속 문제를 염두에 두고 있었으며, 영국 정부는 포르투갈보다 훨씬 미래가 밝아 보이는 식민지 브라질에서 자신들의 위치를 확고히 하고 싶어 했음을 알 수 있다.

브라질 독립은 군사적으로는 별 문제없이 이루어졌으나, 외교적으로는 매우 큰 노력이 요구되었다. 포르투갈은 정치적으로 영국에 의존하고 있는 최고의 패를 쥐고 있었다. 만약 브라질의 독립이 포르투갈에 대한 침략 행위로 인식되면 영국은 침략당한 동맹국인 포르투갈을 지원해야 했다. 포르투갈 정부는 이런 의도를 가지고 런던에서 협상했지만 소용이 없었다. 영국인 입장에서 포르투갈이 중계 무역지 노릇을 하도록 다시 허락하는 것이 좋지 않았기 때문이다. 영국에게 더 중요한 것은 독립한 브라질 정부로부터 계속 특혜를 보장받는 것이었다. 영국 정부는 매우 확고한 입장을 취하면서 포르투갈의 아메리카 식민지인 브라질의 독립을 인정하는 협상을 맺으려 했다. 1827년 영국과 맺은 협정에 따라 브라질 정부[8]는 경제 분야에서 자국의 주권을 제한하면서 영국에 특권적 지위를 인정

7_ 1810년에 체결된 교역 및 항해 협정의 목적은 비록 '상호성에 입각한 교역 자유 체제' 설치였지만 실질적으로는 영국에 특혜를 주는 협정이었다. 영국으로부터 수입되는 물품에 대한 관세는 종가 15퍼센트인 반면, 여타 국가들에게는 24퍼센트, 포르투갈에는 16퍼센트의 관세가 부과되었다. 영어로 된 협정 문안을 포르투갈어로 번역하는 데서 오류가 너무 많이 발생해, 협정 체결은 전적으로 영국인들이 주도했고 포르투갈인들은 정확히 무슨 내용인지도 모르고 협정에 서명했다는 사실을 명확히 알 수 있다. 당시 런던에서 『브라질 우편』(Correio Brasiliense)이라는 신문을 발간했던 이폴리투 주제 소아레스 다 코스타(Hypólito José Soares da Costa)가 이러한 오류들을 지적했다.

8_ 의회와의 협의는 별도로 황제가 협정에 서명했다.

했다.[9]

19세기 전반기는 과도기로, 브라질의 영토가 확정되고 정치적으로는 독립이 확고해진 시기였다. 다음 장들에서 살펴보겠지만 영국에 주어진 특권으로 인해 브라질은 심각한 경제적 어려움을 겪는다. 이러한 어려움은 한편으로는 중앙정부의 활동 범위를 축소시켰으며, 다른 한편으로는 불만으로 인한 영토 분할의 계기가 되었다. 브라질은 19세기 중반 들어 국가로서의 지위를 공고히 다지며 발전하기 시작했다. 이 시기 브라질 경제에서 커피의 중요성이 커져감에 따라 미국과의 경제 관계도 확대되었다. 미국은 19세기 전반기에 이미 브라질의 주요 수출 시장이었다. 경제 관계의 확대와 함께 급속하게 발전하던 아메리카 대륙의 연대성이라는 이데올로기에 힘입어 브라질은 영국으로부터의 독립 의지를 더욱 굳혔다. 1827년 영국과 맺은 조약이 1842년에 만료되자 브라질은 비슷한 내용의 또 다른 협정을 맺으려는 영국 정부에 강력히 저항했다.[10] 1827년 협정이라는 장애물이 제거되자 관세 인상과 이에 따른 중앙정부의 재정 능력 증대를 위한 길이 열렸다.[11] 또한 이러한 발전

9_ 그렇지만 새로운 협정은 영국에게만 특혜 관세를 인정하지 않았다. 최혜국대우 조항으로 브라질은 이후 다른 많은 국가들에게 종가세 15퍼센트라는 동일한 관세를 허락했기 때문이다.

10_ 협정은 1842년에 종료되었으나 영국은 특정 조항을 자국에 유리하게 해석하며 1844년까지 협정이 유효하도록 만들었다. 새로운 협정을 위한 협상이 여러 해 이어졌으나 브라질은 인내심과 지연시키는 능력을 통해 마침내 승리할 수 있었다.

11_ 중앙정부의 수입은 1829-1830년, 1842-1843년에는 변화가 없었으나 그다음 10년 동

과정에서 중앙정부의 권위가 굳건해졌다. 포르투갈 식민지 시대로부터 물려받은 정치적 부채가 청산된 것이다. 그러나 경제구조상 19세기 전반기의 브라질은 이전 3세기 동안의 브라질과 크게 다르지 않았다. 경제구조, 특히 노예 노동력에 기반을 둔 경제구조는 팽창과 쇠락의 시기에도 달라지지 않았다. 경제구조가 변화지 않은 탓에 내부 긴장이 부재하게 되었는데, 이러한 현상이 바로 브라질의 산업화를 지연시키는 중요한 요인으로 작용했다. 19세기 전반이 정치적 과도기였다면 19세기 후반 경제체제를 근본적으로 변화시킨 커피 산업 팽창기는 경제적 과도기라고 할 수 있다. 커피 경제로 인해 생긴 내적 긴장으로부터 스스로 성장 동력을 창출할 수 있는 자주적인 경제 시스템의 요소들이 위기에 직면한 브라질에서 출현하게 되었고, 그럼으로써 브라질 경제의 식민 단계가 확실하게 종결된다.

_____

안 두 배로 증가했다.

PAU - BRASIL

2부

16~17세기 열대 농업
노예 경제

사탕수수 식민지에서의
자본형성과 소득

열악한 자연 환경, 거친 삼림, 수송 비용 등으로 인한 큰 어려움에도 불구하고 사탕수수 산업이 급속하게 발전한 사실은 포르투갈 정부의 노력이 이 분야에 집중되었음을 확실하게 보여 준다. 세습 봉토주donatário[1]만이 맷돌과 물레방아를 제작할 수 있는 특권은 식민지 브라질에서 사탕수수 경작이 특별한 목적을 가졌음을 보여 준다.[2] 이후 제당소engenho de açúcar 설립자들에게는 세금 면제, 생산 장비 몰수 금지 보장, 문장紋章 사용 등과 같은 특별한 혜택[3]이 주어

1_ 포르투갈 왕실이 효율적으로 브라질을 식민 지배하기 위해 세습 봉토주들에게 땅을 나누어주고 방어와 식민지 건설, 세금 납무 등의 의무와 특권을 부여했다._옮긴이 주

2_ João Lúcio Azevedo, *Épocas de Portugal Econômico,* Lisboa, 1929, p. 235 참조.

졌다. 초기에 가장 힘든 문제는 노동력 부족이었다. 당시 모든 계획은 원주민 노예 이용을 기반으로 수립되었는데, 제당소와 같은 대규모 농경 사업에는 원주민 노동력을 활용할 수 없었다.

처음부터 노예제도는 새로운 땅에 정착하려는 유럽인들에게는 전제 조건이었다. 당시 어떤 연대기 작가가 관찰했듯 식민지 정착민들은 노예 없이는 "새로운 땅에서 버틸 수 없었다."[4] 실제 정착민들이 노예 노동력 없이 생존하기 위해서는 자급자족할 물품을 생산하는 공동체를 조직해야 했을 텐데, 이는 완전히 다른 형태의 정착 시스템을 요구했을 것이다. 자본이 부족하거나 생활환경이 부적절한 지역을 선택한 탓에 경제적으로 자리 잡는 데 큰 어려움에 처한 식민 정착 그룹은 원주민들을 나포해 팔거나 노예로 쓰는 일에 가능한 모든 노력을 기울여야 했다. 원주민 포획과 매매는 설탕 산업과 관련 없는 사람들이 할 수 있는 최초의 안정적 경제활동이었다. 브라질 내에서 설탕 생산지로 변하지 않은 지역의 정착지는 2등급으로 여겨지던 이들 인디오 원주민의 노동력에 의지해 살아남았다.

더 넓은 관점에서 보면 16세기 브라질 식민화는 근본적으로 설탕 산업과 연관되어 있다. 서웅비셍치São Vicente의 경우처럼 설탕

3_ 세습 봉토주들이 받았던 특혜 가운데는 원주민인 인디오를 제한 없이 노예로 삼는 것과 일정한 수의 인디오 노예를 매년 포르투갈에 수출하는 것도 포함되어 있었다. 이 문제와 관련해서는 스페인이 원주민 노동력을 성공적으로 착취한 점이 포르투갈인들에게 영향을 주었을 것이다.

4_ Gandavo, *Tratado da Terra do Brasil*, 1570(?); R. Simonsen, *História Econômica do Brasil*, 3ª ed, São Paulo, 1957, p. 127 재인용.

생산이 실패한 지역에 터전을 잡은 작은 규모의 식민 정착촌은 상대적으로 풍부한 원주민 노동력 덕분에 살아남을 수 있었다. 당시 원주민은 식민 정착민을 위해 강제 노역을 했을 뿐만 아니라 거의 유일한 수출 품목이었다. 그러나 설탕 생산 지역의 노예시장과 이 지역에 의존하고 있는 작은 도시 정착촌을 제외하면, 원주민 포획 행위는 서웅비센치 식민 정착촌의 중요한 경제활동은 아니었을 것이다. 그러므로 브라질 식민화 초기 단계에서 겉으로는 스스로 발전한 듯 보이는 공동체들은 간접적이나마 사탕수수 경제의 성공 덕분에 살아남을 수 있었다.

식민 초기부터 일부 공동체들은 원주민을 노예로 삼기 위해 포획 행위에 전념했는데, 이는 일찍부터 원주민 노동력이 중요했음을 확실하게 보여 준다. 부의 축적 과정에서는 대부분 초기에 더욱 큰 노력이 필요하다. 아프리카인 노동력은 이미 자리 잡은 브라질 설탕 사업의 확대에 크게 기여했다. 설탕 사업으로부터 얻는 이익이 확실해지자 아프리카인 노예들이 필요한 규모만큼 수입되었고, 이들은 보다 효율적이면서 더 많은 자본이 들어가는 생산 체제의 근간이 되었다.

식민 초기 정착 단계의 이러한 어려움들이 극복되자 사탕수수 식민 정착지는 급속히 발전한다. 16세기가 끝나갈 무렵 설탕 생산량은 2백만 아호비[5]를 넘었을 것이다. 이는 포르투갈 정부가 대서양

5_ 연대기 작가와 여행자의 글, 포르투갈과 네덜란드의 공식 문서, 브라질과 외국 학자들의 관련 연구 서적에 나타난 식민지 시대 설탕 생산과 관련한 데이터는 위에서 인용한 호베

섬들에서 1세기 전에 생산한 양보다 20배 이상 많은 것이었다. 16세기 마지막 25년 동안 특히 크게 증가해 이 기간에 10배가 넘는 성장을 기록했다.

당시로서 작은 식민지에 투자된 자본금은 상당한 수준이었다. 16세기 말에 제당소가 120개뿐이었고, 제당소 하나의 평균 가격이 1만5천 파운드였다는 사실을 감안하면 생산단계의 설탕 산업에 투입된 자본 총액은 180만 파운드에 근접했다. 한편 이 시기 브라질 식민지로 유입된 아프리카인 노예 수는 약 2만 명으로 추정된다. 그중 4분의 3이 설탕 산업에 직접 투입되었으며, 이들의 가격을 1인당 평균 25파운드로 가정하면 노동력에 대한 투자액은 37만5천 파운드에 달했다. 전체 투자 금액을 분석해 보면 노예 노동력에 투입된 자본은 설탕 산업의 총고정자본 가운데 약 20퍼센트를 차지한다. 당시 이 고정자산의 상당 부분은 수입 장비였다.

사탕수수 경제로 창출된 수익 금액에 대해서는 막연히 추측할 수밖에 없다. 실적이 좋은 해의 총 설탕 수출액은 약 250만 파운드에 달했을 것으로 보인다. 식민지에서 설탕 산업에 의해 창출된 순수익이 총수익[6]의 60퍼센트이며, 설탕 산업이 전체 창출 수익의 4분

르뚜 시몽셍(Roberto Simonsen)의 책에 상세히 기록되어 있다. 이 책의 계산과 추정의 기반이 되는 데이터는 위대한 브라질 경제사 연구자인 시몽셍의 상기 연구서 자료를 기반으로 한 것이다. 시몽셍은 언제나 가장 보수적으로 자료를 사용했다.

6_ 순수익 금액을 추정하기 위해 화폐로 계산한 대체 비용은 대략 11만 파운드 정도로 평가된다. 먼저 평균 사용 기간이 8년이며, 1인당 25파운드인 노예가 1만5천 명 있다고 계산하면 노예 교체 비용으로 5만 파운드가 든다. 또한 노예를 포함한 고정자본의 3분의 1이 수

의 3이라고 가정한다면 총 순수익은 200만 파운드가 될 것이다. 그리고 유럽 출신 인구가 3만 명이 넘지 않았다고 가정한다면 조그마한 사탕수수 농장이 매우 부유했다는 사실을 확실히 알 수 있다.[7]

식민지에서 창출된 수익은 제당소 주인과 사탕수수 농장주 계급에 집중되었다. 선적항의 설탕 가격에는 제당소 밖에서 이루어지는 운송이나 창고 비용 등 서비스 비용이 포함되어 있었는데, 그 액수는 그리 크지 않아 5퍼센트를 넘지 않았다. 게다가 제당소와 농장들은 잡다한 기술을 지닌 사람들과 노예 감독관 등을 고용해 어느 정도 임금노동자 수를 유지했다. 노예 10명당 임금노동자가 1명 있었으며(이 경우 설탕 산업 전체로 볼 때 약 1,500명 정도였을 것이다), 각 개인에게 임금으로 연 15파운드[8]를 지급했다고 가정하면 총액은 2만2,500파운드가 되는데, 이는 설탕 산업에서 창출된 수익의 2퍼센트도 되지 않는 금액이다. 마지막으로 제당소와 사탕수수 농장은

입 장비로 이루어져 있는데, 수입 장비의 평균 사용 기간이 10년이라고 가정할 때 수입 장비의 부분 교체 비용으로 6만 파운드가 든다.

7_ 금 가치를 기반으로 한 화폐소득의 장기적인 비교가 실질적으로는 의미 없지만 재미로 생각해 보면 16세기에서 17세기로 넘어가는 시기의 (유럽 출신 인구의) 1인당 소득은 현재 가치(1959년)로 약 350달러 정도 된다고 볼 수 있다. 이 1인당 소득은 당시 유럽의 소득보다 훨씬 높았으며, 금 생산 최고가를 포함한 브라질 역사상 그 어떤 시기에도 이와 같은 수준에 도달한 적이 없다.

8_ 노예 노동력의 실질 비용은 연 4파운드를 넘지 않았으며, 노예 가격이 25파운드에 평균 활용 기간이 8년이고, 노예 일생 중 3분의 1이 노예 자신의 식량을 생산하는 데 투입되었다는 점을 고려한다면 연 15파운드는 당시로 볼 때 무척 높은 임금이었다. 참고로 18세기 후반기의 미국 북부 지역의 농가 임금이 약 12파운드였으며, 영국에서는 그 반이었다. F. A. Shannon, op. cit., p. 74 참조.

어느 정도의 화폐 지출gastos monetários을 했다는 점을 고려해야 한다. 이는 주로 수송을 위한 가축 구매와 화로를 위한 장작 구매를 위한 것이었는데, 이러한 구매는 브라질 내에 존재하는 여타 식민 정착촌과 설탕 산업 간의 중요한 연결고리 역할을 했다. 제당소와 사탕수수 농장에 존재하는 전체 소의 수는 노예의 수와 같은 수준이었으리라 추정된다. 그리고 소 한 마리는 노예 가격의 5분의 1정도였고, 일하는 기간은 3년밖에 되지 않았다. 그래서 짐수레용 소에 대한 투자금은 7만5천 파운드 정도였으며, 그 교체 비용으로 약 2만5천 파운드가 들었다. 장작 및 기타 사소한 물품 비용이 이 교체 비용의 두 배였다고 가정하면 사탕수수 경제가 다른 인구 그룹들에 지급한 금액은 전체 수익의 3퍼센트를 많이 넘지 않았을 것이다. 이 모든 것을 종합해 볼 때 브라질 내 사탕수수 경제 생산 수익 가운데 최소 90퍼센트가 제당소 및 사탕수수 농장 소유주 계급에 집중되었음을 알 수 있다.

이렇게 소수 계층에 집중된 거대한 수익금이 어떻게 사용되었는지는 설명하기가 쉽지 않다. 앞에서 언급한 데이터들은 생산단계에서 투자한 자본에 대한 소득, 즉 사탕수수 농장주들과 제당소 소유주들의 자본소득이 17세기 초부터 양호했던 해에는 1백만 파운드가 넘었음을 확실하게 보여 준다. 이 소득의 일부분은 소비재, 주로 사치품 소비재 수입에 쓰였다. 예를 들어 네덜란드 정부의 당시 자료를 보면 1639년에 수입세로 약 1만6천 파운드가 징수되었는데 그중 3분의 1이 와인과 관련된 세금이었다. 종가세가 대체로 20퍼센트였다는 것을 고려하면 총수입금액이 80만 파운드 이하는 아니었음을 충분히 유추할 수 있다.[9] 같은 해에 네덜란드 지배하의 브라질 식민 지역에서 수출한 설탕 금액은 수출 항구가로 약 120만 파운드였다. 그러나 여기에는 대규모 군대를 유지할 필요 때문이든, 나소Nassau 왕자 행정부 시기(1637~1644)의 사치 때문이든 네덜란드 지배 시대에 소비지출이 크게 늘었다는 점을 고려해야 한다. 도시 공동체 생활과는 상관없이 농장에서 격리된 생활을 했던 포르투갈 식민 정착민들이 그렇게 많은 소비재를 지출했으리라고 생각하기는 어렵다. 이들의 소비지출을 넉넉히 60만 파운드 정도로 잡는다 해도 이와 동일한 금액, 즉 식민지에서 소비되지 않는 금액이 제당소 주인들의 수중에 남아 있었을 것이다. 이러한 데이터는 사탕수수 경제의 자본화 여지가 매우 컸음을 명확하게 보여 주며, 16세기 마지막 25년 동안 어떻게 생산량이 열 배 늘어날 수 있었는지 설명해 준다.

앞에서 언급한 데이터를 보면 사탕수수 산업이 2년마다 생산능력을 두 배로 올리는 데 필요한 자금을 자체 조달할 만큼 충분한 수익을 올렸다는 것을 알 수 있다.[10] 외견상 성장 속도가 매우 양호했

9_ 이러한 추정은 P. M. Netscher, *Les Hollandais au Brésil*, 1853에 실린 당시의 네덜란드 정부 문서 자료를 기반으로 했다. 수출 품목 리스트가 매우 흥미로운데, 스페인 및 프랑스산 와인, 올리브유, 맥주, 식초, 염장 생선, 수지, 가죽, 밀가루, 비스킷, 버터, 아마유, 고래 기름, 향료, 직물, 모, 비단, 동, 철, 강철, 주석, 넬빤지 등이었다. R. Simonsen, op. cit., p. 119 참조. 1644년의 브라질 내 네덜란드 수익과 지출 수지에 대해서는 C. R. Boxer, op. cit., apendice II 참조.

10_ 설탕 사업에서 총수입이 150만 파운드라고 가정하고, 이 수입의 10퍼센트가 임금 지급, 가축 및 장작 구매 등에 쓰이며 수입 장비 대체 비용으로 12만 파운드가 든다고 가정하

던 시기에 이러한 성장 규칙을 따랐다. 자본 조달 잠재력이 예외적인 경우에만 사용되었다는 사실은 설탕 산업의 성장이 구매 시장의 흡수 가능성에 의해 결정되었음을 보여 준다. 그러므로 대서양 섬들에서 발생했던 초과생산이라는 뼈아픈 경험이 반복되지 않았다는 것은 설탕 상업화 단계에서 매우 조심스러운 조치가 취해졌고 이 조치들로 인해 설탕 사업 전체와 관련한 근본적인 결정이 내려졌음을 보여 준다.

그런데 설탕 산업이 자체 동원한 자금을 전부 사용하지 않았다면 남는 자본은 어떻게 되었을까? 사탕수수 경제 외의 경제활동 분야가 매우 적은 자본만을 흡수했던 식민지 브라질 내에서 이 재원이 사용되지 않았다는 것은 명백하다. 제당소 주인이나 사탕수수 농장주들이 남는 자본을 다른 지역에 투자했다는 기록은 거의 없기 때문이다. 가장 신빙성 있는 설명은 설탕 생산에 투입된 자본의 상당 부분이 상인들에게서 나왔으리라는 것이다. 앞에서 제당소 주인과 사탕수수 농장주의 소득이라고 했던 소득의 일부는 현재 비거주자 소득이라고 부르는 소득일 것이고, 식민지 밖의 지역에 남아 있었을 것이다. 그렇다면 생산-마케팅 단계 간의 밀접한 조합調合 관계를 쉽게 설명할 수 있다. 이러한 조합이 자연스럽게 초과생산을 예방했을 것이다.

면 순수익은 약 120만 파운드가 될 것으로 추산된다. 이 순수익에서 수입 소비재 지출 비용인 60만 파운드를 제하면 60만 파운드가 남는데, 이 금액이 설탕 분야의 투자 가능 금액이다. 고정자산이 180만 파운드로 늘어나고 최소한 이 금액의 3분의 1이 노예들이 세운 건물과 시설 비용이라고 가정하면 2년마다 자본이 두 배로 증가한다고 추정할 수 있다.

소득의 흐름과 성장

브라질 영토 점령의 기반이 된 노예 경제 시스템은 실질적으로 어떠한 구조적 발전 및 팽창 가능성을 보여 주었을까? 이 문제를 밝히기 위해서는 노예 경제 시스템 내의 소득 형성과 자본축적 과정을 좀 더 자세히 살펴보아야 한다.

브라질 노예 경제의 특징은 자본형성 과정을 살펴보면 확연히 알 수 있다. 설탕 분야의 기업가들은 브라질에서 처음부터 상대적으로 큰 규모의 사업을 벌여야 했다. 브라질의 환경 조건을 감안하면 대서양 섬들에서와 같은 소규모 제당소는 생각조차 할 수 없었다. 그러므로 초기에는 외부에서 자본이 들어왔으리라는 점을 확실히 유추할 수 있다. 초기에는 장비와 숙련된 유럽 노동력을 수입했다. 원주민 노동력은 새로운 식민 공동체에 식량을 제공하거나 정착 시설

공사 가운데 비숙련 작업에만 투입되었다. 아마도 설탕 사업 초창기에는 원주민 노동자들도 중요한 역할을 수행했을 가능성이 높다. 제당소의 가치는 가동 이후 장비 및 숙련 노동자의 이주 비용 지출 형태로 수입된 자본의 최소 두 배가 되었을 것이다. 아프리카 노동자의 도입은 어떠한 근본적인 변화를 가져오지는 못했다. 그것은 비효율적이며, 확보하는 데 위험이 더 컸던 원주민 노예 노동력을 대체하는 것에 불과했기 때문이다.

일단 자리를 잡은 설탕 산업은 동일한 팽창 과정, 즉 장비와 일부 건축 자재, 노예 노동력 수입을 위한 화폐 지출이라는 과정을 겪었다. 수공업에 소질 있는 노예들을 훈련시켜 수공업 분야에서도 자급자족을 이루었고, 그리하여 숙련된 노동력은 처음보다 작은 규모로 수입되었다. 비숙련 노동력의 경우에는 동일한 현상이 일어나지 않았는데, 노예 인구의 수명이 줄어들어 간 탓이었다. 노예제도가 시행되었던 모든 기간에 이러한 경향을 바꾸어 보려고 했지만 성공하지 못했다.[1]

장비와 노예 노동력을 수입하는 단계가 끝나자 그다음에는 투자 단계, 즉 건설과 시설 투자 단계가 화폐소득renda monetária의 흐름이

1_ 일부 지역에서 노예 번식에 성공한 미국과는 달리 브라질에서는 노예제를 단일 세대만의 사업인 것처럼 단기적인 관점으로 보았다. 예를 들어, 예수회 신부인 안토닐(Antonil)은 18세기 초 제당소 주인들에게 다음과 같은 현명한 충고를 했다. "감독관들은 절대로 노예들을, 특히 임신한 여자 노예들의 배를 발로 차서는 안 되며, 몽둥이로 때려서도 안 된다. 왜냐하면 화난 상태에서는 때리는 강도를 알 수 없고, 매우 비싸면서 쓸모 있는 노예의 머리를 상하게 할 수도 노예를 잃게 될 수 있기 때문이다. 노예들을 욕하거나 채찍으로 등을 때리는 것은 훈육의 목적인 경우에는 허용된다." R. Simonsen, op. cit., p. 108 재인용.

창출되지 않은 채 이루어졌다. 일부 노예 노동력은 전체 인구를 위한 식량 생산에 전념했고, 나머지 노예 노동력은 시설 공사와 제당소·사탕수수 농장 일을 했다.

하나의 산업 경제에서 투자는 공동체의 소득을 끊임없이 늘려 투자와 동일한 양만큼 소득을 증가시킨다. 투자는 자동적으로 생산요소들에 대한 지불로 전환되기 때문이다. 그래서 건물에 대한 투자는 기본적으로 건설에 사용된 자재와 노동력에 대한 임금으로 이루어진다. 건설 자재 구입은 한편으로는 자재 생산과 운송에 사용된 자본, 그리고 노동력에 대해 돈을 지급하는 것이다. 이러한 요소들에 대한 지불은 화폐소득[2] 및 구매력을 창출하며, 이를 전부 합하면 초기 투자 금액이 된다.

수출-노예 경제에서의 투자는 완전히 다른 양상을 보인다. 투자금 일부는 노동력, 장비, 건설 자재의 수입 때문에 해외 결제로 전환된다. 가장 큰 투자는 노예 노동력으로부터 발생한다. 노예 노동력에 의한 생산품의 가치와 노예의 유지 및 대체 비용 간의 차이가 기업가의 이윤이 되는 것이다. 새로운 투자는 창출된 기업가의 이윤 금액만큼 실질소득을 증가시킨다. 그렇지만 이 실질소득은 어떠한 지불의 대상이 아니기 때문에 그 증가가 화폐상으로는 나타나지 않는다.

노예 노동력은 공장 설립과 비교될 수 있다. 즉 투자는 노예 구매로 이루어지고, 노예 유지비용은 고정비용과 비슷하다. 공장이 가

2_ 화폐소득은 전체 가격수준에서 변화가 없을 때 실질소득과 같다.

동되든 가동되지 않든, 노예가 일을 하든 일을 하지 않든 유지에 필요한 경비는 지출되어야 한다. 게다가 몇 년 사용하면 폐기해야 하는 기계와 마찬가지로 노예 노동력 또한 시간 흐르면 회복되지 않는다. 어느 노예의 노동력을 수출과 직접 연관된 생산 활동에 계속 이용할 수 없게 되면 기업가는 당연히 작업이 중단된 시간 동안 이 노예 노동력을 다른 업무에 활용하려 할 것이다. 그 업무는 바로 건물 공사, 새로운 경작지 개간, 현지 개량 사업 등일 것이다. 이런 종류의 투자는 기업가의 자산을 늘리면서도 앞의 경우처럼 화폐소득 흐름을 발생시키지는 않았다.

소비지출 역시 비슷한 특징을 보였다. 이미 살펴보았듯이 소비지출의 상당 부분이 소비재를 수입하는 해외에서 이루어졌는데, 이 소비지출의 다른 부분이 개인적인 서비스에 동원되는 노예 노동력의 사용이다. 이 경우 노예는 내구소비재와 같이 취급된다. 제공되는 서비스는 노예를 소유할 때 요구되는 초기 지출의 대가이다. 이는 자동차가 제공하는 서비스가 차 가격의 대가인 것과 비교할 수 있다. 차고에 개개인의 자동차가 주차되어 있을 때 공동체 소득이 줄어들지 않는 것과 마찬가지로 노예가 자신의 주인에게 개인적 서비스를 제공하지 않을 경우에도 이 소득은 거의 줄지 않았을 것이다.[3]

3_ 내구소비재에 의해 제공된 서비스는 초기 구매 비용과 유지를 위해 현재 사용된 비용의 대가이다. 예를 들어 자동차를 세워 놓는 것은 현재 비용이 더 이상 발생하지 않을 정도까지 공동체의 소득수준에 반영할 것이다. 노예의 경우 유지비용이 일반적으로 어떠한 소득 흐름도 창출하지 않았다. 수입된 일부 거친 옷감을 제외하고는 유지 수단을 노예들 스스로

이제 노예 경제 운영 전반에 대해 살펴보자. 전체 노예 경제에서 거의 대부분의 생산요소가 기업가에게 속하는 것처럼, 생산과정에서 발생한 화폐소득 역시 거의 대부분 기업가에 귀속된다. 이러한 소득, 즉 생산요소 비용에 장비 대체와 노예 수입 비용이 더해진 전체 지불 비용은 수출액과 동일하다. 만약 거의 대부분의 화폐소득이 수출 실적에서 발생했다면, 거의 대부분의 화폐 지출이 수입액과 동일해야 한다는 사실은 이해하기 쉬울 것이다. 모든 화폐 지출과 수입액 간의 차이는 식민지 비거주인이 소유하고 있는 생산요소에 대한 금융 서비스 이외에 자본의 순유입과 외환 준비고의 흐름과 같을 것이다. 그러므로 소득의 흐름은 전체 생산 단위unidade pro-dutiva와 해외 간에 이루어진다. 모든 생산요소가 동일한 기업가에 속한다면, 사탕수수 경제에서 소득 흐름은 실제든 가상이든 단순한 회계 작업에 불과하다는 것이 명백하다. 그러나 이러한 점 때문에 사탕수수 경제가 화폐가 아닌 다른 성격이라는 의미는 아니다. 각각의 요소 비용은 물론 최종 상품 또한 화폐로 표시됨에 따라 기업가는 생산 비용을 줄이고 실질적인 소득을 최대화하기 위해 요소들을 어떻게 하면 가장 적절하게 조합할 수 있는가를 알아내야 했을 것이다.

많은 사람들은 설탕 분야 소득 흐름의 회계적 특성 때문에 사탕수수 경제가 반半봉건 성격의 경제라고 추측한다. 봉건주의는 경제

생산했던 것처럼, '순 노예 노동력'(mão-de-obra escrava líquida)이라는 개념, 즉 노예 자신들을 위한 식량 생산에 사용된 부분을 제외한 개념을 도입해야 할지도 모른다.

구조의 위축[4]으로 나타나는 퇴보적인 과정이다. 이러한 위축은 어떤 경제에 강요된 고립으로부터, 즉 이미 확보한 기술 수준이 허용하는 노동 분리와 전문화를 제대로 활용하지 못하는 시스템 때문에 큰 생산성 감소를 야기하는 고립으로부터 기인한다. 우리가 앞에서 그 특성을 지적했던 노예 경제unidade escravista는 지나친 경제 전문화의 실례라고 볼 수 있다. 봉건 경제unidade feudal와는 반대로, 노예 경제는 전적으로 외부 시장에 의존한다. 이들 사이에 유사성이 있다는 생각이 드는 것은 양쪽 다 현물을 지급하기 때문이다. 그러나 이는 또다시 오해를 불러일으킨다. 노예 경제에서 요소들에 대한 지불은 전부 화폐적인 성격이기 때문이다. 노예에 대한 지불은 노예의 구매 시점에서 화폐적 형태로 나타난다. 노예에 대한 현재 결제pagamento corrente는 기계를 유지하는 비용처럼 단순한 유지비용으로, 화폐적 성격을 전혀 잃지 않은 채 회계장부에 포함되어 있을 수 있다.[5]

4_ C. Furtado, "O Desenvolvimento Econômico", *Econômica Brasileira*, vol. I, no. 1, Rio de Janeiro, 1955 참조.

5_ 봉건적인 제도들을 아메리카 대륙 내 교역 식민지로 옮기려는 시도는 프랑스의 경우처럼 봉건 전통이 매우 강력하고 이전을 하려는 명백한 의도가 있는 곳에서조차 실현하기 힘든 것으로 나타났다. 이 문제에 대해 메이(L. P. May)는 이렇게 썼다. "일부 작가들은 본국의 봉건 기관이 있는 그대로 식민지에 일괄적으로 이전되었으며, 식민지에서도 영주의 권리가 구현되고 인두세가 도입되었다고 상상했다. 그러나 실제로는 그 어느 것도 진실이 아니었다. 회사는 생크리스토프(St. Christophe)에서 매매하고 인두세를 거두려 노력했으나, 징수 실적은 계속 줄어들어 결국에는 포기하기에 이르렀다. 마르티니크에서 우리는 이에 대한 흔적을 전혀 찾지 못했다." op. cit., pp. 69-70.

이제 다시 처음 제기했던 문제로 돌아가 노예 경제 시스템이 어떻게 구조적으로 발전하고 팽창할 가능성이 있었는지 살펴보기로 하자. 물론 외부 시장이 적당한 가격수준에서 생산량이 계속 증가하는 설탕을 흡수할 수 있었다면 노예 경제 시스템은 — 외부의 노동력이 유연하게 제공될 때마다 — 경작 가능한 모든 토지를 점유할 정도로 성장했을 것이다.

경작 가능한 토지가 비교적 풍부했기에 노예 경제 시스템이 팽창할 가능성은 무한했을 것이다. 앞에서 살펴보았듯이 16세기 후반기와 17세기 전반기에 형성된 가격수준 때문에 설탕 산업은 수익성이 매우 높았으므로 실제 발생한 것보다 훨씬 더 빨리 팽창할 수 있을 만큼의 자금을 자체 조달할 수 있었다. 그러므로 모든 정황으로 볼 때 생산능력 증대는 가격 붕괴를 방지하기 위한 목적으로 조정되었으며, 동시에 생산품을 홍보하고 소비 지역을 확대하려는 노력도 지속적으로 이루어졌다. 어찌되었든 성장은(특히 식민지 관점에서 보았을 때) 상당히 이루어졌을 뿐 아니라 한 세기 내내 지속되었으나, 민감한 경제 시스템의 구조 변화 없이 이루어졌다. 가끔 발생한 성장 후퇴 또한 어떠한 구조 변화를 일으키지 못했다. 생산 시설이 멈추게 되더라도 주로 노예 노동력이 시설 유지를 담당하고 있었으므로 기업가는 큰 손실을 입지 않았다. 다른 한편으로는 기업가의 소비 비용 역시 노예 노동력을 사용함으로써 대부분 보장되었다. 이런 이유로 인해 노예 기업empresa escravista은 순전히 규모 면으로 성장하는 경향, 즉 구조적 변화 없이 성장하는 경향을 보였다. 성장이 멈추거나 쇠퇴하더라도 이는 경제구조를 변화시킬 만한 긴

장감을 조성하지 못했다. 이 경우 성장은 새로운 토지의 점령과 수입 증가를 의미했고, 쇠퇴는 기업 자산의 점진적이지만 느린 감소와 더불어 수입 상품에 대한 지출과 노동력(역시 수입되는) 대체 비용의 감소를 의미했다.

그러므로 외부 충격에 기반을 둔 성장이 자발적 발전 과정을 야기할 가능성은 전혀 없었다. 단순한 규모의 성장으로 거대한 지역을 점유하게 되었으며, 점유한 지역에는 상대적으로 인구가 집중되었다. 하지만 생산 시스템과 소비 시스템 간의 직접적인 결합을 허용치 않는 경제 메커니즘은 역동적인 경제발전 요소로서의 이러한 인구성장이 가지고 있던 이점을 없애 버렸다. 이미 살펴보았듯이 순전히 경제적 성격(상대적 가격 개선)이든 더 나은 기술 유입으로 인해서든 이윤은 생산성 변화에 영향을 받는 유일한 형태의 소득이었다. 만약에 수출을 위한 생산 활동이 감소하면 기업가의 이윤도 줄어들지만 생산능력 확대를 위해 사용할 수 있는 잉여 노동력이 동시에 발생하게 된다. 이러한 생산능력을 확대하는 일에 관심이 없다면, 소유 계급classe proprietária의 복지와 관련된 건축 공사나 재생산적 성격이 아닌 다른 경제활동에 잠재적 투자가 행해졌을 것이다.

노예 경제는 이처럼 실질적으로 외부 수요에 전적으로 의존되어 있었다. 외부 수요가 줄어들면 통화 부문이 위축되며 쇠퇴 과정이 시작되었다. 그렇지만 이 과정은 경제 위기가 지닌 끔찍한 특성을 전혀 보여 주지 않았다. 실질적으로 수출 기업unidade exportadora의 화폐소득은 기업가의 이윤이었으며, 기업가는 가격이 가끔 하락하더라도 계속 작업하는 게 항상 유리했다. 비용은 사실상 고정비용이어서 생산능력을 조금이라도 사용하지 않고 축소하면 기업가는 손실을 입었다. 언제나 생산능력을 전부 다 사용하는 게 유리했다. 그러나 가격이 어느 수준 이하로 떨어지게 되면 기업가는 수입 장비와 노동력의 대체 비용을 감당할 수 없게 되고, 생산 기업은 생산능력을 잃어버리게 된다. 그렇지만 생산능력 상실은 이미 이유를 설명한 바와 같이 매우 느리게 진행되었을 것이다. 그래서 수출 기업은 자신의 독특한 구조를 유지할 능력이 있었다. 브라질 북동부 지역의 사탕수수 경제는 실질적으로는 구조 변화를 크게 겪지 않고 외부 시장 조건들이 개선될 때마다 회복하면서 3세기 이상 지속된 기나긴 침체를 견뎠다.

설탕 시장이 붕괴되고 앤틸리스제도와의 거센 경쟁이 시작된 17세기 후반기에 접어들자 설탕 가격은 절반으로 떨어졌다. 그럼에도 브라질 기업가들은 최선을 다해 비교적 높은 생산 수준을 유지했다. 이러한 가격 하락 추세는 그다음 세기인 18세기에도 지속되었다. 한편 브라질 중남부 지역에서 성장하고 있던 광산 경제가 숙련 노동력을 끌어들이고 노예 가격을 인상시키자 설탕 사업의 수익성은 더욱 떨어졌다. 사탕수수 경제 시스템은 오랜 기간 무기력한 상태로 접어들었지만 그 시스템은 고스란히 남아 있었다. 실제로 19세기 초 들어 유리한 환경이 다시 갖춰지자 사탕수수 경제 시스템은 활력을 완전히 되찾으며 재가동되었다.

사탕수수 경제의 투영
: 목축업

　브라질 북동부 해안 지역에서 빠르게 팽창하며 생산성 높은 경제 시스템이 형성되자, 이는 포르투갈인들이 권리를 주장하던 다른 지역들에 직간접적인 영향을 미칠 수밖에 없었다. 일반적으로 볼 때 식민지 브라질을 유지하고 다른 지역들의 개발을 촉진하기 위한 재원은 확보되어 있었다. 특히 다른 경제활동의 존재를 정당화하는 시장도 출현했다.

　앞에서 우리는 높은 수익성과 고도의 전문성으로 사탕수수 경제가 비교적 거대한 규모의 시장을 형성하고 있음을 살펴보았다. 현재의 표현으로, 수입 계수가 매우 높은 경제였다. 실제로 사탕수수 경제 내에 화폐 흐름이 거의 존재하지 않았음에도 상업화 정도는 매우 높았다. 설탕 사업의 높은 수익성은 전문화를 유발했는데, 최소한 설탕 시장 전망이 유망했을 때 기업인들이 생산요소를 이차적인 다른 활동에 투입하지 않았다는 점은 경제적인 관점에서는 완전히 설명 가능한 문제였다. 이러한 시기에는 노예들이 필요로 하는 식량을 생산하는 것조차 제당소와 농장 소유주들에게는 반경제적이었다. 반대로 말하자면 사탕수수 경제의 지나친 전문화는 높은 수익성에 대한 반증이었다.

6장에서 우리는 17세기 후반기 앤틸리스 사탕수수 경제의 지나친 전문화가 오늘날 미국으로 불리는 아메리카 북부 지역 식민지 정착촌의 발전을 촉진시켰음을 살펴보았다. 설탕 사업의 높은 수익성으로 인해 상대적으로 짧은 기간 내에 완전히 새로운 수많은 상품 시장이 출현했는데, 이는 앤틸리스(주로 영국령 섬) 주민들이 설탕을 생산하는 일 외에는 토지와 노예를 사용하지 않았기 때문이었다.

브라질의 사탕수수 경제가 상대적으로 규모가 큰 시장을 형성했고, 이것이 브라질의 다른 지역이 발전하는 데서 매우 역동적인 요소로 작용했다는 것이 일반적인 의견이다. 그럼에도 일련의 상황들 때문에 이러한 역동적 추진력이 거의 대부분이 외부로 전환될 뻔했다. 먼저 기득권을 지닌 포르투갈과 네덜란드 수출업자들이 설탕 운송에서 예외적으로 낮은 운임 혜택을 누리고 있었다. 두 번째는 본국 경제와 경쟁할 수 있는 활동이 식민지에서 출현하는 것을 막으려는 정치적 우려가 있었다.

아메리카 지역에서 공존하며 강력한 사탕수수 경제를 형성했던 서웅비셍치와 뉴잉글랜드의 발전을 비교해 보면 그 차이점과 유사점을 잘 알 수 있을 것이다. 전자든 후자든 식민지화의 초기 목적은 약해졌다. 초창기의 어려움을 극복하고 살아남은 식민지 정착민들은 수익성이 낮은 활동에 매달렸으며, 양 지역에서 식민 사업에 종사했던 사람들이 형성한 마을은 식민 정착촌으로 변해 갔다. 뉴잉글랜드의 식민지 정착민들에게 수산업은 생존 수단이었을 뿐만 아니라 첫 번째 무역 활동 가운데 하나가 되었다. 이들은 일찍부터 필요에 따라 선박 건조에 전념했고, 이후에는 선박 건조 능력을 더욱 발전시켜 해상 수송을 기반으로 한 독립적인 사업을 펼쳤다. 거대한 앤틸리스 시장이 출현하자 이들은 자신들이 건조한 선박을 이용했다. 그렇지만 17세기 후반기에 발생한 내분과 18세기 전반기에 발생한 전쟁으로 인해 오랜 기간 영국이 앤틸리스 시장에 물자를 공급하지 못했다는 사실을 간과하고서는 이들이 앤틸리스 시장을 정복하는 데서 크게 성공한 이유를 설명하기 어렵다.

노동력 부족 현상은 뉴잉글랜드(영국령 앤틸리스에서 인구가 초과되어 일시적 노예제 방식으로 유럽 노동력을 수입할 수 있었다)보다 서웅비센치에서 심각했다. 서웅비센치 식민지 정착민들의 첫 교역 활동은 원주민인 인디오 사냥이 되었고, 이들은 내륙으로 침투해 들어가는 오지 개척자sertanista가 되었다. 15세기에 포르투갈인들이 흑인 노예를 사냥하러 아프리카 내륙으로 침투해 갔듯이 서웅비센치 주민들 또한 인디오를 사냥하러 아메리카 내륙 깊숙이 들어갔다. 그에 따라 탁월한 군사적 능력과 탐사 능력이 개발되었고, 이후 이러한 능력은 남미 대륙 심장부의 거대한 지역을 일찌감치 점령하는 데 결정적인 역할을 했다.[1]

그러므로 (남미 식민 정착촌에 대한) 사탕수수 경제의 역동적 발전을 제한했던 주요한 요인이 사탕수수 재배지 인근에 존재하는 풍부한 토지였을 가능성이 있다. 앤틸리스 경제의 특징은 극심한 토지 부족이었다. 사탕수수 경제가 출현한 이후 여러 세기 동안 앤틸리스제도의 경제적·사회적 발전은 토지 부족에 큰 영향을 받은 반면, 브라질 북동부 지역의 경제발전은 당시 유동적이었던 국경선의 경제 시스템 영향을 받았다. 풍부한 토지 덕분에 사탕수수 경제에 의존적인 2차 경제 시스템이 브라질 북동부 지역에서 출현하게 된다.

앤틸리스제도에서와는 반대로 다른 식민 생산자들이 접근할 수 있던 브라질 사탕수수 경제 시장의 크기는 상대적으로 작았다. 소비재 분야의 수입 품목은 주로 사치품, 물론 식민지에서 생산되지 않는 사치품이었다. 내부에서 자체적으로 공급할 수 있던 유일한 소비 품목은 고기였다. 연대기 작가 안토닐Antonil이 관찰했듯 고기는 노예들에게도 제공되었다. 식민지 현지에서 공급이 크게 성장할

1_ 스페인이 토르데시야스조약에 의거해 확보한 남미 지역 대부분을 점령하지 않은 것은 놀라운 일이 아니다. 동 조약으로 인해 확보한 아메리카라는 신세계 전체를 방어한다는 것은 실현 불가능한 일임을 일찍부터 알고 있었기 때문이었다. 스페인의 방어선은 멕시코-페루 축을 따라서, 그리고 두 접근 지점인 카리브와 라플라타강을 중심으로 구축되었다. 아마존 지역과 남미의 중부 지역은 스페인에게는 현재의 미국 땅보다 흥미 없는 지역이었다. 앞의 두 지역을 통해 페루로 들어가는 것은 쉽지 않았지만 미국은 멕시코로 가는 길을 제공했기 때문이다. 스페인이 실질적으로 점령하지 않았던 영토는 17세기와 18세기에 영국과 프랑스 손에 들어가 있었기 때문에 남미에서 포르투갈의 팽창이 스페인에게 불편한 것은 아니었을 것이다. 이에 따라 적어도 두 강대국이 스페인이 지배하고 있던 최고 노른자위 지역을 점유하려는 시도를 막을 수 있었다. 아마존 만을 포함한 남미 대륙이 북미 대륙을 점령하기 전 1세기 동안 점령되고 분할되었다는 사실은 놀라운 일이 아니다. 이는 초기 서웅비셍치 식민지 후손인 상파울루 개척자, 즉 매우 용감한 반데이랑치스(Bandeirantes) [오지 개척단] 덕분이었다.

여력이 있던 분야는 생산재였다. 제당소의 두 주요한 에너지원, 즉 나무 장작과 짐을 끄는 동물은 식민지 현지에서 충분히 공급되었다. 당시 보다 널리 사용되던 건축 자재였던 목재도 마찬가지였다.

설탕 경제가 확대되자 짐을 끄는 동물의 필요성이 훨씬 더 커져 갔는데, 이는 해안 삼림이 파괴되어 점점 더 멀리까지 장작을 구하러 가게 되었기 때문이다. 또한 해안 지대, 즉 설탕 생산 시설이 자리 잡은 지역 내에서 가축을 키우는 것은 불가능했다. 소들이 농장을 침입함으로써 이웃 간의 분쟁이 심각해져 포르투갈 정부가 해안 지역에서 소 사육을 금지했기 때문이었다. 설탕과 목축이라는 두 경제활동이 분리됨으로써 브라질 북동부 지역에는 종속경제economia dependente가 출현했다. 처음에는 북동부 지역, 그다음에는 남부 지역에서 발전한 목축 산업의 성격은 설탕 생산 시설의 경제활동과 극단적으로 달랐다. 땅을 광범위하게 점유해야 했으며, 어느 정도는 유목적인 성격을 지녔다. 물을 공급하기 위해, 또 시장 간의 거리 때문에 가축들이 정기적으로 이동해야 했으므로 영속적인 토지 점유는 무의미했다. 이러한 목축 경제 시스템은 경제 밀도가 매우 낮아서 종우種牛에 대한 투자 외에는 투자가 최소한도로 이루어졌다. 한편 목축 경제는 수요와는 상관없이 자본을 축적했고, 점유할 토지가 있을 때마다 지속적으로 팽창했다. 이러한 특성을 보면 목축 경제가 어떻게 브라질 내륙으로 침투해 땅을 점유했는지 이해된다.

그렇지만 이런 목축 활동이 적어도 초기에는 사탕수수 경제로 인해 나타났으며, 수익성이 낮은 경제 현상이었다는 점을 염두에 두어야 한다. 북동부 지역의 목축 경제로 인한 총 수입收入은 설탕 수출 금액의 5퍼센트를 초과하지 못했다. 이 수입은 가죽 수출과 해안 지대에서의 소 판매로부터 발생했다. 남부 지역에서 목축 산업이 크게 팽창하던 18세기의 소가죽 판매 금액은 10만 파운드를 크게 넘지는 않았을 것이다.[2] 18세기 초 직접적으로 사탕수수 경제에 의존하고 있던 지역에만 국한한다면 설탕 수출 금액이 200만 파운드를 상회했을 때 총 수입收入이 10만 파운드[3]에 달하기 어려웠을 것이다.

물론 목축 활동에 종사했던 인구는 매우 적었다. 안토닐에 의하면 목장 규모는 2백~1천 두로 다양했으며, 2만 두를 보유한 대목장도 있었다. 대략 사람과 동물 숫자 사이의 비율을 1:50(목동 1인당 250두에 해당)으로 추정하면 북동부의 전체 목축 인구는 1만3천 명이 넘지 않았으며, 소의 숫자는 65만 두로 추정된다. 이러한 목축 활동에 필요한 노동력은 목축 일에 쉽게 적응하는 인디오 원주민들이 있었기 때문에 확보하는 데 큰 문제가 되지는 않았던 것 같다. 자신들의 토지를 강탈당한 원주민들이 일부 지역에서 저항했지만, 모든 정황은 목축 활동이 이들 원주민을 기반으로 해서 팽창했음을 보여 준다.

2_ R. Simonsen, op. cit., p. 171.

3_ 안토닐은 18세기 초 북동부 지역(바이아와 뻬르낭부꾸)의 소 숫자를 130만 두로 추산하고 있다. 한 세기 전인 17세기 초의 소 숫자가 절반이라고 추정한다 해도(이는 환경 조건을 감안해도 터무니없이 낮은 자연 증가율을 보여 준다) 판매된 소 전체는 5만 마리를 크게 넘지 않았을 것이며, 소 떼의 활용 비율은 8퍼센트를 크게 넘지 않았을 것이다. 마리당 가격을 평균 2.5파운드로 계산하면, 총 가격은 12만5천 파운드가 된다.

그렇다면 사탕수수 경제로부터 파생한 목축 경제라는 이 새로운 경제 시스템은 어떠한 성장 가능성을 보여 주었을까? 목축 경제 시스템이 존재하고 팽창하는 데 필요한 기본 조건은 토지의 유용성이다. 북동부의 고원과 오지의 목초지 특성에 비추어 보았을 때 이곳 토지들이 견딜 수 있는 가축 밀도는 극히 낮았다. 이런 이유로 17세기 초 소 떼는 서웅프랑시스꾸San Francisco 강을 거쳐 또깡칭스Tocantins 강에 도달한 후 북쪽, 즉 마라녀웅Maranhão까지 내륙 지역으로 신속하게 들어갈 수 있었다. 목초지가 해안에서 멀어져 감에 따라 가축 수송 부담이 더욱 늘어나 비용이 증가한다는 사실은 쉽게 이해할 수 있다. 이러한 목축 경제가 오랫동안 지속적으로 팽창하는 점에 대해서는 나중에 지적하겠지만 그 주요한 이유는 목축 경제가 이후에 근본적으로 큰 변화를 겪게 되기 때문이다.

인력 측면에서 보면 목축업의 팽창을 가로막는 장애물은 전혀 없는 듯했다. 자본 없는 식민지 정착민들에게 목축업은 사탕수수 경제 시스템에서 그 어떤 활동보다도 매력적이었다. 자영으로 목축업을 시작할 자본이 없는 사람들도 목장에서 일을 하면서 필요한 초기 자본을 축적할 수 있었다. 영국과 프랑스 식민지에서 발전한 인구 정착 시스템과 유사하게 4~5년 정도 목장에서 일을 하면 소 떼에 대한 새로운 권리(송아지 네 마리당 한 마리)를 얻어 자신만의 목축 사업을 시작할 수 있었다. 사탕수수 경제 지역뿐만 아니라 멀리 떨어진 서웅비셍치 식민지로부터 많은 사람들이 전적으로 목축업에 종사하기 위해 이주해 왔다. 자본이 없는 식민지 정착민들에게 목축업이 무척 매력적이었음을 보여 주는 증거가 곳곳에 있다. 또한 이미 지적했듯이 인디오가 목축 활동의 보조 역할에 신속히 적응했다.

공급 측면에서는 목축 경제의 팽창을 제한하는 요인이 없었으나 수요 측면에서는 제한 요인들이 나타났다. 북동부 목축업이 사탕수수 경제 의존적인 사업이었기에 초기의 목축 경제 발전을 주도한 것은 사탕수수 경제의 팽창이었다. 17세기 중반까지 설탕 생산량이 빠르게 증가하면서 내륙의 오지로 왕성하게 목축업이 침투했다. 이와 마찬가지로 18세기에 광산 활동이 활발해지자 남부 지역에서 목축업이 크게 발전했다. 가축 떼가 증가하고, 줄어든 규모이기는 하지만 노동력이 모여들면서 목축업이 팽창했다. 성장 가능성이 커져 소득 증대에 대한 우려를 할 필요가 없었다. 한편 거리가 점점 더 넓어져 감에 따라 경제에서 생산성 감소라는 일반적인 경향이 나타났다. 북동부의 목축 경제가 확장되고, 가격 개선 가능성이 없는 상황에서 목축업 종사자들의 평균 소득은 줄어들었다. 해안에서 멀리 떨어진 목축업자들의 상황이 특히 불리해졌다.

사탕수수 경제와는 반대로 목축 경제(목축 경제에는 노예 인력이 지배적이지 않았다)는 아주 작은 규모의 시장이었다. 그 이유는 종속경제의 평균 생산성이 종종 중심부 경제의 생산성보다 낮았으며, 전문화와 상업화 정도도 훨씬 낮았기 때문이었다. 전체적으로 볼 때 목축 경제의 주요 활동은 목축업에 종사하는 인구의 호구지책과 연결되어 있다. 즉 소가 거의 유일한 양식원이며, 소가죽이 실질적으로 모든 곳에 필요한 원자재였기에 소 사육은 크게 보면 생계 활동이었다. 목축업에서 이러한 생계 활동의 중요성은 북동부 경제가 오랜 세월 동안 쇠퇴하면서 겪게 되는 구조 변화의 근본 요인이 된다.

북동부 경제권의 형성

17세기 후반기부터 시작해 천천히 진행된 쇠퇴 과정 속에서 북동부 경제의 사탕수수와 목축이라는 두 경제 시스템이 갖게 된 특징은 20세기 브라질 경제 형성 과정의 근본적인 요소가 되었다. 사탕수수 경제에서와 마찬가지로 목축 경제에서도 생산 시설들은 팽창 시기든 쇠퇴 시기든 원래의 형태를 유지하는 경향이 있었음을 앞에서 살펴보았다. 두 시스템의 경제활동은 생산 비용과 생산성에 영향을 주는 구조적 변화가 수반되지 않은 채 토지와 노동력의 증대를 통해 단순하게 발전했다. 또한 작은 화폐 비용, 즉 다른 생산 시설에 대한 서비스 결제나 임금 형태로 지불되는 비용이 적어 단기적인 가격 하락의 영향을 매우 잘 감당할 수 있는 경제 시스템이 되었다. 생산요소들은 대안이 없었기 때문에 가격이 급락할지라도 계속 가동되는 게 나았다. 지금의 표현을 빌리자면 공급은 단기적으로는 매우 비탄력적이었다. 단기적으로는 수요 위축 효과가 사탕수수 경제와 목축 경제에서 매우 유사하게 나타났지만, 장기적으로는 그 차이가 제법 컸다.

사탕수수 경제와 매우 다르게 목축 경제는 자본의 재배치 및 생산능력의 확대 과정에서 화폐 지출에 의존하지 않았다. 사탕수수 재배 지역에서 생산능력을 단순히 유지하기 위해서는 노동력과 장비의 수입에 의존했던 반면에 목축 지역에서는 큰 화폐 지출 없이도 자본이 자동적으로 재배치되었다. 더욱이 목축 지역의 노동·식량 조건은 자체 노동력이 자연적으로 빠르게 성장할 수 있는 토대를 제공했다. 설탕 가격이 오랫동안 하락했던 시기에 나타난 두 경제 시스템 간의 차이는 이러한 근본적인 차이로 인해 발생했다.

역동적인 외부 자극 효과가 줄어들자 사탕수수 경제는 어느 정도 정체기로 접어들었다. 설탕 사업의 수익성은 떨어졌지만 그렇게까지 끔찍할 정도로 나쁜 것은 아니었다. 새로 책정된 가격은 설탕 생산이 앤틸리스제도에서 가장 수익성이 큰 사업이 될 만큼 여전히 높았다. 그렇지만 브라질의 경우 설탕 산업(2년마다 자체 재원을 투입해 생산능력을 두 배로 늘렸을 만큼 유리한 환경이었다)은 상대적으로 수익성이 낮은 사업으로 변하고 있었다.[1] 이러한 상황은 18세기 들어

1_ 이전 장에서 살펴보았듯이 수출 금액이 200만 파운드가 되려면 수입 소비재 비용을 감안한 순투자 잠재력이 60만 파운드는 되어야 했을 것이다. 그러므로 노동력과 장비 대체 비용, 그리고 수입 소비재 비용으로 140만 파운드가 소요된다. 설탕 가격이 절반으로 떨어진다면 소비 비용을 줄이지 않고서는 생산능력을 유지할 수 없을 것임을 유추할 수 있다.

노예 가격 상승과 금 생산량 팽창에 따른 전문 노동력의 이주로 더욱 심각해졌다. 18세기 내내 북동부 지역에서의 설탕 생산이 17세기에 도달했던 정점을 밑돌았기 때문에 구舊생산 시설들의 일부는 토지와 수송 시설 등에서 유리한 조건을 갖고 있는 다른 품목을 생산하는 시설로 전환되었을 가능성이 높았다.

목축업의 경우 역동적인 외부 충격의 완화는 표면적으로는 다른 결과를 가져왔다. 목축 시스템의 팽창은 가축 수의 자연적인 증가에 따른 내생적 팽창이었다. 이에 따라 자연적으로 증가하고 있던 노동인구와 천천히 쇠락해 가던 사탕수수 경제에서 일자리를 잃어버린 사람들에게는 언제나 고용 기회가 있었다. 해안 지역에서는 가축 수요가 충분히 증가하지 않았지만 목축 경제 시스템은 자급 분야와 보조를 맞추며 비교적 빠른 속도로 성장했다. 다시 말해, 목축업에서 화폐소득의 상대적인 중요성은 줄어들었으며 이는 경제 생산성도 마찬가지로 줄어들게 했다.[2] 상대적인 화폐소득 감소는 경제 전문화 정도와 그 경제 내 노동 분업 시스템에 영향을 끼쳤다. 이전에 해안 도시에서 구매할 수 있던 많은 수입 물품들을 국내에서 생산해야 했지만, 이러한 국내 생산품들은 조잡한 형태의 수공업에 국한되었다. 가죽이 거의 모든 원자재를 대체했고, 현지에서

그렇지만 포르투갈 통화의 심한 평가절하가 사탕수수 경제의 최소 생산능력 유지 조건을 보전하도록 기여했을 가능성이 있다.

2_ 물리적인 생산성(한 사람이 관리하는 가축 수)은 안정적으로 유지될 수 있다. 그러나 판매할 수 있는 소의 수가 상대적으로 적었기에 소 떼의 전체 가치가 줄어들면 1인당 생산 가치가 줄어들고 결국 시스템의 경제 생산성 또한 줄어들게 된다.

생산되지 않은 물품 대부분이 매우 부족했다. 이러한 화폐경제의 위축은 해안으로부터 멀리 떨어질수록 더욱더 심화되었다. 가축 시장이 정체된 상황에서 해안으로부터 멀리 떨어진 사육업자들은 가축 수송비용으로 인해 '주변화'submarginais되었기 때문이다. 가죽과 피혁은 가축 사육업자들에게 유일한 화폐 소득원이었다.

이 모든 것이 17세기 마지막 25년부터 19세기 초까지의 긴 기간 북동부 지역 주민들의 1인당 실질소득이 계속 하락하며 이 지역 경제가 서서히 위축되어 가는 과정을 보여 준다. 이러한 경제 위축은 19세기 북동부 지역 경제 시스템의 형성 과정에서도 나타났으며, 지금까지도 계속해서 이 지역 경제를 특징짓는 요소다. 설탕 생산의 침체로 앤틸리스 군도에서 발생한 것과 마찬가지로 설탕 생산 증대 시기에 발생한 자유민을 다른 곳(북동부 지역 밖)으로 이주시킬 필요가 없었다. 설탕 생산 지역에서는 늘어난 모든 자유민을 적절하게 고용할 수 없었기 때문에 일부 자유민은 북동부 내륙의 목축 지대 경계 지역으로 이주했다. 이에 따라 설탕 경제의 여건이 열악해질수록 내륙으로 이주하려는 경향이 컸다. 토지가 풍부할 경우 새로운 인구를 수용할 가능성은 매우 큰 것으로 알려졌다. 왜냐하면 목축 경제에서 식량 공급은 단기적으로 매우 탄력적이었기 때문이다. 그럼에도 목축 경제가 그 수익성을 설탕 경제에 크게 의존하고 있었기 때문에 경제 위축 시기에 사탕수수 경제에서 내륙의 목축 경제로 인구가 이동하면서 목축 경제는 빠르게 자급자족경제로 전환되었다. 이러한 메커니즘이 작동하지 않았다면 설탕 경제의 오랜 침체기에 노동력 등 생산요소가 다른 곳(북동부 지역 밖으로)으로 빠져나가거나 인구가 정체되었을 것이다. 해안 지역에서는 식량 공급이 매우 비탄력적이었기 때문에 목축 경제와 연계되지 못했더라면 인구는 훨씬 적게 늘어났을 것이다.

토지가 부족한 농촌 지역에서 수출가격 하락에 따른 실질소득 감소는 식량 공급에 영향을 미친다. 이러한 영향은 수출품을 생산해 수출액을 보전하기 위해 예전에 식량을 생산했던 토지를 전용하거나 혹은 강제적으로 식량 수입을 줄이는 방향으로 나타난다. 수출 상품 자체를 식량으로 사용하는 목축 지역에서는 수출 감소가 식량 공급에 전혀 영향을 주지 않으므로, 오랜 수출 침체 기간에도 인구는 정상적으로 증가할 수 있었다. 낮은 생산성에도 불구하고 식량 공급 조건이 더 좋았던 북동부 지역, 특히 목축 지역에서는 해안 지역에서 내륙으로의 이주가 활발했던 긴 침체 기간에도 인구가 빠르게 증가했다. 이것이 앞에서 언급했던 1세기 반이라는 설탕 생산 정체 기간 동안 브라질 북동부 지역의 인구가 급격히 성장한 원인에 대한 설명이다.

요약하자면 이렇게 오랜 기간에 걸쳐 브라질 북동부 경제의 팽창은 다음과 같은 경제적 후퇴 과정 속에서 나타났다. 생산성이 높은 분야가 상대적인 중요성을 잃어 갔으며 목축업의 생산성은 이 분야가 성장해 감에 따라 하락했다. 사실 이러한 팽창은 자급자족 분야의 성장을 반영한 것으로 이 분야에서만 인구가 증가했다. 이에 따라 17세기 중반 생산성 높은 경제 시스템을 갖춘 북동부 지역은 대부분의 주민들이 생존에 필요한 물품을 스스로 생산하는 경제로 조금씩 변해 갔다. 팽창하고 있던 목축 시스템을 통한 일부 인구의 분산은 노동 분업 및 전문화의 퇴보를 초래했다. 심지어 수공업 생산 기술조차 퇴보했다. 북동부 지역의 인구 형성과 불안정한 자급자족 경제(이후 브라질 경제 문제의 기본 요소가 된다)의 형성은 거대한 설탕 사업, 즉 전 시대를 통틀어 가장 수익성 높았던 식민지 시대 최고의 농업 비즈니스의 느린 붕괴 과정과 연관되어 있다.

경제 위축과 영토 확장

17세기는 식민지에서 정치적으로 매우 어려운 시기였다. 먼저 17세기 전반기에는 네덜란드 침공으로 인해 사탕수수 경제의 발전이 중단되었다. 이로 인해 전쟁의 무대였던 브라질보다 포르투갈이 훨씬 더 큰 손해를 보았다. 네덜란드 정부는 설탕으로 거둔 조세 수익의 일부를 식민지 브라질에 투자했고, 그 결과 도시가 빠르게 발전했다. 교역·조세 측면에서 포르투갈의 손해는 상당했을 것으로 보인다. 시몽셍은 당시 포르투갈의 무역 손실액을 2천만 파운드로 평가한다.[1] 여기에는 막대한 군사적 비용 또한 포함된다. 전쟁이 끝나고 독점권 상실로 설탕 가격이 하락하기 시작했다. 17세기 후반

1_ R. Simonsen, op. cit., p. 120.

기에는 무역에서뿐만 아니라 국고 측면에서도 식민지 브라질의 수익성이 크게 떨어졌다. 행정과 국방 분야의 어려움도 커졌다.

사탕수수 경제 번영 시기에 포르투갈인들은 북부 지역까지 식민 지배를 확대하려고 노력했다. 설탕을 계속 독점하려는 노력이 아마도 이러한 영토 확장 움직임의 배경이었을 것이다. 16세기 말 아메리카 대륙의 모든 열대 지역, 즉 잠재적인 설탕 생산 지역은 당시 단일국가로 통합된 스페인과 포르투갈의 손에 들어가 있었다. 네덜란드, 프랑스, 영국은 앤틸리스제도부터 브라질 북동부 지역에 이르는 아메리카 대륙의 해안선 전체를 침공했다. 포르투갈은 이 해안선의 일부부터 아마존 만 남쪽까지의 방어를 책임지고 있었다. 이렇게 포르투갈인들은 스페인의 적들로부터 스페인 영토를 지키며 광활한 아마존 분지 전체를 쉽게 통제할 수 있는 중요한 거점인 아마존강 하구에 정착할 수 있었다.

실효적으로 영토를 지배하지 않는 단순 군사 방어는 장기적으로 쓸모없는 행위라는 것은 경험을 통해 이미 알았다. 실질적으로 지배하지 않은 영토에 대해서는 다른 국가들이 권리를 인정하지 않았고, 내륙에 영구적인 기지가 없으면 방어에 훨씬 더 많은 비용이 들었기 때문이다. 설탕 산업 전성기에 포르투갈인들은 프랑스인, 네덜란드인, 영국인을 쫓아내며 아마존강 하구뿐만 아니라 모든 해안을 점령했다. 그 결과 최소한 이 지역에서 경쟁할 수 있는 경제권이 형성될 위험성은 사라졌다. 영구적인 식민지 정착을 목표로 한 결정들이 내려지며 실질적인 영토 점령이 이루어졌다. 17세기 초 아소레스 제도 사람 300명이 마라녀웅으로 파송되었다. 이후 정치적·

경제적으로 어려운 시기를 맞게 된 포르투갈 정부는 이들 북부 지역의 식민촌들이 스스로 자립하도록 내버려 두었다. 이들 식민지 정착민들이 직면해야 했던 험난한 상황은 아메리카 대륙에서 정착 식민촌의 생존이 얼마나 어려웠는지를 생생하게 보여 준다.

마라녀웅의 토양은 북동부 지역의 마사뻬massapé[2]만큼 설탕 생산에 적합하지 않았다. 그렇지만 17세기 후반에 직면하게 된 가장 큰 어려움은 설탕, 담배, 기타 열대작물 시장의 붕괴였고 이 때문에 마라녀웅 식민지 정착민들은 자본화 및 발전의 시동을 거는 데서 어려움을 겪었다. 이들의 어려움은 아메리카의 포르투갈 식민지 전체가 똑같이 직면했던 어려움이었다. 단지 다른 사람들이 예전에 이미 축적해 놓은 것을 소비하던 시기에 이들은 새롭게 시작하느라 그 어려움이 더 컸을 뿐이다. 삐라치닝가Piratininga 지역[3]은 초기에는 크게 성장한 사탕수수 경제의 혜택을 보았고, 지역 주민들은 아프리카 노예 수입이 시작된 시기에 원주민 노예 거래에 뛰어들었다. 남부의 식민 지역이 생존할 수 있었던 것은 바로 이 원주민 노예 거래 덕분이었다. 마라녀웅 주민들 역시 똑같이 원주민 거래 사업을 하려고 했으나 네덜란드인들이 뻬르낭부꾸를 점령하는 바람에 고립되었고, 이후 사탕수수 경제의 쇠락도 경험했다.

17세기 후반기와 18세기 전반기에 세칭 '마라녀웅 주'Estado do Maranhão[4]라 불렸던 이 지역의 식민지 정착민들은 생존을 위해 끈

2_ 점토질의 토지로 알칼리성을 강하게 띠는 땅._옮긴이 주

3_ 현재의 상파울루 고원 지역._옮긴이 주

질긴 투쟁을 전개했다. 정치적 목적으로 설립되었으나 포르투갈 정부가 포기한 이 작은 식민 지역은 이후 크게 발전해서 반세기 뒤 이곳을 찾은 신부는 "식량을 얻기 위해서는 밭이 있어야 하고, 고기를 먹기 위해서는 사냥꾼이 있어야 하며, 생선을 먹기 위해서는 어부가 있어야 하고, 세탁한 옷을 입기 위해서는 세탁부가 있어야 하며……"[5]라고 말했다. 팔 만한 물건을 생산하는 활동이 부재했으므로 각 가정은 스스로 모든 것을 공급해야 했다. 이는 어느 정도 원주민 노예를 보유한 가정에서만 가능했다. 이에 따라 원주민 사냥은 이 지역 주민의 생존 조건이 되었다.

원주민 노동력 확보를 위한 북부 지역 식민지 정착민들의 투쟁, 그리고 원주민을 식민지 경제에 통합시키기 위해 보다 이성적인 방법을 개발해 왔던 예수회 신부들의 정착민들의 활동에 대한 거센 반발은 아마존 분지 지역의 경제개발을 결정짓는 주요한 요인이 되었다. 식민지 정착민들은 원주민 사냥을 통해 밀림을 더 잘 알게 되었고 밀림의 잠재력을 발견했다. 18세기 전반기 빠라Pára 지역은 점차 코코아, 바닐라, 계피, 정향, 방향 수지 같은 밀림 작물 수출 중

4_ 바람 때문에 어려움을 겪었던 브라질 북부 해안과 그 밖의 다른 까삐따니아(capitania) [포르투갈이 브라질 식민 시대에 시행한 개척 및 식민 통치를 위한 제도 또는 행정 단위] 간의 항해를 고려한 포르투갈 정부는 브라질 북부 지역을 점령하면서 이 지역에 리스본이 직접적으로 관할하는 별도의 식민지를 설립하는 것이 바람직하다고 여겼다. 이러한 이유로 1621년에 설립된 이 지역 식민지는 '브라질 주'(Estado do Brasil)와 달리 '마라녀웅 주'로 불렸으며, 세아라(Ceará)부터 아마존까지의 지역을 포함했다.

5_ 안또니우 비에이라 신부의 1680년 관찰. R. Simonsen, op. cit., p. 310 재인용.

심지로 변모해 갔다. 밀림 작물 수확은 집약적인 원주민 노동력을 필요로 했다. 원주민들은 밀림에 흩어져서 작업을 했기에 기존의 노예노동 체계와 동일한 작업 방식을 따르기 어려웠다. 이 문제에 대한 적절한 해결책을 찾는 과제가 예수회 신부들에게 주어졌는데, 신부들은 원주민을 예수회 공동체 안에 거주하게 하면서 원주민으로부터 자발적인 협력을 얻고자 노력했다. 원주민들이 작업으로 받는 보수가 적었기에 광대한 지역에 흩어져 있는 작은 원주민 공동체들을 연결하는 방식으로 밀림 개발을 시도하는 편이 유리했다. 이런 식의 내륙 침투는 무한한 팽창이 가능하다는 장점을 가지고 있었고, 어떠한 강압적인 시스템에 의존할 필요도 없었다. 밀림에 대한 관심이 생기자 밀림 안으로의 침투가 원활하게 이루어졌다. 새로운 작물에 대한 필요성이 생기자 원주민들은 더 이상 빠져나올 수 없는 종속이라는 굴레에 갇혀 버렸다. 이 지점에서 당시 아주 제한된 수단밖에 갖지 못했던 예수회 신부들이 어떻게 아마존 분지 깊숙이 들어갔던 것인지를 알 수 있다. 이렇듯 마라녀웅 지역의 가난과 예수회 신부들의 대응이 18세기 전반기 거대한 브라질 식민 영토 확장의 결정적 요인이 되었다. 정착민들은 지속적으로 원주민 노동력을 확보하기 위해 싸울 수밖에 없었다. 예수회 신부들은 처음에는 단순히 원주민을 보호하려 했으며 그다음에는 합리적인 공존 방법을 모색하려 했다. 그러나 종내에는 잔인하게 원주민 노동력을 착취했다.

북부 지역 정착민들이 잔인한 방법으로 원주민을 사냥하고 밀림에 대한 지식을 넓혀 가며 생존을 위해 애썼던 시기, 남부의 서웅비셍치 지역에 정착한 사람들 역시 큰 어려움을 겪으며 열악한 삶을 이어가고 있었다. 원주민 노예시장 규모가 줄어들면서 사탕수수 지역이 가난해지자 교역 가능한 물품이 부족한 남부 지역도 똑같이 영향을 받았다. 이에 따라 오래전부터 남부 항구를 통해 수출되던 가죽과 피혁의 중요성이 상대적으로 커졌으며, 포르투갈 통치자들은 목축업을 통한 교역에 더욱 큰 관심을 갖게 되었다. 그 당시 라플라타강 지역은 이미 거대한 목축 중심지로 부상했다. 이 지역에서 생산된 가죽은 포르투갈 식민지인 브라질의 얼마 안 되는 교역 상품 가운데 하나인 가죽에 심각한 위협이 되었다. 1680년 라플라타강 하구에 사끄라멩뚜Sacramento 식민지를 설립한 포르투갈은 라플라타강 지역을 침공하는데, 이는 우여곡절이 많은 사탕수수 경제의 쇠락과 연관된 브라질 영토 팽창에서 또 한 가지 사건이었다. 거의 한 세기 동안 단절되어 있었지만 포르투갈에 속했던 사끄라멩뚜 식민지는 가죽 사업에서 포르투갈의 위상을 크게 강화해 주었다. 게다가 스페인이 무적함대의 대부분을 상실했음에도 식민지에서 계속 무역을 독점했던 시기에 사끄라멩뚜 식민지는 스페인령 아메리카의 주요 진입 항구 중 하나이자 밀무역의 중계지였다.

북부와 남부, 북동부 내륙 지역에서 자급자족경제가 상대적으로 중요해짐에 따라 식민지의 총생산(경제)에서 수출이 차지하는 비중이 줄어들었다. 이에 따라 포르투갈 정부는 식민지에서 징수한 세금의 감소로 본국으로 세금을 송금하는 데서 갈수록 어려움을 느꼈다. 포르투갈 화폐로 세금을 지불해야 되었기 때문에 식민지 브라질에서는 송금을 하느라 화폐가 더욱 부족해졌다. 그 결과 어려움은 더욱 심화되었고, 포르투갈의 상황 또한 마찬가지였다. 설탕 수출액의 감소는 한편으로는 국고 재정난을 초래했고, 다른 한편으로는 해외로부터 수입輸入이 매우 낮은 상황에서 모든 경제 시스템의 조정이 필요했다. 반복되는 헤알화 가치 하락(1640년에서 1700년 사이 1파운드가 1천 헤알에서 3,500헤알로 상승했다)으로 포르투갈 경제는 크게 불균형해졌다. 식민지 입장에서 화폐가치 하락은 설탕 수출 지역의 부담은 어느 정도 완화해 주었지만, 수출할 것이 별로 없거나 전혀 없으면서 소금같이 필수 불가결한 상품의 매우 비탄력적인 수입 수요를 가지고 있던 가난한 지역의 상황을 더욱 악화시켰다. 제조품 수입 부족은 극에 달했고, 삐라치닝가와 같은 극빈 지역에서는 평범한 수입 옷감으로 만든 의류나 소총이 집 한 채보다 더 비싸지기도 했다.[6] 이러한 요인들은 노동 분업의 위축, 생산성 감소, 점점 더 작은 생산 단위로의 시스템 분화, 보다 복잡한 사교 생활의 소멸, 현지 관습으로의 법의 대체 등과 더불어 점점 더 확연하게 자급자족경제 형태로 복귀하는 데 영향을 끼쳤다.

6_ R. Simonsen, op. cit., p. 221.

3부

18세기 미나스제라이스의
노예 경제

남부 지역의 식민화와 상호 연결

점점 더 가난해지면서도 유지비용은 더 늘어나는 광대한 남아메리카 식민지 브라질에서 포르투갈은 무엇을 기대할 수 있었을까? 열대작물 농업으로는 사탕수수 경제의 기적과 같은 것을 기대하기 어렵다는 점이 어느 정도 확실했다. 본국 시장의 도움을 받는 프랑스·영국 식민지들의 주요 열대작물 생산자들은 시장에서 극심한 경쟁에 직면했다. 17세기 말의 한 관찰자에게 식민지 브라질의 운명은 불확실해 보였을 것이다. 불확실한 운명에 대한 유일한 해결책은 귀금속 발견이라는 인식이 포르투갈에서 팽배해졌다. 아메리카에서 귀금속이 생산되어야만 식민지 유지가 경제적으로 타당하다는 원래의 생각을 다시 하게 되었다. 포르투갈 위정자들은 삐라치닝가 고원 주민들이 갖고 있던 내륙 지역에 대한 지식이 광산 개발에서 무척 큰 자산이라는 사실을 일찍부터 알고 있었다. 이곳 주민들이 내륙 오지에 침투해 들어갔을 때 금을 발견하지 못한 것은 기술이 부족했기 때문이었다. 이후 본국 포르투갈로부터 기술을 지원 받은 것이 금 발견에 결정적인 역할을 했다.

포르투갈 본국과 식민지 브라질이 처한 가난과 무기력은 18세기 초반에 어떻게 금 경제가 그토록 빠르게 성장할 수 있었는지를 설명해 준다. 삐라치닝가 고원지대로부터 사람들이 대규모로 이주했고, 북동부 지역으로부터는 거대한 자원, 특히 노예 노동력 형태의 자원이 동원되었다. 처음으로 본국 포르투갈에서 브라질로 자발적으로 이주하려는 거대한 움직임이 생겼다. 식민지의 면모가 근본적으로 변화되었다.

그때까지 식민지 브라질은 소수의 대규모 제당소에서 이루어지는 사업들과 연관 있었고, 돈 없는 일반인들에게 이민은 그다지 매력적이지 않았다. 포르투갈에서 브라질로의 이주는 상대적으로 규모가 큰 사업에 자금을 댈 수단을 가진 사람들에게만 의미가 있었다. 게다가 이민은 보조금 지원이 필요했으며, 비경제적인 목적을 갖고 있었다. 사탕수수 지역으로 정상적으로 이민 온 사람들은 제당소에 일하러 온 전문 노동자나 장인뿐이었다. 서웅비셍치에서 이민은 처음에는 세습 봉토주donatario들의 재정지원을 받았다. 식민지 영주들은 경제적 목적으로 이민을 지원했으나 성과를 거두지 못했다. 북부와 남부 등 다른 지역에서 이민은 정치적 목적으로 이루어졌으며, 식민지에 정착촌을 설치하려는 포르투갈 정부의 재정 지원을 받았다. 그러므로 이러한 모든 형태의 이민이 큰 규모로 이루어지지 않았다는 점은 쉽게 이해할 수 있다. 당시 인구와 관련된 데이터는 빈약하고 불확실하지만 유럽 출신 인구가 17세기 식민지 브라질에서 서서히 증가했다는 것은 명확하게 보여 준다.

브라질의 광업 경제는 완전히 새로운 유럽 이민 주기를 불러왔다. 성격상 광업 경제는 재원이 많지 않은 사람들에게도 성공 가능성을 제공했다. 페루나 멕시코의 은처럼 큰 광산을 개발하는 것이 아니라 강바닥에 퇴적되어 있는 금을 채취하는 것이었기 때문이다. 18세기에 걸쳐 대서양 섬들이나 포르투갈 본토에서 브라질로 이민한 사람들의 수가 얼마인지 정확한 데이터는 알 수 없다. 그러나 그 숫자가 포르투갈에서 경종을 울릴 정도였으며, 이민 제한 조치까지 취해질 정도였다는 사실은 알려져 있다. 당시 포르투갈이 겪은 경제침체 상황(특히 18세기 전반기 포르투갈에 그나마 존재했던 소수의 제조업이 붕괴되었을 때)을 생각해 보면 강력한 반발을 불러일으킬 정도로 큰 규모였을 것이다. 실제로 유럽 출신 식민지 인구가 광산업 세기[1] 동안 열 배 늘었다는 사실이 이를 증명한다. 이렇게 많은 사

1_ 현재 남아 있는 정보를 근거로 하면, 브라질 인구는 1600년에 10만 명, 1700년에는 최대 30만 명, 1800년에 약 32만5천 명 정도였을 것으로 추정된다. 유럽 출신 인구는 1600년에 약 3만 명, 1700년에는 10만 명 안쪽이었을 것이다. 17세기에 유럽 이민이 전혀 없었다고 가정하면 자연적인 유럽 인구증가율은 100년 동안 최대 세 배였다고 유추할 수 있다. 그다음 세기에도 증가율이 동일하다고 가정하면, 유럽 출신 인구는 18세기 말에 약 30만 명(이주 효과는 무시)이 되었을 것이다. 현재 남아 있는 데이터를 보면 이 시기의 유럽 출신 인구가 100만 명이 넘는 것으로 나타나고 있어, 광산 세기에 유럽인의 브라질 이민은 30만 명 이하가 아니라 50만 명 정도였으리라 추정된다. 이들 이민자들의 대다수가 포르투갈인이었기에, 스페인이 아메리카 식민지 전체에 보낸 이민자 수보다 포르투갈이 보낸 수가 많아 브라질 인구 증가에 더 많이 기여했다고 가정할 수 있다.

람들의 이주에 필요한 경비는 이민자들이 스스로 마련했다. 이들 이민자들은 새로운 엘도라도에서 재산을 빠르게 모으려는 환상을 가지고 본국의 재산을 처분한 소규모 지주들이었다.

광업 경제의 기반이 노예노동이라 할지라도 전체적인 조직 측면에서 광업 경제는 사탕수수 경제와는 사뭇 달랐다. 노예들은 그 어느 시기에도 식민지 인구의 대다수를 차지한 적이 없다. 게다가 노동조직으로 인해 노예에게는 더 많은 자율성이 허락되었으며, 보다 복잡한 사회 환경에서 생활할 수 있었다. 많은 노예들이 주인에게 일정 금액을 정기적으로 지불할 것을 약속받으며 독자적으로 일하기까지 했는데, 이는 노예들에게 돈으로 자유를 살 수 있는 가능성을 열어 주었다. 이러한 가능성은 노예의 정신발달에 매우 유리한 요인으로 작용했다.

본국에서 태어났든 식민지에서 태어났든 자유민의 생활환경은 사탕수수 경제 지역과 광업 경제 지역 간 차이가 매우 컸다. 사탕수수 경제 지역에서는 소수의 제당소 주인이나 대토지 소유주가 아닌 계층의 자유민이 진정한 사회적 지위를 가질 가능성이 전혀 없었다. 사탕수수 경제가 침체되자 자유민의 사회적 신분 상승 가능성은 더욱 줄어들었다. 신분 상승 가능성이 없는 하층 자유민 계급이 늘어났고, 이는 특정 시기에 문제가 되기까지 했다. 그러나 광업 경제에서는 자율성을 가진 자유민이 될 가능성이 훨씬 더 컸다. 또한 필요한 재원만 있다면 100명 또는 그 이상의 노예를 거느리고 대규모 채광 작업을 할 수 있었는데, 그럼에도 노예나 생산시설당 고정 자산은 제당소보다 훨씬 낮았다. 초기 투입 자산이 적다면 인력 가용성에 따른 최소의 비율, 즉 노예 한 명만으로도 작업을 할 수도 있었다. 또 갖고 있는 수단이 제한된 기간 동안 생존 이상의 활동을 허용하지 않는다면 단순한 사금 채취자로 일할 수도 있었다. 운이 따른다면 짧은 시간 내에 기업인 신분으로 상승할 수 있었다.

광업 기업의 성격 자체가 설탕 지역에서 성행했던 토지 개발과는 관련이 없었다. 채광 작업에 기반을 둔 삶은 항상 불확실했기 때문에 투입되는 고정자산 규모가 작았다. 기업은 신속하게 이전할 수 있는 형태로 조직되었고, 광산업의 수익성이 높았으므로 모든 가용 자원이 집중적으로 투입되었다. 사업의 불확실성과 이에 따른 이동성, 높은 수익성과 이에 따른 전문성 등 두 요소의 결합이 전체 광업 경제 조직의 특징이 되었다. 각 지역에서 광산업은 초기 단계에 수익성이 높았기 때문에 채광 작업에 지나치게 많은 자원이 집중되면서 식량 공급이 심각할 정도로 어려워졌다. 금이 생산되는 일부 지역에서는 기근이 동반되었다. 이웃 지역에서 운송 수단으로 쓰이는 가축과 식량의 가격이 상승한 것은 광산업으로 인한 경제적 혜택이 파급된 결과였다.

남부 지역은 목축업이 발달하기에 매우 유리한 조건이었고, 이곳에서 목축업은 매우 낮은 수익성에도 불구하고 가죽 수출 덕분에 지속되었다. 목축업은 광업 경제가 도래하면서 말 그대로 혁명을 겪게 되었다. 설탕 지역과 비교해 언제나 가격이 매우 낮은 수준으로 유지되었던 남부 지역의 소 떼 가격이 급속히 올랐으며, 가끔은 지나치게 높은 가격으로 거래되기도 했다. 사탕수수 경제의 쇠퇴로 시장이 타격을 입은 북동부 지역의 소 떼가 활성화되어 가던 광산 지역의 시장으로 이동하려는 경향을 보였다. 북동부 지역의 소 떼가 이동하자 제당소들이 구매해야 할 소들의 가격이 상승했는데, 이는 공식적으로 크나큰 반발을 야기해 강제로 소 떼 이동을 금지하려는 시도까지 일어났다.

이웃 지역에 큰 영향을 끼친 또 다른 광업 경제의 특성은 수송 시스템이다. 해안으로부터 멀리 떨어진 동시에 산악지대에 흩어져 있는 광산업 종사 인구는 매우 복잡한 수송 시스템에 의존하고 있었다. 모든 수송 시스템을 뒷받침하고 있는 실질적인 운송 인프라는 일명 '노새 군단'이라는 노새들이었다. 식량은 현지에서 조달해 공급하는 것이 거의 불가능했고, 모든 수입 물품은 긴 육로를 거쳐서 와야 했으며, 작업 지역으로 가려면 산악 지역을 오랜 시간 행군해야 도착할 수 있었는데, 이 모든 이유로 인해 수송 시스템이 광업 경제의 가장 기본적인 축이 되었다. 그 결과 큰 규모의 화물 운반용 가축 시장이 생겨났다.

수송용 노새 수요에 식용 쇠고기 수요까지, 18세기 광업 경제 시기에는 가장 번성했던 시절의 사탕수수 경제 시기보다 더 큰 규모의 시장이 형성되었다. 남부의 목축 지역 전체가 광업 경제로부터 받은 혜택은 북동부의 오지들이 받은 혜택보다 훨씬 더 컸다. 노새 사육이 대규모로 발달하게 된 히우그랑지두술Rio Grande do Sul 지역은 이를 통해 식민 브라질 경제 시스템에 통합되었다. 매년 히우그랑지두술로부터 수십만 마리의 노새가 올라왔는데, 이들 노새가 이 지역의 주요 소득원이었다. 노새들은 상파울루에 집결한 후 큰 시장을 통해 다른 지역에서 온 구매자에게 팔려 나갔다. 광업 경제는 간접적인 효과를 통해 브라질 남부의 여러 지역을 연결했다.

경제적으로 제로인 상태에서 사탕수수 경제에 의존하는 목축 경제가 형성된 북동부 지역과는 반대로, 남부 지역에서 목축업은 광산업 이전에 이미 존재했다. 실제 광산업은 삐라치닝가 지역의 자급 경제가 이미 150년 정도 어려움을 겪었을 때부터 시작되었다. 이외에도 히우그랑지Rio Grande와 마뚜그로수Mato Grosso 지역에서도 가죽과 피혁 수출이 적게나마 이루어지고 있어 기초적인 목축 경제가 이미 존재했음을 알 수 있다. 실제로 이들 지역은 독립적이었으며, 서로를 연결하는 경제적 유대 관계가 없었다면 자급자족 형태의 경제로 발전해 나갔을 것이다. 그러나 광업 경제는 이들 지역 모두에 새로운 발전을 가져다주었다. 한편 토지와 가축 떼를 보다 광범위하게 이용하게 되면서 목축 활동의 수익성 역시 상당히 증가했다. 또 다른 한편으로 각 지역이 번식, 사육과 유통, 소비시장 등으로 전문화되어 여러 지역이 상호 연결되었다. 그러나 소 사육 자체가 이들 지역을 결속시킨 것은 아니고, 이들 지역을 결속시킨 것은 광업 경제로 인해 세워진 역동적 중심 지역으로부터 확산된 소 수요였다.

소득의 흐름

광업 경제의 지리적 기반은 현재의 미나스제라이스Minas Gerais 주의 망치께이라Mantiqueira 산맥과 고이아스Goiás 주를 지나 마뚜그로수 주의 꾸이아바Cuiabá 사이에 위치한 거대한 지역이다. 일부 지역에서는 생산 곡선의 급격한 상승과 하강에 따라 인구 흐름이 크게 요동쳤다. 생산 곡선이 덜 가파르게 변화한 다른 지역에서는 보다 정상적으로 인구가 증가했으며, 인구 정착의 중심지가 되었다. 이러한 광업 경제의 평균 소득, 즉 평균 생산성을 규정하기는 상당히 어렵다. 어떤 때는 특정 지방에서 최고로 높은 수준에 도달했으나, 그 수준이 높으면 높을수록 그에 따른 하락도 더 컸을 것이다. 충적토층은 쉽게 캐낼 수 있는 만큼 급속히 사라져 갔고, 보다 '부유한' 지방들은 종종 생산 기간이 짧은 지역이 되었다.

금 수출은 18세기 상반기 전체에 걸쳐 증가해, 1760년 약 250만 파운드로 정점에 도달했다. 그 이후부터는 급격히 쇠락해 1780년 대에는 금 수출량이 1백만 파운드에도 미치지 못했다. 1750~1760년 사이의 10년간은 광업 경제의 최전성기로, 이 기간 수출량은 2백만 파운드를 유지했다. 금 수출액의 5분의 4가 광산 지역 내에서 창출된 소득에 해당되고, 이 소득이 동일한 금액의 수입輸入으로 전환되었다. 수입 계수가 0.5라고 가정한다면 광업 경제의 연간 소득 총액은 최전성기에도 360만 파운드를 넘지는 않았을 것이다. 광산 지역의 자유민 숫자가 당시 30만 명을 넘은 점을 감안한다면 평균 소득이 기본적으로 최전성기 사탕수수 경제 소득보다 적지 않았다는 사실을 유추할 수 있다.

광업 경제의 평균 소득이 사탕수수 경제 지역의 평균 소득보다 낮았다 할지라도 광업 경제 시장이 보여 준 잠재력은 훨씬 더 컸다. 총비용 가운데 수입輸入이 차지하는 비중이 더 작아 절대적인 규모는 광업 경제가 더 컸고, 다른 한편으로는 자유민 비율이 더 높아 소득 집중이 훨씬 덜했다. 이것이 바로 문제의 주요한 측면이다. 일상 생활용품 규모가 사치품 규모 규모에 비해 훨씬 컸으므로 시장 구조는 틀림없이 다양성을 띠었을 것이다. 게다가 넓은 지역에 흩어져 살기 했지만 인구의 대부분은 도시나 준도시 지역에 모여 살았다. 마지막으로 광산 지역과 항구 사이의 먼 거리는 수입품 가격을 상대적으로 비싸게 만들었다. 이러한 일련의 상황으로 인해, 그때까지 사탕수수 경제가 차지했던 내수 시장 연관 활동이 발전하는데는 광산 지역이 훨씬 더 적합했다. 그럼에도 광업 경제의 내생적 발전, 다시 말해 자체 시장에 기반을 둔 발전은 실제적으로는 거의 이루어지지 않았다. 광업 활동이 초기에 모든 가용 자원을 흡수했다는 사실은 이해하기 쉽다. 그렇지만 일단 도시 중심지가 형성되고 난 뒤 낮은 수준에 있던 제조업 활동이 충분히 발전하지 못했다는 사실을 이해하기란 쉽지 않다. 이후 수입이 어려웠던 시기에 제조 활동이 성장할 수 있었을 것이다. 그러지 못한 이유를 살펴보면 제일 먼저 식민지에서의 제조업 발전을 방해한 포르투갈의 정책을 들 수 있다. 그러나 식민지 브라질에서 제조 활동을 완전히 금지했던 1785년의 법령이 큰 반발을 가져온 것 같지는 않고, 제조업이 광업 경제의 전성기와 쇠퇴기 이전의 그 어떤 시기에도 발전하지 않았다는 게 어느 정도는 확실했다. 가장 주요한 원인은 이민자들이 상대적으로 큰 규모의 제조 활동을 할 수 있는 기술을 보유하지 못해서였다.

17세기 말 포르투갈이 약간이나마 제조업 발전을 이룩할 수 있었던 이유는 전문 인력을 적극적으로 수입한 정책 때문이었다. 그러나 영국과 맺은 1703년 메수엔조약은 이러한 제조업 발전을 중도에 막았고, 이는 포르투갈뿐만 아니라 식민지 브라질에도 심각한 결과를 초래했다. 브라질에 어느 정도 제조업 경험을 가진 이민자들이 도착했다면 식민지 브라질은 한 번도 접하지 못한 기술과 조직력을 발전시키며 적당한 시기에 보다 풍부한 새 사업 기회를 얻었을지 모른다. 그 확실한 예는 철 야금술이다. 한 가지 예를 들어보자. 편자를 박은 가축 수십만 마리가 존재하는 지역에서 철 수요는 당연히 컸을 것이다. 그렇지만 철광과 목탄이 풍부했음에도 제철업 발전은 소수의 아프리카인 노예들의 기술 덕분에 일부에서만 가능했다. 같은 시기 영국의 철 수출국으로 변한 미국과 비교할 때 확실히 브라질은 기술을 가진 이민자들이 없어 빨리 기술을 도입하지 못했다.

18세기 후반기 브라질이 제조업 발전을 어느 정도 달성하기 위해서는 첫 번째로 포르투갈의 제조업 발전이 필요했다. 유럽 경제 발전 과정에서 18세기 포르투갈의 상대적인 후진성은 상당 부분 브라질로부터의 금 유입에서 기인했다. 금은 식민지의 내생적 발전에 유리한 조건을 제공했지만 포르투갈의 제조업 발전을 가로막음으로써, 발전에 유리한 조건들을 활용하는 데 방해가 되었다. 포르투갈이 제조 기술을 일부라도 축적했다면 미국에서처럼 제조업 금지 법령이 포고되었다 해도 브라질에 제조업 기술이 이전되었을 것이다.

메수엔조약은 포르투갈과 브라질의 경제적 발전을 분석하는 데서 중요한 참고 자료이다. 이 조약은 포르투갈이 경제적으로 크게 어려웠던 시기가 끝나갈 무렵, 즉 브라질에서 설탕 수출이 쇠퇴하는 시기와 맞물려 맺어졌다. 쇠퇴기가 오래 지속되고 수출 능력이 지속적으로 감소함에 따라 포르투갈에서는 예전 설탕 호황기에 수입했던 제조품들을 국내에서 생산해야 한다는 의견이 우세해졌다. 이 시기에 포르투갈은 제조업체들의 설립을 직간접적으로 장려하기 시작했고, 1684년부터 20년간 실질적으로 직물 수입을 금지하는 데 성공했다. 이 정책은 당시의 시대정신에 완전히 부합했다. 6년 전인 1678년에 영국이 프랑스산 제조품의 유입을 막기 위해 프랑스와의 모든 무역을 금지했기 때문이었다. 그렇지만 포르투갈 내에서의 반발, 특히 포르투갈의 지배층을 형성하고 있던 강력한 와인 생산자 및 수출업자들의 반발이 매우 컸을 것이다. 영국인들은 포르투갈의 보호정책을 폐지하기 위해 이들 그룹과 제휴를 시도했다. 실제 1703년 협정에서 영국은 포르투갈산 와인이 프랑스산 와인보다 자국 시장에서 싸게 팔릴 수 있도록 관세를 3분의 1을 감해 주었다. 이에 대한 반대급부로 포르투갈은 영국 직물에 대한 수입 금지를 철회했다.

포르투갈이 18세기 전반기에 50년 전 겪었던 것과 같은 어려움에 직면했더라면 메수엔조약은 포르투갈 역사에서 제한적인 효과만 일으켰을 것이다. 와인 수출이 줄어 영국과의 무역수지 불균형이 더 심해지고 그 결과 포르투갈의 화폐가 크게 평가절하되는 등 다른 어려움이 발생하거나, 포르투갈 국내에서의 반발로 보호무역정책이 재등장했을 것으로 보인다. 또한 어느 정도는 포르투갈이 와인을 수출한 돈으로 옷감을 수입할 수 없었으며, 메수엔조약이 생존을 위한 실질적인 기반이 되지 못했다는 것이 확실하다. 그렇지만 브라질의 금은 메수엔조약이 발효되는 시기에 포르투갈에 유입되기 시작했고, 처음에는 양이 제한적이었지만 10여 년 뒤에는 상당한 양이 유입되었다. 그 결과 메수엔조약이 실질적으로 작동할 수 있는 필요조건들이 예상치 않게 조성되었으며, 이는 결과적으로 포르투갈 내 경제활동에 대한 금의 승수효과를 축소하는 메커니즘으로 작용했다. 반면 식민지 브라질에서 증가하는 제조품 수요는 약간의 수수료와 세수 소득만 가져다줄 뿐 포르투갈 경제에는 그 어떤 효과도 일으키지 못한 채 자동적으로 영국에 이전되었다. 또한 공공지출(경상지출이나 재생산되지 않는 분야에 대한 투자)의 증가는 수입으로 즉시 사라졌으며, 그에 따라 다른 국내 생산 활동에 미치는 승수효과는 제한적이었다.

포르투갈 경제가 보호주의 정책의 틀 안에서 브라질의 광산 주기에 힘입은 수요 팽창에 어느 정도까지 적극적으로 대처했는지 상상해 보기는 쉽지 않다. 당시 브라질로의 대규모 인구이동, 특히 1775년 리스본 대지진 이후 유적·건물 등 재생산되지 않는 분야에 대한 대규모 투자를 감안하면 제조업을 발전시키려는 시도는 상대적으로 노동력이 부족한 현실에 직면했을 것이다. 그럼에도 포르투갈이 제조기업núcleo manufatureiro을 보유했더라면 그 수익이 매우 커서 제조 분야에서 자본축적이 신속히 이루어졌을 것이다. 그 결과 18세기 하반기 산업혁명이 시작되었을 때 포르투갈은 자국의 제조업을 보호하며, 발전해 가던 새로운 생산기술을 수용할 준비가 되어 있었을 것이다. 18세기 마지막 25년, 생산기술이 발전되던 시기에 이러한 제조기업을 보유하지 못했던 포르투갈은 농업에서 영국에 의존하게 되었다. 제조업체라는 평형추가 없는 상태에서 포르투갈의 대토지 소유주와 와인 수출업자들은 자국 경제정책에 매우 큰 영향력을 지속적으로 행사했다. 퐁발 후작이 이러한 상황을 바꾸기 위해 많은 노력을 기울이기 시작했던 18세기 후반기에 이러한 현상은 더욱 확실히 드러났다.

유럽 경제 전체로 볼 때 브라질의 금은 매우 긍정적인 효과를 가져왔다. 금의 유입으로 인한 수요 팽창은 금을 최대한도로 활용할 수 있는 능력을 갖춘 나라에 집중되었다. 실제로 영국은 농업 구조 변화와 정치제도 정비로 인해 산업혁명이 일어나기 이전의 1세기 동안 확실한 제조업 장려 정책을 체계적으로 시행한 유일한 유럽 국가였다. 이에 대해 커닝햄은 "산업혁명부터 식민지에서의 반란까지, 무역 규제는 국력이나 국가의 수입에 대한 측면보다는 주로 산업을 진흥하는 관점에서 다루어졌다"[1]고 말하고 있다.

가장 엄격한 중상주의가 지배하고, 제조품 교역의 확대가 특히나 어려웠던 시기에 영국은 포르투갈-브라질 경제에서 신속히 팽창하는 시장, 특히 일방적인 시장을 만나게 되었다. 영국의 수출대금은 금으로 지불되었고, 이는 영국 경제가 유럽 시장에서 활동하는 데 예외적인 유연성을 가져다주었다. 이에 따라 영국은 처음으로 유럽

1_ W. Cunningham, *The Growth of Modern Industry and Commerce: Modern Times*, Part I. Cambridge, 1921, p. 458(초판 1882). 중세 말기의 유럽 제조업 발전과 비교해 상대적인 후진성과 고립을 경험한 영국은 적극적인 기술 수입 정책과 보호 없이는 제조업 발전이 실현 불가능하다는 점을 일찍부터 인식하고 있었다. 이와 관련 저명한 이 분야의 연구자인 애슐리는 이렇게 말했다. "가장 오래된 수출 금지 사례는 1258년 옥스퍼드 의회의 활동에서 찾아볼 수 있다. 귀족들은 이 당시 영국 양모는 영국에서 생산되어야 하고 외국에 판매되어서는 안 되며, 개개인은 국내에서 만들어진 모직 옷을 입어야 한다는 법령을 제정했다." 그리고 15세기 모직물 제조회사의 통합에 대해서는 "15세기 후반기 모직물 제조회사의 성장은 활발하고 지속적인 보호정책으로 독려되었다. 이는 에드워드 4세의 왕위 등극과 더불어 시작되었는데, 에드워드 4세는 재임 기간에 상공업 계급을 신뢰했다. 1463년 모직물 의류의 수입은 상당수의 다른 제조품들과 더불어 금지되었다. 그리고 그 법에서 일시적이었던 금지 명령은 특별하게 갱신되었고, 그다음 해에도 지속되었다. 게다가 수출세의 규모는 그 당시는 아니었지만 그 이후에 곧 양모 수출보다는 직물 수출을 장려하도록 정해졌다." W. J. Ashley, *An Introduction to English Economic History and Theory*, Part II, Londres, 1893, p. 194, 226.

북부산 건축 자재 및 다른 원자재 거래를 제조품으로 간접적으로 청산할 수 있게 되었다. 결과적으로 영국 경제는 더 큰 유연성을 확보했으며, 신속한 기술 발전에 가장 적합한 제조업 분야에 투자를 집중할 수 있었다. 당시 세계에서 생산되던 대부분의 금이 영국으로 유입되면서 영국의 은행들은 점점 더 그 위상을 강화해 갔으며, 암스테르담에 있던 유럽 금융 중심지가 런던으로 이전되었다. 영국 자료에 의하면 브라질산 금의 런던 유입이 어느 때는 매주 5만 파운드에 달했을 만큼 영국은 상당한 양의 금을 보유할 수 있었다. 이렇게 축적된 금이 없었다면 영국은 나폴레옹전쟁을 치르기도 어려웠을 것이다.[2]

2_ "포르투갈이 우리의 제조품을 수입하고 우리나라 산업을 장려한 규모는 포르투갈로부터 매년 수입한 거대한 금의 양으로 측정할 수 있다. 금의 양은 매주 5만 파운드로 추정된다. …… 당시의 생각으로 메수엔조약의 성과가 매우 크다고 여겨졌다는 게 놀라운 일은 아니었다. 메수엔조약은 우리 상품에 대한 크나큰 외국 수요를 불러왔으며, 국내 노동력 고용을 장려했다. 동시에 포르투갈로부터의 많은 송금은 우리의 화폐가치를 회복하는 데 가장 필요한 것이었으며, 이후의 유럽에서의 전쟁을 수행하는 데 가장 적합한 것이었다." W. Cunningham, op. cit., pp. 460-461.

경제 후퇴와 자급자족 분야의 팽창

일부 자급자족 농업을 제외한 지속적 경제활동이 광산 지역에서 형성되지 않았기 때문에 금 생산이 줄어들자 당연하게도 광업 경제가 전반적으로 빠르게 쇠퇴했다. 생산량이 줄어들자 주요 광산 기업들은 자본을 상실하고 청산 과정에 들어갔다. 노예 노동력을 대체할 가능성이 없어 졌으며, 많은 광산업자들은 시간이 흐르면서 단순한 사금 채취업자로 변해 갔다. 이렇게 광산 분야 투입 자본이 천천히 감소해 광업 경제가 쇠퇴하기 시작했다. 어느 순간 새로운 귀금속을 다시 발견하리라는 환상 때문에 광산업자들은 청산하고 남은 자본을 다른 경제활동으로 이전하지 않았으며, 자산이 계속 줄어드는데도 광산 일을 계속했다. 마침내 모든 광산 시스템은 활력을 잃었고, 자급자족경제로 용해되어 가며 위축되었다.

광업 경제가 보다 복잡한 시스템으로 발전했다면 그 반응은 틀림없이 다양했을 것이다. 75년 뒤 호주에서 금 생산 붕괴로 인해 야기된 실업 사태는 호주의 빠른 산업화를 가능케 한 보호정책의 출발점이 되었다.[1] 금 생산이 감소하자 거대한 잉여 노동력을 흡수할 필요성(생존을 위해 그 이전에 노동력을 절약하는 기술을 도입한 양모 및 농업 분야에서는 매우 심각한 문제였다)으로 인해 호주의 빅토리아 주는 산업화만이 구조적 문제를 해결할 수 있다는 확신을 갖게 되었다. 호주가 양모 수출 그룹의 절대적인 영향 아래에 계속 남아 있었다면 당시 유행한 자유주의 이념 때문에 아무런 산업화 정책도 실행할 수 없었을 것이다.

브라질의 경우 노예노동이 존재했기에 금 생산 붕괴가 가져올 거대한 사회적 마찰을 방지할 수 있었다. 가장 큰 손실을 입은 사람들은 거대한 자본을 투자한 노예들의 수익성이 매일같이 떨어져 손해

1_ 호주 금 경제의 경험에서는 보다 발전된 기술에 접근할 수 있었던 시스템의 유연성을 잘 보여 주고 있다. 금이 발견되자 호주 인구는 실질적으로 10년간 세 배, 즉 1851년 43만8천 명에서 1861년에는 116만8천 명으로 증가했다. 이러한 조건에서는 기존 양모 경제에 대한 노동력 흡수 및 식량 공급 압력이 어떠했을지 쉽게 상상할 수 있다. 그러나 이 두 분야는 보다 발전된 기술을 채택하면서 자신을 보호했으며, 금 생산이 크게 팽창된 시기에 발전을 가속화할 수 있었다. 양모 생산자들은 더군다나 거대한 이주 움직임으로 인해 본국으로 귀환하는 선박의 운임 가격이 하락하는 수혜를 입었다. 이에 대해 호주 작가인 포터스는 이렇게 말하고 있다. "금 채취가 노동자들을 유인했기에, 가축 사육업자들과 농장주들은 자신의 생산기술을 바꾸고, 노동절약형 장치를 채택해야 했다. 가축 사육업자들은 목초지에 울타리를 쳤고, 목동들을 토지 감시인들로 대체했다. 농장주들은 더 좋은 쟁기와 더 과학적인 영농법을 사용하게 되었다. …… 10년(1850-1860) 사이에 호주 내 양의 숫자는 1,600만 마리에서 2천만 마리로 증가했으며, 양모 수출 금액은 199만5천 파운드에서 402만 5,300파운드로 증가했다. 경작지는 8년(1850-1858) 동안 두 배로 증가했다." G. V. Portus, *Australia: An Economic Interpretation*, Sydney, 1933, p. 25.

를 본 사람들이었다. 자본은 천천히 감소했으나 구조는 유지되었다. 사탕수수 경제에서 발생(상대적으로 높은 생산성을 유지하면서 어느 정도 수익성을 가져다주었다)한 것과는 반대로 광산업에서 생산성은 제로에 가까워졌고, 광산 기업은 전체적으로 무너져 갔다. 예전의 광산업자 중 많은 수가 단순한 사금 채취자로 변모했으며, 시간이 흐르면서 단순한 자급자족경제 활동으로 전락되었다. 도시 중심이 쇠락하면서 이 지역의 많은 주민들이 자급자족경제 활동으로 분산되어, 서로 소통하기 어려운 넓은 지역으로 흩어졌다. 이렇게 흩어진 작은 그룹들은 서로 고립되어 갔다. 이런 식으로 광업 경제 전체가 파괴되는 데는 몇 십 년도 걸리지 않았다. 상대적으로 숫자가 많았던 광업 경제 인구는 결국 자급자족경제를 구성해 브라질의 주요 인구 집중지 가운데 하나를 형성하게 된다. 북동부 지역의 목축 경제에서처럼 이 경우에도 화폐경제가 위축되어 가는 과정 속에서 인구는 지속적으로 증가했다. 이런 식으로 생산성이 매우 높고 노동력이 크게 부족했던 지역이 생산성이 매우 낮은 자급자족 농업경제 시스템과 공존하는 완전히 분산된 인구 집단이 거주하는 지역으로 퇴화하게 되었다. 아메리카 대륙 어느 곳에서도 유럽 출신 인구가 형성한 경제 시스템이 이처럼 빠르고 완전하게 퇴화한 경우는 없었다.

4부

19세기 임금노동으로의
전환 경제

마라녀웅과
식민지 시대 종말이라는 거짓 도취

18세기의 마지막 25년 들어 식민지 브라질은 새로운 어려움에 직면했다. 1760년경 5백만 파운드였던 수출액은 이 시기에 연평균 3백만 파운드를 약간 상회하는 수준에 그쳤다. 설탕 산업도 새로운 난관에 직면했다. 설탕의 총수출액은 그 이전 두 세기[1] 동안 볼 수

1_ 시몽셍은 설탕 생산량 및 가격 관련 데이터를 조심스럽게 수집했다(R. Simonsen, *História Econômica do Brasil*, 3ª ed., 1957). 그렇지만 시몽셍의 데이터는 18세기 사탕수수 경제 상황을 정확하게 보여 주지 않거나, 실제보다 더 유리하게 보여 줄 수도 있다. 사실 시몽셍은 영국 시장을 영국 왕실 식민지에서 생산된 설탕에 국한시킨 1739년도의 법이 국제시장가격과 비교해 영국 내 가격을 인상시켰다는 점은 간과하고 영국의 조당(粗糖) 가격을 활용하고 있다. "1739년 법의 효과와 의미는 영국 시장에서 설탕 가격을 인상시키는 권한을 갖고 있다는 것이다." 영국령 앤틸리스제도의 생산자들은 18세기에 급속히 팽창하던 영국 시장에서 누리고 있던 독점가격이라는 혜택을 입고 있어서 수출하는 데 관심이 없었다. 이는

없었던 매우 낮은 수준으로 떨어졌다. 또한 이 시기 금 수출은 연 50만 파운드를 조금 상회했다. 그 사이 인구는 3백만 명을 넘었다. 18세기가 끝나갈 무렵 1인당 소득은 자유민 숫자를 2백만으로 가정했을 때 현재의 구매력으로 환산해 50달러를 넘지 않았을 것으로 보인다. 이는 브라질의 전체 식민지 기간 중 가장 낮은 수준이었다.[2]

브라질 경제 전체적으로 볼 때, 어떤 별들은 서로 연결되어 있고 어떤 별들은 떨어져 있는 별자리처럼 보였다. 이 연결은 두 개의 주요 경제 축, 즉 설탕과 금이라는 두 개의 경제 축 주변에서 이루어지고 있었다. 점차 느슨해지기는 했지만 북동부 지역의 목축업은 사탕수수 경제 중심지와 연결되어 있었다.

광산 중심지와 연결된 지역은 상파울루에서 히우그랑지두술로 뻗어 나간 남부 내륙의 목축 지역이었다. 이 두 시스템은 서웅프랑시스꾸 강을 통해 느슨히 연결되고 있었는데, 이 지역 목축업은 북동부와 중남부 지역 중간에 위치함으로써 우연하게 큰 장점을 가진 시장의 혜택을 보았다. 북부 지역에는 마라녀웅과 빠라라는 두 자

브라질 설탕이 일부 시장을 회복하는 데 도움이 되었다. F. W. Pitman, *The Development oi the British West Indies*, Oxford, 1947, pp. 170, 185-187.

2_ 18세기 말 호황기에는 수출액이 4백만 파운드에 달했다. 이 수출액이 전체 소득의 4분의 1에 불과하다고 추정해 보면 전체 소득은 약 1,600만 파운드, 현재 달러 가치로 1억 달러 정도가 될 것으로 유추할 수 있다. 자유민 수는 약 2백만 명이었으므로 1인당 소득은 50달러 정도가 될 것이다. 이 데이터는 한 가지 사실을 단순히 드러내는데, 즉 이 소득 개념은 적립금이 많을 때만 상품의 상당 부분이 화폐 분야에 통합되지 않는 경제에 적용될 수 있다는 것이다.

급자족경제 중심지가 있었다. 빠라는 전적으로 원주민(인디오) 노동력 착취를 기반으로 예수회 신부들이 조직한 산림 채취 경제에 의존하고 있었다. 예수회 시스템의 생산성은 겉으로는 높았지만 현재 이에 대한 많은 정보(예수회는 세금도 내지 않았고 통계도 출판하지 않았다)는 남아 있지 않다. 예수회 시스템은 퐁발 후작 집권 시기의 박해로 인해 쇠락하기 시작했다. 마라녀웅은 자급자족 시스템을 갖고 있었지만 주변 목축업 지역을 통해 사탕수수 경제와 연결되어 있었다. 빠라만이 완전히 격리된 중심지로 존재했고, 설탕 지대, 광산 지역, 마라녀웅이라는 세 곳의 주요 경제 중심지는 유동적이고 느슨한 형태나마 광활한 내륙 목축 지역을 통해 서로 연결되어 있었다.

세 개의 주요 시스템 가운데 18세기 마지막 25년 동안 실질적으로 번영을 누린 것은 마라녀웅뿐이었다. 마라녀웅 지역은 초기에는 포르투갈 정부로부터 상당한 관심을 받았는데, 이는 당시 예수회와 죽음의 사투를 벌인 퐁발 후작 때문이었다. 마라녀웅의 식민지 정착민들은 원주민을 노예화하는 데 있어서 예수회와 오래 투쟁했던 적수였다. 퐁발 후작은 전통적으로 브라질에서 가장 가난한 지역이었던 마라녀웅의 발전을 위해 거대 자본의 무역회사를 설립해 이 지역 주민들을 도왔다.[3] 그렇지만 재정지원만큼 중요한 것은 미국

3_ 퐁발 후작은 식민지 정착민들을 도우면서도 이들이 원주민인 인디오를 노예화하려는 목적을 지지하지 않았다. 사실 브라질 땅에서 인디오를 노예화하는 공공연하고 위장된 형태를 단번에 없앤 것은 바로 퐁발 후작이었다. 재정지원은 아프리카 노동력 수입을 대규모로 할 수 있게 해주었으며, 이는 브라질의 인종 구성을 변하게 했다.

독립전쟁과 영국 산업혁명으로 야기된 세계 열대작물 시장의 변화였다. 상기 무역회사의 임원들은 일찍부터 목화가 수요가 점점 더 커지는 열대작물이며, 영국 식민지에서 생산되고 남부 유럽에서 많이 소비되는 쌀이 그 어떤 식민지 협약으로도 제약을 받지 않는다는 것을 알고 있었다. 이런 이유로 무역회사의 재원은 이들 두 작물 생산에 집중되었다. 이러한 정책이 결실을 맺기 시작할 무렵 독립전쟁 때문에 미국이라는 거대 쌀 생산 중심지가 일시적이나마 세계 시장에서 사라졌다. 이렇게 마라녀웅은 자본을 갖추며 발전할 수 있는 매우 적당한 조건을 때맞춰 만났다. 1년에 배가 한두 척 들어오던 항구로 주민들이 생존을 위해 얼마 안 되는 원주민 노예 노동력에 의존하고 있던 작은 식민지가 식민지 시대 말기에는 예외적인 번영을 누려 1년에 배가 100~150척 들어오고 수출액이 1백만 파운드에 달하는 항구로 발전했다.

18세기 마지막 시기에는 마라녀웅을 제외한 나머지 식민지 브라질 경제 전체가 심각한 위기에 빠졌다. 특히 금 생산 지역의 불황이 심했는데, 이 불황은 19세기 전반기까지 지속되었다. 이러한 쇠락은 내부적으로는 오랜 기간 어려움을 겪었던 남부 목축 지역에 간접적인 영향을 끼쳤다. 19세기 초에는 일련의 사건 때문에 겉으로는 식민지 브라질이 번영하는 듯했다. 1808년 포르투갈 왕실의 브라질 이주와 식민지 브라질의 항구 개방으로 전반적으로 낙관적인 분위기가 형성되었기 때문이다.

18세기 마지막 25년과 19세기 첫 20년의 정치적 사건들은 세계 열대작물 시장에 큰 영향을 끼쳤다. 첫 번째는 미국 독립전쟁으로,

마라녀웅 지역에 대한 독립전쟁의 간접적인 영향은 이미 앞 장에서 언급한 바 있다. 두 번째는 프랑스혁명과 이에 따른 프랑스의 열대 작물 생산 식민지에서 발생한 혼란이었다. 마지막은 나폴레옹전쟁 과 유럽 대륙의 봉쇄, 그리고 스페인이 지배하고 있던 거대한 아메리카 식민지의 붕괴였다.

1789년에 프랑스의 거대한 설탕 공급지였던 아이티가 붕괴했다. 당시 거의 50만 명의 노예가 작은 영토에 집중되어 있었는데, 이들이 봉기해 아이티에 축적되어 있던 부를 상당 부분 파괴했고 이는 설탕 시장의 변화를 야기했다. 그 결과 브라질 설탕 경제가 새로운 번영의 시기를 맞이하기 시작했다. 실제로 브라질의 설탕 수출액은 나폴레옹전쟁 시기보다 열 배 이상 증가했다. 영국 내 산업 활동은 나폴레옹전쟁 기간 더욱 활발해졌으며, 면화 수요 역시 크게 증가했다. 북동부 지역은 마라녀웅을 따라 면화 생산에 자원을 투입했다. 스페인 식민지들이 겪고 있던 어려움 또한 열대작물 및 가죽 시장에 영향을 끼쳤다. 이에 따라 거의 모든 식민지 생산품이 일시적으로 가격 상승 혜택을 보았고, 농산품 수출 총액은 실질적으로 1780년대와 식민지 시대 말기 사이에 배로 증가해 거의 4백만 파운드에 달했다. 이러한 번영은 세계 열대작물 시장에서 발생한 비정상적인 상황으로 인한 일시적 현상이었다. 이 시기를 지나며 정치적으로 독립한 국가로서 첫 10여 년을 보낸 브라질은 전통적으로 수출해 왔던 열대작물 시장에서 위치를 고수하는 데 심각한 어려움을 겪게 되었다.

식민지 부채,
재정 위기와 정치 불안정

18세기 말과 19세기 초에 발생한 유럽 내 정치적 사건들의 브라질에 대한 반향은 한편으로는 브라질의 정치적 발전을 가속화했고, 다른 한편으로는 금 경제 쇠퇴로 시작된 브라질 경제의 어려움을 더욱 가중시켰다. 프랑스 군대가 포르투갈을 점령하자 리스본으로 대표되던 식민 교역 중계지가 사라지게 되었다. 이에 따라 브라질은 하는 수 없이 그때까지 아직 남아 있던 시장들과 직접 접촉하게 되었다. 1808년에 공포된 법령으로 인한 식민지 브라질의 '항구 개방'은 여러 정치적 사건들로 인해 어쩔 수 없이 취해진 조치였다.[1]

1_ '항구 개방' 조치는 실질적으로는 거의 영국인들에게만 독점적인 혜택을 제공했으나, 영국과의 협의 없이 공포되었다. 왜냐하면 당시 리우데자네이루로 천도한 이후 포르투갈

이 조치에 이어 1810년에 여러 협정들이 체결되었는데, 이를 통해 영국은 치외법권과 매우 낮은 특혜 관세의 혜택을 보는 특권을 갖게 되었다. 이들 협정은 19세기 전반기에 걸쳐 경제 분야에서 브라질 정부의 자치권을 크게 제약했다. 1822년 포르투갈로부터의 완전 독립과 영국의 지위를 더욱 공고히 한 1827년 협정은 이 시기 매우 중요한 정치적 사건이었다. 마지막으로 1831년에 동 뻬드루 1세D. Pedro I 개인의 권력이 박탈되면서 대규모 농산물 수출업자들이 식민지 브라질의 지배계층으로 부상했다.

이러한 일련의 사건들을 넓은 관점에서 보면, 영국에 양도된 특권들은 재원이 크게 소요되지 않는 독립 진행 과정의 자연스러운 결과였다는 게 어느 정도 명백했다. 그러나 식민지 브라질은 포르투갈이 식민 대국으로서 살아남기 위해 진 부채의 일부분을 대신 지게 되었다. 독립이 오랜 투쟁의 결과였다면 단일한 영토를 유지하기 어려웠을 것이다. 브라질의 어떤 지역도 단독으로 통일을 이룰 수 있을 만큼 다른 충분한 우위를 갖고 있지 못했기 때문이다.

정부의 경제정책 멘토가 되는 영국 대표 스트랭퍼드 자작이 바이아에 도착한 선단에 승선하지 않았기 때문이다. 정황으로 볼 때, 섭정인 동 주어웅(D. João) 왕자가 항구 개발을 찬성한 주제 다 실바 리스보아(나중에 까이루 자작이 된다)의 의견을 수용하기 전에 크게 반발했는데, 이는 포르투갈 통치자들이 현실을 얼마나 모르고 있었는지 잘 드러낸다. 동 조치와 관련해서 당시 리우데자네이루에 주재하며 영국 정부를 대표하고 있던 힐(Mr. Hill)이 주어웅 왕자에게 한 말을 유추해 보면 영국인들(주제 다 실바 리스보아보다 애덤 스미스를 덜 신뢰했다) 또한 협정에 만족하지 않았음을 알 수 있다. "이는 영국에서 반드시 좋은 인상을 갖게 만들 것이다. 그러나 다른 외국의 선박과 상품들에 허가된 것보다 더 좋은 조건하에 영국 선박과 상품의 수입을 허가한다면 더 큰 만족을 줄 것이다." 힐이 조지 캐닝(George Canning)에게 1808년 3월 30일에 보낸 편지, A. K. Manchester, op. cit. 인용, p. 71.

각 지역의 이해가 전국적인 통일보다 훨씬 더 앞섰다는 것이 명백한 현실이었고, 통일에 대한 생각은 포르투갈 왕실이 리우데자네이루로 천도했을 때 실질적으로 생겨나기 시작했다. 뉴 그라나다Nova Granada² 의 통일을 유지하려고 시몬 볼리바르가 성과도 없이 큰 투쟁을 벌였는데, 이는 당대를 지배하는 이해가 존재하는 현실 속에서 대가 없는 이상理想을 강요하는 게 얼마나 어려운지를 잘 보여준다.

그렇지만 미국의 경우처럼 브라질이 19세기 전반기에 근대국가로 변모하지 않은 가장 큰 이유가 영국에 양도된 특권 때문이라고 가정하는 것은 잘못이다. 식민지 농업 계급 인텔리 계층 가운데 가장 뛰어난 인물로 평가받던 까이루 자작visconde de Cairu과 스트랭퍼드Strangford 자작의 견해에 존재한 근본적인 차이는, 스트랭퍼드 자작은 중상주의적 선입견을 지닌 반면, 브라질의 까이루 자작의 생각에는 나중에 영국에서 유행하게 되는 이념들이 잘 반영되었다는 점이다. 식민지에는 두드러진 무역상 계급조차 존재하지 않았기 때문에(대규모 교역은 본국 독점이었다) 어느 정도 눈에 띄는 유일한 계급은 대농장주들이었다. 식민지 독립이 어떻게 되든 이들 계급은 권력을 쥐게 될 터였다. 실제로 1831년부터 그러한 일이 일어났다. 대농장주들은 포르투갈이 비용이 많이 드는 교역 중계지라는 것을 명확하게 인식하고 있었으며, 당시 식민지에 팽배했던 의견은 식민지의 교역 자유화가 그 무엇보다 시급하게 이루어져야 한다는 것이

2_ 그란콜롬비아가 해체된 이후 설립된 연방 공화국._옮긴이 주

었다. 중계지로서 포르투갈이 퇴장하자마자 수입 상품 가격이 하락했으며 물자가 풍부하게 공급되었고, 신용거래도 확대되었으며, 대농장주 계급은 보다 많은 이득을 거뒀다.

대규모 열대작물 농장인 브라질은 식민지로서 유럽 경제에 긴밀하게 통합되어 있었다. 다만 브라질은 다른 큰 경제 시스템들의 단순한 연장으로서 존재했지 독자적인 시스템을 구축하지는 못했다. 영국령 앤틸리스제도의 경우처럼 유럽 경제와의 통합이 완전했다면 중심부 경제와 종속경제 지배계급의 이해가 완전히 일치했을 것이다. 그러나 포르투갈과 브라질 간에는 이러한 이념적 일치가 존재할 수 없었다. 포르투갈은 그저 중계지에 불과했으며, 전체적으로 볼 때 포르투갈의 이해는 식민지의 이해와 충돌했기 때문이다.

19세기 전반기 브라질 대농장주들과 영국 간에 일어난 분쟁은 경제적 이념 차이에서 비롯된 것은 아니었다. 사실 이 분쟁은 간접적이나마 브라질 내에서 완전한 정치적 독립의 필요성에 대한 인식을 확실하게 형성하는 데 기여했다. 무엇보다 이 분쟁은 영국이 자유주의 이념 실행에 있어서 일관되지 않은 자세를 취했기 때문에 발생한 것이었다. 영국은 1810년의 무역협정을 새로운 '자유주의 시스템'이라는 멋진 말로 포장했지만 실제로는 영국의 특권을 수행하기 위한 도구였다. 또한 영국은 자국이 지배하고 있던 앤틸리스제도 식민지에서 생산된 상품과 경쟁을 벌이던 브라질 상품에 대해 자국 시장을 개방할 의도가 전혀 없었다. 일방적으로 자유주의 이념이 강제된 탓에 브라질 대농장주 계급이 국가를 통치하기 시작했을 때 브라질 내에서 심각한 경제적 어려움이 발생했고, 그 가운데 영국은 아프리카 노예 수입 금지를 강행했다. 브라질 대농장주 계급은 상품 판매의 어려움과 노예 수입 금지로 인한 극심한 경비 상승 가능성에 대한 우려 속에서 자신들의 이해를 억척스럽게 보호했고 이는 영국의 분노를 불러일으켰다. 영국 정부는 설탕 시장 대공황의 주요 원인이 브라질 노예제도의 지속 때문이라고 여겼다. 이러한 인식하에 영국 정부는 자국령 앤틸리스제도의 이익 보호와 노예제도 폐지라는 도덕적 근거를 앞세워 대서양 노예무역을 종결하기 위해 가능한 모든 수단을 썼으나 소용이 없었다.

19세기 전반 영국 정부와 브라질 지배계급[3] 간에 지속되었던 이러한 긴장으로 양측 사이에 존재하던 심각한 이해관계의 충돌이 해소되지 못했다. 이런 이유로 당시 브라질 정부가 완전한 자유를 갖고 경제발전을 보다 신속히 이루었다고 생각할 근거는 없다. 그러나 영국에 주어진 관세 특혜, 그리고 이후의 15퍼센트 관세 단일화가 대외무역 정체기의 브라질 정부에 심각한 재정 위기를 초래했다는 점은 인정해야 할 것이다. 수입세는 원자재 수출국 정부의 가장 기본적이며 공통적인 수입收入 원천이다. 수입세의 유일한 대안은 수출에 세금을 부과하는 것으로, 이는 노예 경제 시스템 속에 있는 대농장주 계급의 이윤 하락을 의미한다.[4] 브라질 대농장주 지배계

3_ 분쟁은 식민지 현지에 거주하던 영국 상인들과의 이해관계 충돌 때문에 일어난 것은 아니었다. 이들은 기존에 누리고 있던 특권하에서 계속 번창해 갔다. 또한 '불법적'인 거래를 끝내도록 반복적으로 권고했던 브라질 정부와도 분쟁이 일어나지는 않았다.

4_ 재정적으로 가장 어려운 시기에 수출에 대한 8퍼센트의 종가세가 도입되었다.

급은 어려운 시기에 자신들의 이윤을 줄이거나 수입세를 올리는 방안 가운데 하나를 고르는 어려운 결정을 내려야 했다.

경제 위기로 인한 불만이 전국으로 확산되던 시기에 재정이 지나치게 부족했던 중앙정부의 권위가 여러 지방에서 도전 받았다. 바이아, 뻬르낭부꾸, 마라녀웅이 속한 북부는 경제적으로 매우 어려운 시기를 맞이했다. 설탕 가격은 19세기 전반기에 지속적으로 떨어졌으며, 목화 가격은 더욱 크게 하락했다. 이 기간에 이들 지역에서, 특히 마라녀웅에서 1인당 소득이 크게 줄었다. 또한 남부에서 생산되는 가축의 중요한 시장이었던 금 경제권의 쇠퇴로 인해 남부의 경제적 어려움이 가중되었다. 북부에서 일어난 수많은 무장봉기와 남부의 오랜 내전이 빈곤화 및 다른 여러 문제들의 원인이었다.[5]

이처럼 극히 어려운 시기를 지나는 가운데 커피가 새로운 부의 원천으로 부상하기 시작했다. 커피는 이미 1830년대에 브라질의 주요 수출 품목으로 확실하게 자리 잡은 이후 지속적으로 성장했다. 커피라는 새로운 부富 덕분에 브라질 수도인 리우데자네이루에서 가장 가까운 중부 지역에 확실하고 안정된 중심지가 형성되었다. 이후 이 지역은 북부와 남부에서 활동하던 분리 세력에 대한 저항의 진정한 중심지가 되었다.

정부의 수입원이자 생산수단으로서 관세의 중요성을 이해하기

5_ 1830년대와 1840년대 브라질은 반란과 내전을 끊임없이 겪었다. 빠라, 마라녀웅, 세아라, 뻬르낭부꾸, 바이아, 미나스제라이스, 상파울루, 마뚜그로수, 히우그랑지두술은 자체 지역 내에서 격변을 겪었다. 빠라, 세아라, 뻬르낭부꾸의 혼란은 이후 몇 년간 계속되었으며, 히우그랑지두술의 내전은 수십 년간 지속되었다.

위해서는 당시 브라질에 세제 관련 기구가 거의 존재하지 않았다는 점을 염두에 둘 필요가 있다. 관세라는 부의 원천에 접근하는 데 제약을 받자 중앙정부는 독립을 공고히 하던 시기 재정상의 문제 때문에 정부로서 다양한 기능을 수행하기 어려웠다. 중계지로서의 포르투갈이 사라지면서 재정 수입 확대가 가능해졌으나, 브라질 정부는 1844년 영국과의 협정이 종료되기까지 세수를 확대할 수단이 거의 없었다. 1820년대(독립국가로서의 첫 10년)의 경험이 이를 잘 드러내고 있으며, 이후 20년간 브라질 정부가 겪게 될 어려움의 상당 부분을 설명해 준다. 이 시기 중앙정부가 조세 제도를 통해 거둔 세수로는 반다 오리엔탈Banda Oriental[현재의 우루과이 지역]과의 전쟁으로 인해 크게 늘어난 세출의 절반도 충당할 수 없었다.[6] 재정적자는 주로 종이 화폐 발행을 통해 보전되었는데 1820년대 화폐 발행액은 그 이전 10년간 통용되었던 통화 규모의 배가 넘었다.[7]

소규모 화폐경제였기 때문에 브라질의 수입 계수는 높았으며, 관세율 인상도 불가능했고, 종이 화폐 발행의 효과는 환율에 집중되었다. 그 결과 1822년에서 1830년 사이 1파운드당 1천 헤이스réis[8]

6_ 포르투갈 정부는 스페인 식민지에서 발생한 혼란을 틈타 1815년 우루과이 반다 오리엔탈 지역을 점령했다. 이 지역은 이후 브라질의 시스쁠라치나(Cisplatina) 지방이 된다. 그러나 아르헨티나인들의 도움을 받은 이 지역의 우루과이인들은 1825년 반란을 일으키고, 이후 우루과이는 영국의 후원하에 브라질과 아르헨티나라는 두 이웃 강대국으로부터 국가로서 인정을 받게 된다.

7_ 1824년과 1829년 사이 브라질 정부는 부담스러운 조건이었지만 480만 파운드에 달하는 외채를 조달하는 데 성공했다. 그러나 이 재원은 포르투갈에 대한 손해배상 금액 200만 파운드의 일부 등 독립에 필요한 직접 비용으로 전부 소진되었다.

였던 환율이 두 배로 뛰어올랐다.

종이 화폐 발행을 통한 중앙정부의 재정적자 보전은 통화가치 하락에 따른 수입품의 가격 상승을 반영한 것이었는데, 이는 도시 거주민들에게 특히 커다란 영향을 미쳤다. 반면 자신의 토지에서 필요한 물품을 대부분 자급자족하며 노예노동 시스템을 통해 충격을 피해 갔던 대지주 계급은 종이 화폐 발행에 따른 영향을 거의 받지 않았다. 대신에 집중적인 영향을 받은 집단은 소상인, 공무원, 상점 점원, 군인 등 도시 계층이었고, 실제로 그다음 시기에 발생한 인플레이션으로 이들의 빈곤화가 초래되었다. 이러한 빈곤화는 당시 도시에서 발생한 폭동의 주요 원인이 되었으며 포르투갈 상인들이 그 중요한 표적이었다. 당시 도시 거주민들은 자신들의 삶을 어렵게 만드는 주범으로 포르투갈 상인들을 인식했다.[9]

8_ 포르투갈이 식민지에서 사용하던 화폐단위이자, 브라질 첫 번째 화폐단위._옮긴이 주

9_ 당시 수많은 무장 폭동이 일어났는데, 역사가들은 이를 '증가하는 기강 해이'라 설명했다. 주어옹 히베이루는 "빠라에서 폭동을 일으킨 군대는 폭도들의 도움을 받아 장군들을 억류하고 통치자들을 구속하거나 살해했다. 4년이 지나서야 정부 당국의 권위와 질서가 회복되었다. 뻬르낭부꾸에서는 군대가 도시를 약탈했으며, 무질서한 상태가 몇 년 동안 지속되었다. …… 마라녀옹에서는 무정부주의자들이 최상층 사회 인사들을 제거하려고 했다." João Ribeiro, *História do Brasil*, 16ª ed. pp. 377-378. 포르투갈인들에 대한 불만은 또 다른 종류의 반발로 나타났다. 그 가운데 가장 눈에 띄는 것은 뻬르낭부꾸에서 발발한 일명 '쁘라이에라 혁명'(Revolução Praiera, 1847~1848)이었다. "해변에서 물건 줍는 사람(praieira)들은 소매업의 국유화 및 브라질 사람들과 가족 관계를 맺지 않은 포르투갈인들의 축출을 요구했다. 선원을 죽이라는 구호 속에 가장 크게 소요가 일어난 날 많은 포르투갈인들이 비참하게 살해되었다." op. cit., p. 389.

미국 발전과의 대조

앞에서 살펴본 대로 1810~1827년 사이 영국과 맺은 무역협정들에 따른 제약으로 브라질 정부의 어려움이 심화되거나 간접적인 영향을 받았음을 확실히 알 수 있다. 그렇지만 이 협정들로 인해 브라질 정부가 보호주의라는 장치를 제거했고, 이러한 보호주의 제거가 브라질 산업화를 불가능하게 만든 원인이라는 비판은 근거가 없는 듯하다. 당시 발생한 사건들을 주의 깊게 관찰해 보면 브라질 경제가 매우 극심한 불균형의 시기를 보냈음을 알 수 있다. 이러한 불균형은 주로 수출가격의 상대적 하락과 정치적 독립으로 인해 책임이 더 많아진 브라질 정부가 지출을 늘림으로써 발생한 것이었다. 중계지로서의 포르투갈이 위상을 잃고, 브라질에 수많은 영국 회사가 설립됨에 따라 운송과 무역이 편리해졌으며 수입품 가격이 상대적으로 떨어지고 수입품 수요는 빠르게 증가했다. 그 결과 이는 국제 수지에 강한 압력 요인으로 작용했으며 이러한 압력은 환율에도 반영되었다. 또한 앞에서 지적한 것처럼 중앙정부의 재정적자를 보전하기 위해 조달한 자금이 환율에 강한 압력 요인으로 작용했다. 외국자본의 유입이 충분하지 않고 수출 증가가 제한적인 상황에서 이러한 압력은 브라질 통화의 대외 가치 하락을 불러왔으며 이는 다시 큰 폭의 수입품 가격 상승으로 이어졌다. 처음부터 50퍼센트의 종가세라는 관세율이 도입되었더라면 보호주의가 통화의 평가절하를 초래할 정도로 큰 영향을 끼치지 않았을 것이다.[1]

브라질 정부가 완전한 자유를 갖고 있었다면 19세기 전반기[2] 미국과 동일한 정책을 채택할 수 있었을 것이라는 가정은 좀 더 상세히 분석할 필요가 있다. 이 문제는 종종 특별한 관심을 불러와 브라질에서 많은 지식인들로 하여금 "미국이 19세기에 산업화되어 유럽 국가들과 동등한 위치를 점한 반면, 브라질은 왜 20세기에 저개발 국가라는 방향으로 나아갔을까?"라는 질문을 하게 했다. 기후와 '인종'raça이라는 열등성 이론이 지닌 미신적인 운명주의를 배제한

1_ 수입 상품 가격의 100퍼센트 증가에 33퍼센트 판매 가격 상승이 동반된다는 점을 가정한다면, 그 효과는 최소 50퍼센트 종가세로 관세를 부과하는 것과 동일하다.

2_ 브라질 경제를 연구하는 학자들 간에 받아들여지는 이 관점을 시몽셍은 지지했다. "당시에 우리는 미국이 경제 형성기에 취한 정책과 유사한 정책을 취했어야 했다. 식민 경찰(시몽셍이 1810년 무역협정의 포르투갈어 번역시 영어의 policy(정책)를 포르투갈어 polícia(경찰)로 잘못 번역한 것을 언급)로 인해 폐쇄된 세계를 직면했음에도 불구하고 식민 상품 생산자들로서 우리는 아메리카 대륙에서 경제자유주의 챔피언이 되었다." op. cit., p. 406.

다면 이러한 질문은 경제적 관점에서 보다 더 현실적인 의미를 갖는다. 그러므로 이러한 경제적 관점에 보다 많은 분석을 할애할 필요가 있다.

18세기 말과 19세기 전반기의 미국 발전은 유럽 경제발전과 불가분의 관계를 갖는데, 이는 미국이 채택한 자국 내 보호 조치들의 결과에 어느 정도 기인한 것이다. 보호주의는 미국의 경제 기초가 확고해진 시기인 19세기에 일반적인 경제정책의 하나로 등장했다. 1789년에 최초로 도입된 미국 관세법에 따라 면직물은 5퍼센트의 종가세만 지불한 반면, 면직물을 제외한 다른 모든 제품에 부과된 평균 관세율은 8.5퍼센트였다.[3] 이후 여러 차례 조정을 거쳐 면직물에 대한 관세율은 미국 섬유산업이 공고하게 발전했다고 여겨졌던 1808년에는 17.5퍼센트까지 높아졌다.

독립 이후 미국 발전을 이해하기 위해서는 이미 5장과 6장에서 지적했던 것처럼 미국의 특이성을 고려해야 한다. 독립 시기의 미국 인구는 브라질 인구와 거의 비슷했다. 그렇지만 브라질에서는 대농장주 그룹이 지배계급이었던 반면, 미국에서는 소규모 영농 그룹과 거대 도시의 상업 그룹이 지배계급으로 부상했고, 두 나라 간의 사회적 차이는 이로 인해 커졌다. 미국과 브라질 지배계급의 이념을 대표하는 두 인물, 즉 알렉산더 해밀턴Alexander Hamilton과 까이루 자작의 차이보다 이를 더 잘 드러내는 것은 없을 것이다. 두 사람 다 애덤 스미스의 제자로 영국에서 같은 시기에 애덤 스미스

3_ Ugo Rabbeno, *The American Commercial Policy*, Londres, 1895, p. 117.

의 경제 이념을 직접 접했다. 해밀턴이 미국 소영농인 계급이 잘 이해하지 못하고 있던 산업화 과정을 이끄는 선구자로서 단순히 보호주의 성격[4]의 수동적 조치가 아니라 산업을 직접적으로 장려하는 대담하면서도 적극적인 정책을 옹호하고 촉진한 반면, 브라질의 까이루 자작은 보이지 않는 손을 미신적으로 믿으며 "하게 내버려 둬, 지나가게 내버려 둬, 팔게 내버려 둬"laissez faire, laissez passer, laissez vendre라는 말만 반복했을 뿐이다.

중상주의 시대에 영국이 식민지에 강요했던 제조품 생산과 관련한 제한 조치가 미국에서는 매우 특별한 형태로 적용되었는데, 이는 수출 농업 시스템이 북아메리카 식민지에서 성과를 내지 못했다는 단순한 이유 때문이었다. 본국과 식민지의 이러한 관계는 앞에서 지적했듯이 매우 다른 방향으로 발전했다. 영국의 일반적인 정책 노선은 다음과 같이 바뀌었다. 즉 본국이 다른 나라로부터의 수입을 줄일 것, 본국 산업과 경쟁하지 않는 산업을 북아메리카 식민지에서 육성시킬 것, 다른 식민지 시장에서 북아메리카 제품이 본국 산업과 경쟁하지 않도록 할 것 등이었다. 이러한 제한 조치들은 북아메리카 식민지들이 제조품 수출에서 본국과 경쟁하게 되었을 때 생겨나기 시작했다.[5] 강철 같은 특수한 경우, 식민지에서 강철을

4_ "그(알렉산더 해밀턴)는 다양한 산업 분야에 직접적으로 주는 보상 및 포상 제도를 크게 중시했으며, 관세와 결합하거나 별도로 이러한 보상 및 포상 제도를 채택할 것을 주장했다." Ugo Rabbeno, op. cit., p. 137.

5_ "이와 같은 최초의 조치는 1699년에 통과된 헌장으로, 이 헌장은 식민지 정착민들이 모와 모직물을 영국 업자들과의 경쟁 속에 외국 시장으로 수출한다는 영국 제조업자 및 상인

생산하기 어렵게 하려는 시도가 있었다. 그러나 영국은 대신 발트해 국가들로부터의 의존도를 줄일 수 있도록 식민지에서의 철 생산을 장려했다. 이에 대해 이 분야의 가장 저명한 학자인 클라크는 다음과 같이 언급했다. "그 시대를 연구해 보면 세부적으로 새로운 사실을 확인할 수 있는데, 전체적인 식민지 산업의 발전이 식민지 정착민들 스스로의 경제정책을 통해 이루어졌다는 가정이다."[6] 한편 필요한 제조품을 수입하는 데 어려움을 겪은 식민지들은 일찍부터 자체적으로 생산을 장려하는 것이 편리하다는 인식을 갖게 되었다. 1655년 매사추세츠는 이미 모든 가정에서 필요한 직물을 의무적으로 생산해야 한다는 법을 통과시켰다. 많은 식민지들은 현지에서 처리해 생산품으로 제조할 수 있는 가죽 등 특정 원자재의 수출을 금지했다. 마지막으로 조선산업의 예외적인 발전을 언급할 필요가 있다. 조선산업은 나폴레옹전쟁 시대 식민지 발전에서 근본적인 역할을 했다. 독립 이전부터 이미 미국 교역의 4분의 3이 미국이 제조한 선박을 통해 이루어졌다.[7]

독립전쟁으로 인해 영국산 제조품의 공급이 여러 해 동안 완전히

들의 항의 이후에 맺어졌다. …… 1732년 의회는 미국에서 생산된 모자의 식민지에서 식민지로의 수출, 또는 식민지에서 영국이나 유럽으로의 수출을 금지했다." Victor S. Clark, *History of Manufactures in the United States, 1609-1860*, Washington, 1916, pp. 22-23.

6_ V. S. Clark. *op., cit.*, p. 30.

7_ "한 추정에 따르면, 1775년 영국 국기를 매달고 다녔던 7,700척의 선박 중 30퍼센트가 미국에서 건조되었으며, 미국 무역의 75퍼센트가 미국 선박을 통해 이루어졌다." F. A. Shannon, *America's Economic Growth*, New York. 1951, p. 91.

중단되자 이는 확고한 팽창 기반을 구축하고 있던 미국 내 제조업 생산에 강한 자극을 주었다. 독립전쟁이 끝나자마자 유럽에서는 커다란 정치적 혼란기가 시작되었고, 이 혼란은 미국 경제발전에 전례 없는 영향을 미쳤다. 오랫동안 미국은 거대한 상업용 선단을 보유한 유일한 중립 강대국이었다. 유럽 물자의 수급에 어려움을 겪고 있던 영국령 및 프랑스령 앤틸리스제도는 미국 식량 시장에 눈길을 돌렸다. 당시 미국이 얼마나 번영했는지 보려면 1789년부터 1810년까지 미국 상선 규모가 20만2천 톤에서 142만5천 톤으로 증가했으며, 이 선박 모두가 미국 내에서 건조되었다는 사실을 살펴보면 된다.[8]

식민지 시대 이래 미국은 축적된 기술과 경험, 산업혁명을 동반한 경제발전의 진정한 의미를 깨달은 일부 지도층의 현명함, 그리고 나폴레옹전쟁 시기 축적한 거대 자본을 가지고 있었다. 그러나 이런 요인들만으로 19세기 전반기에 일어난 미국의 변화를 설명하기는 충분치 않다. 아주 오랫동안 미국은 경제발전을 원자재 수출에 의존했다. 실제로 원자재, 즉 목화 수출국으로서 미국은 산업혁명 초기부터 세계적인 위상을 점유하고 있었다. 기본적으로 산업혁명은 18세기 마지막 25년과 19세기의 섬유 업계의 심대한 변화로 인해 일어났다. 섬유가 前자본주의 사회에서 '공이 많이 드는'elaborado

---

8_ "1795년부터 1801년까지 우리 상선의 평균 순 수익은 연 3만2천 달러를 넘는 것으로 추정되는데, 이 수익만으로도 식민지 사람들이 혁명 이전에 소비했던 1인당 수입 재화 이상을 지불할 수 있었다." V. S. Clark, op. cit., p. 237.

주요 가공품이었다는 점을 고려하면 이러한 현상을 설명하기가 쉽다. 섬유 시장은 이미 발전되어 있던 반면, 다른 제조품 시장은 아직 태동 중이었다. 산업혁명 첫 시기의 두 가지 두드러진 특징은 섬유산업에서 제조공정의 기계화와 양모를 대신해 생산 확대가 용이한 면화의 활용이었다.[9] 영국이 기계화 공정을 도입했음에도 불구하고 다음 단계에서는 미국에 의존하게 되었다. 즉 수십 년 내에 전 세계 섬유 공급 구조를 변화시킬 만큼의 막대한 양의 목화를 제공하는 과제가 미국에 부과되었다. 실제로 1780년에서 19세기 중반 사이 영국 공장들의 목화 소비량은 연간 2천 톤에서 25만 톤으로 증가했다. 이러한 막대한 면직물 소비 증가는 자발적인 수요 성장을 반영하지 않은 것이다. 첫 단계에서 소비 증가는 무엇보다 가내 공업에 기반을 둔 현지 제조공정과의 거센 경쟁을 통해, 그리고 다른 섬유 소비의 상대적인 축소를 통해 이루어졌다. 이러한 경쟁의 주요 수단은 가격인하였다. 18세기 마지막 10년과 20세기 중반까지 영국의 면직물 생산가격은 3분의 2로 줄어들었다.[10] 이러한 가

9_ 산업혁명의 이러한 두 측면은 어느 정도는 분리될 수 없는 것이었다. 왜냐하면 목화 수입 자체가 노동 방식의 변화를 가능하게 했기 때문이다. "목화 산업은 특별히 실험 분야에 아주 잘 맞았다. 방적 기계 문제와 관련해 목화 산업은 발명가들에게 특별히 유리한 조건을 제공했다. 양모보다 덜 신축적이고, 응집력이 더 큰 면섬유를 긴 실로 꼬고 펴기가 더 쉬웠던 것이다." Paul Mantoux. *Industrial Revolution in the Eighteenth Century*, Londres, 1928, p. 213.

10_ 1790-1890년과 1840-1850년 사이 영국 면직물 평균 가격은 5분의 1로 줄어들었다. 그러나 첫 번째 시기에 비정상적인 시장 조건으로 인한 가격 상승이 있었다는 점을 감안한다면 가격인하는 장기적으로 볼 때 3분의 2 수준이었으리라 추정한다. 이와 관련한 기본 데이터는 W. W. Rostow, *The Process of Economic Growth*, Apendice II, Oxford, 1953 참조.

격 하락은 대부분 목화 가격인하 때문이었는데, 이는 대규모 목화 생산에 유리한 미국 내 상황들 덕분에 가능했다.[11]

미국 총수출액의 절반 이상을 차지한 목화는 19세기 전반기 미국의 경제발전에서 가장 중요하고 역동적인 요소였다. 앨라배마, 미시시피, 루이지애나, 아칸소, 플로리다의 풍부하고 비옥한 토지에서 브라질의 커피와 비교적 동일한 방법으로 목화 재배가 이루어졌다. 조방적 농업 방식은 언제나 새로운 땅을 찾게 만들었고, 내륙지방으로 침투하게 만들었다. 남부로부터 확산된 이런 농경 시스템으로 인해 미국 중서부로 침투해 들어가는 대규모 유럽 이민이 발생했는데, 이들은 거대한 강을 따라 북아메리카 대륙의 심장을 향해 전진하며 남부 시장들과 연결되었다.

항구를 개방했던 브라질의 경우처럼 19세기 초반에 미국의 대영국 무역수지는 적자 기조였다. 그러나 이러한 적자는 브라질의 경우처럼 환율에 부담을 주고 통화가치를 끌어내리는 대신 중앙정부와 지방정부의 채권으로 전환되어 중장기적 부채로 변화하는 경향을 보였다. 국가 발전을 위해 근본적으로 중요한 자본흐름이 거의 자동적으로 형성된 것이다. 이는 해밀턴이 입안했던 국가 금융정책과 경제 인프라를 구축하고 기초 경제활동을 직접 장려하는 과정에

11_ 1812-1830년 사이의 기간과 관련된 이 문제를 연구하면서 로스토는 "N° 100 방적사 가격 하락 원인의 3분의 2는 원자재 가격 하락에 있었다. …… 가격 하락에 있어서 원자재 가격은 비싼 것보다 싼 가격의 방적사에 비례적으로 더 큰 영향을 끼쳤다. 앨라배마N° 40 방적사는 71퍼센트인 반면, N° 250 방적사는 5퍼센트에 그쳤다"라고 지적하고 있다. W. W. Rostow, op. cit., pp. 203-204.

서 초기 연방정부 그리고 이후의 지방정부의 선구자적 활동 덕분에 가능했다.[12]

12_ 19세기 전반기 국가의 활동은 미국 발전에 있어 근본적이었다. 경제 분야에 대한 국가의 불간섭 이념이 우위를 차지한 시기는 대규모 사업의 영향이 상당히 커진 19세기 후반이었다.

19세기 전반기의
장기적인 소득 하락

19세기 전반기 브라질 경제발전의 기본 조건은 수출 확대였다. 이 시기 수입 능력 확대에 대한 지원 없이 산업화를 장려하려는 시도는 기술적 근간이 전혀 없는 국가가 불가능한 일을 시도하는 것과 같았다. 동 주어웅 6세 시대에는 제철 산업을 육성하려고 했으나 실패했다. 그 이유는 국가의 보호가 부족해서가 아니라, 어떤 산업도 자체적으로 시장을 형성하지 못했던 데다 실질적으로 제철 시장이 거의 존재하지 않았기 때문이었다. 작은 브라질 소비시장은 광산업의 침체로 쇠퇴일로에 있었으며, 복잡한 상업 조직 형태를 띠며 여러 지방으로 확산되어 갔다. 산업화는 유일하게 확대되고 있던 섬유 시장의 경우처럼 노예 노동력을 포함한 어느 정도 규모 있는 시장을 갖춘 상품부터 시작되어야 했다. 그러나 이미 언급한 바와 같이 영국의 섬유 가격이 크게 하락했기 때문에 작게나마 브라질에 존재하고 있던 섬유 가내공업은 그 존립 자체가 어려워졌다. 가격이 크게 떨어져 그 어떤 산업도 관세만으로 실질적인 보호가 어려워 수입 쿼터를 설정해야 했다. 그렇지만 가격이 크게 떨어진 상품의 국내 유입을 제한하는 것은 큰 어려움을 겪고 있던 시기에 실질국민소득을 줄이는 것이나 다름없었다. 더군다나 영국인들이 가능한 모든 수단과 방법을 동원해 기계 수출을 방해해 브라질은 근대산업을 구축하는 데 심각한 난관에 봉착했다.[1]

거대한 노예 농업에 기반을 둔 지주계급이 이끄는 국가에서 현명한 산업화 정책이 실현될 수 없으리라는 생각을 배제하더라도, 산업화 정책이 성공하기 위한 첫 번째 조건이 확고하고 광범위한 수출 확대라는 점을 인정할 필요가 있다. 19세기 전반기 브라질 경제 발전이 크게 지체된 주요 원인은 수출 정체였다. 이 시기에 파운드로 환산한 브라질의 연평균 수출 성장률은 0.8퍼센트[2]를 넘지 못한 반면, 인구는 연평균 약 1.3퍼센트[3] 증가했다. 이 시기의 수출 증가

1_ "영국 정부는 새로운 기계, 또는 기계에 대한 실질적인 지식이 영국에서 벗어나지 못하도록 하는 모든 조치를 취했으며, 영국 에이전트들은 그러한 기계를 미국에서 발견하면 다시 영국으로 되돌려 보냈다." V. S. Clark, op. cit., p. 533. 미국 섬유산업의 기계화는 주로 미국에서 생산된 기계로 이루어졌는데, 이는 영국 당국의 통제를 피해 이주한 영국 전문 기술자들의 협력 덕분에 가능했다. 시장이 급속히 팽창하던 경제에서 큰 수익을 올릴 가능성은 상당한 위험을 감수할 만했다.

2_ 시몽셍이 밝힌 자료에 근거하면 1800년 수출은 4백만 파운드로 추정된다. 1849-1850년 사이의 수출액은 593만2천 파운드였다(op. cit.). *Anuário Estatístico do Brasil*, 1939-1940, p. 358. 1821년 이후의 브라질 대외무역과 관련한 데이터는 동일한 자료를 바탕으로 했다.

는 주로 리우데자네이루 시 주변 지역에서 생산된 커피에 힘입은 바 컸기 때문에 0.8퍼센트라는 성장률로는 브라질에 무슨 일이 일어났는지 짐작하기 어렵다. 커피를 제외하면 1850년의 수출액은 아마 19세기 초반보다 적었을 것이다. 주요 품목의 수출 통계(1821년부터 가능)는 이 문제를 보다 명확하게 보여 준다. 1821~1830년과 1841~1850년 사이 파운드로 환산한 설탕 수출액은 24퍼센트 늘어났는데, 이는 연평균으로 환산하면 1.1퍼센트 증가한 것이었다. 반면 목화 수출액은 절반으로 줄었으며, 가죽 수출 역시 12퍼센트 감소했고, 담배 수출은 제자리걸음을 면치 못했다. 이들 품목 가운데서 유일하게 담배 가격만이 안정적이었다. 설탕은 수출량이 두 배 늘었지만, 금액 면으로는 24퍼센트 증가에 그쳤다. 목화의 수출량은 10퍼센트 줄어들었지만 금액 면으로는 그 절반에 그쳤으며, 가죽은 수출량이 두 배 이상 늘었지만 금액으로는 12퍼센트 줄었다.

위에서 지적한 가격 하락은 수입가격이 하락하더라도 실제 수출 금액은 유지될 수 있기 때문에 그 자체만으로 모든 것을 파악할 수는 없다. 오직 교역조건지수índice dos termos do intercâmbio, 즉 수입가격과 수출가격 간의 관계를 통해 브라질 경제 생산성에서 가격 변화가 어떤 효과를 가져왔는지를 명확하게 알 수 있다. 여기서 확인해 보고자 하는 기간의 교역조건지수는 간접적이기는 하지만 어느 정도 사실에 근접하게 작성할 수 있다. 1821~1830년과 1841~1950

3_ 1.3퍼센트 성장률은 1808년 인구(4백만)와 1850년 인구(7백만)의 비교에 근거한 것이다. 19세기 브라질 인구 추정에 대해서는 *Anuário Estatístico do Brasil*, cit., p. 1293 참조.

년 사이의 브라질 수출가격은 약 40퍼센트 하락했다. 수입의 경우 영국 수출가격지수indice de preços das exportações가 좋은 예를 보여 주는데, 두 기간 동안 이 지수는 매우 안정적이었다.[4] 그러므로 교역 조건지수는 약 40퍼센트 하락했다고 볼 수 있다. 이는 수출로 야기된 실질소득이 수출량보다 40퍼센트 덜 성장했다는 의미이다. 연간 평균 수출 금액이 390만 파운드에서 547만 파운드로 증가함에 따라 수출로 인해 창출된 실질소득은 같은 비율로 증가한 반면, 이 분야의 생산 노력은 약 두 배 정도 들었을 것으로 유추할 수 있다.

앞에서 언급한 데이터를 보면 1인당 실질소득이 19세기 전반기에 상당히 하락했다는 것을 어느 정도 확실히 알 수 있다. 수출 분야의 상대적인 중요성이 감소할 경우 소득수준을 유지하기 위해서는 당연히 변화가 필요했으나 실제로는 그러한 변화가 일어나지 않았다. 실질적으로는 대외무역과 관련되지 않은 분야에서의 큰 발전으로 상대적인 수출 하락이 상쇄되었을 것이다. 대외무역과 연결되지 않은 활동은 일반적으로 도시 지역의 산업 및 서비스업이지만 브라질의 도시화가 이 기간에 급속히 진행되었다는 흔적은 전혀 찾아볼 수 없다. [5] 아마 15장에서 언급했던 자급자족과 관련된 식량 분야가 가장 가능성이 높은 분야다. 수출 분야와 비교해 생산성이

4_ W. W. Rostow, op. cit., Apendice III.

5_ 당시 브라질에서 가장 번성한 도시였던 리우데자네이루 시의 인구는 표면상으로는 브라질 전체 인구증가율과 같이 연 1.3퍼센트 증가했다. 리우데자네이루 시 인구 추정에 대해서는 *Anuário Estatístico*, op. cit., p. 1294 참조.

매우 낮은 자급 경제였기 때문에 수출 분야가 정체되고 있던 시기에 식량 분야의 상대적인 중요성이 커지고, 이는 전체 인구 1인당 소득 감소로 이어졌을 것이다. 이에 따라 18세기 말에 2파운드였던 자유민의 1인당 수출 금액은 19세기 전반기에는 1파운드를 약간 넘었다. 국내 생산에서 수출이 차지하는 비중이 6분의 1 수준으로 크게 줄었다는 사실을 감안한다 해도(18세기 말에는 4분의 1이었을 가능성이 있다) 자유민의 1인당 평균 소득[6]은 현재 구매 가치로 50달러에서 43달러로 줄었을 것이다. 이 계산에 오류가 있다 하더라도 어느 정도는 확실하다고 할 수 있는 점은 19세기 전반기에 걸쳐 소득이 하락세를 보였기 때문이다. 또한 브라질 여러 지역을 하나의 전체로 본다면 이 시기의 1인당 소득은 식민지 시기 어느 때보다 낮았을 가능성이 크다.

6_ 1850년 인구는 1인당 소득 계산에 포함되지 않는 2백만 명의 노예를 포함해서 총 7백만 명으로 가정한다.

커피 경제의 탄생

　19세기 중반 브라질 경제를 연구한 연구자가 이후 50년 동안 진행된 변화의 규모를 이해하기란 쉽지 않았을 것이다. 19세기의 4분의 3(75년)이 흐르는 동안 브라질 경제는 정체하거나 쇠퇴했다. 18세기의 75년 동안 인구는 이민에 힘입어 빠르게 증가했으나 이후에는 그 증가율이 둔화되었다. 마라녀웅에서처럼 경제성장은 브라질 전체에 영향을 끼치기보다는 국지적인 효과에 그쳤다. 이 어려운 시기의 성과는 국가의 통합을 유지하는 것 이외에 조야한 행정체제, 국영은행 설립, 그리고 일부 정부 프로젝트 등이 고작이었다. 산업혁명으로 탄생한 새로운 기술은 브라질에 거의 유입되지 못했으며, 유입되었다 해도 생산 시스템 구조에 영향을 미치지 못하는 소비재나 서비스 형태였다. 국가의 기본적인 문제, 즉 브라질 노동력의 확대 문제는 말 그대로 정체 상태였다. 어떠한 해결책도 보이지 않는 가운데 전통적인 아프리카 노동력의 공급이 중단되어 있었다.

오늘날의 연구자에게는 브라질이 이 정체기를 극복하기 위해서는 다시 국제무역을 확대하는 방향으로 정책을 전환할 필요성이 명백해 보일 것이다. 19세기에 자체 기술도, 실질적으로 새로운 활동에 투입할 수 있는 자본도 없는 국가가 발전을 꾀할 유일한 출구는 국제무역이었다. 내수 시장을 근간으로 하는 발전은 경제체제가 기술적 자립도를 갖고 어느 정도 복잡한 수준에 도달했을 때만 가능하다. 이미 앞에서 19세기 전반기 미국의 발전에서 수출 역동성의 중요성을 강조한 바 있다. 정체된 브라질 경제는 외국자본의 유입에 의존하는 것 역시 불가능했을 것이다. 19세기 전반기에 맺은 얼마 안 되는 해외 차관 계약은 목적이 비생산적이었을 뿐만 아니라 이미 열악한 상황이었던 브라질의 국고 상황을 더욱 악화시켰다. 수출이 정체되고, 정부가 수입세를 늘릴 수 없게 되자 외채 상환에 따른 재정적 어려움은 더욱 심화되었으며 이는 다시 공공 대출crédito público의 축소로 나타났다. 19세기 자본유입은 주로 간접투자를 겨냥한 것이었는데, 자본시장에서 자금을 조달하기 위해서는 매력적인 전망을 갖고 있는 프로젝트를 제시하거나 필요한 만큼의 신용을 가진 사람이 서명한 이자 보증서를 제출해야 했다. 경제가 정체된 상황에서 브라질이 매력적인 프로젝트를 제시할 가능성이 실제로는 거의 없었을 것이다. 게다가 경제 쇠퇴로 징세 능력이 줄어든 정부가 어떤 신용을 보유할 수 있었을까? 외국자본을 유치하기 위해서는 브라질 경제가 먼저 자체적인 노력으로 성장을 재개해야 했다.[1]

19세기 중반 전통적인 브라질 수출이 새로운 발전기를 맞이하기 위해 필요한 역동성을 다시 회복할 가능성은 요원했다. 이미 언급했듯 각각의 상품 가격이 하락세를 보였으며, 설탕 시장은 점점 더 전망이 나빠졌다. 나폴레옹전쟁 시기에 유럽 대륙에서 생산이 늘어난 사탕무가 전통적인 수입 시장에서 확실한 기득권을 쥐고 있었다. 영국 시장에는 앤틸리스제도산 설탕이 계속 공급되고 있었다. 가장 빠르게 팽창하는 수입 시장이었던 미국의 경우 1803년 프랑스로부터 매입한 루이지애나 지역에서 설탕 생산이 크게 증가했다. 마지막으로 설탕 시장에 거의 매일 눈에 띄게 팽창해 가는 새로운 공급자, 즉 쿠바가 출현했다는 점에 주목할 필요가 있다. 미국까지의 선적 비용이 매우 낮다는 이점을 갖고 있던 쿠바는 스페인 식민지였기에 '모든 선린 국가들'에게 자신의 항구를 개방하며 북미 시장의 주요 공급자가 되었다. 18세기 말 2만 톤에 불과했던 쿠바의 설탕 수출량은 19세기 중반에는 이미 30만 톤[2]을 넘었는데, 이는

1_ 노예무역을 지속함으로써 생긴 영국 정부와의 분쟁 때문에 19세기 전반기에 영국 자본이 브라질로 유입되지 않았다는 생각은 큰 근거가 없는 듯하다. 영국 정부와의 나쁜 관계는 노예무역이 중지된 이후에도 수년 동안 계속되었으나, 상당한 규모의 자본흐름이 발생하는 것을 방해하지는 않았다. 1863년 영국 정부가 사소한 이유로 리우데자네이루 항구를 봉쇄하고, 브라질 제국 정부를 위협하고 굴복시킬 목적으로 여러 척의 브라질 선박을 나포했을 때, 브라질과 이해관계가 있는 금융 그룹이 주도하는 거센 항의 움직임이 영국에서 발생했다. 1863년 2월 12일자 『데일리뉴스』(Daily News)의 기사를 보자. "자신의 정부가 발 아래에서 터질지도 모를 이러한 지뢰를 심는다면 우리 가운데 누가 …… 브라질이나 다른 나라와 안전하게 무역을 할 수 있으며, 브라질이나 다른 나라의 외채를 살 수 있으며, 자신의 돈을 방어력 없는 작은 국가의 철도 주식에 신중하게 투자할 수 있겠는가……" A. K. Manchester, op. cit., p. 283.

당시 브라질 판매량의 세 배였다.

19세기 초 브라질의 제2대 수출 품목 가운데 하나였던 목화의 상황은 설탕보다 더욱 나빴다. 영국이라는 거대한 수입 시장의 이해관계 안으로 들어간 미국산 목화는 빠르게 성장하는 미국 내 수요와[3] 상대적으로 낮은 운송 비용이라는 이점을 누리고 있었다. 비교적 풍부한 노동력과 최상의 토지(파괴적 형태로 사용되었다)를 갖춘 노예제도하에서 생산된 미국의 목화는 목화 시장을 완전히 지배하고 있었다. 매우 높은 가격에 판매되던 시기에 목화 생산은 브라질 일부 지역들, 특히 마라녀웅에서 수익성이 높은 사업이었다. 그러나 목화가 미국에서 대규모로 생산되기 시작되고, 세계무역의 주요 원자재가 되면서 목화 가격은 3분의 1 수준 이하로 떨어졌다. 약간의 변동은 있었지만 1830년대부터 이 수준에서 목화 가격이 계속 유지되었다. 이러한 낮은 가격수준으로 브라질 목화 산업의 수익성이 크게 떨어지면서 목화 생산 지역에서 목화는 그저 자급자족경제의 보조 작물로만 생산되었다. 19세기 브라질에서 목화 경제가 새로운 번영의 시기를 맞이한 것은 남북전쟁으로 인해 세계시장에서 미국산 목화가 일시적으로 사라진 뒤였다.[4]

2_ 쿠바 수출 자료에 대해서는 Ramiro Guerra Y Sánchez, op. cit., Apendice II.

3_ 미국 내 목화 소비량은 1804~1814년에 연평균 3,250만 파운드였다가 1844~1854년에는 2억3,900만 파운드로 증가했다. 영국에서는 1811~1819년 8,900만 파운드였다가 1845~1854년에는 6억4천만 파운드로 늘었다. W. W. Rostow, op. cit., Apendice I.

4_ 미국 목화와 경쟁하는 어려움은 브라질만 겪은 게 아니었다. 미국 목화 공급에 지나치게 의존될 것을 우려했던 영국 정부는 영국 제국 내에서 목화 생산을 발전시킬 가능성을 연

담배, 가죽, 쌀, 코코아는 시장이 크게 팽창할 가능성이 없는 비주류 상품이었다. 가죽 및 피혁 시장에서는 라플라타강 지역의 생산품이 점점 더 그 영향력을 키워 갔고, 쌀 시장에서는 재배 방법이 근본적으로 변화한 미국의 영향력이 커졌다. 담배는 노예무역의 종식으로 아프리카 시장을 잃어 다른 판매 시장이 필요했다. 소비가 일반화되기 시작한 코코아는 아직은 미래의 희망 작물이었다. 브라질이 마주친 문제는 생산의 기본 요소가 '토지'인 수출 작물을 찾는 것이었다. 실제로 토지는 브라질이 풍부하게 보유한 유일한 생산요소였다. 당시 브라질에는 자본이 실질적으로 존재하지 않았으며, 노동력은 기본적으로 200만 명 조금 넘는 노예들로 구성되어 있었다. 이 노예들의 상당수는 설탕 산업에 계속 동원되거나 가사 노동을 했다.

그렇지만 19세기 중반에 들어서자 상대적으로 우위를 지닌 새로운 작물이 나타났다. 새로운 작물의 특징은 브라질의 생태학적 조건에 부응한다는 것이었다. 바로 커피였다. 18세기 초부터 브라질에 도입되어 국내 소비 목적으로 전국에서 재배되던 커피는 18세기 말 또 다른 주요 생산지인 프랑스령 아이티가 붕괴해 커피 가격이 상승하면서 교역 작물로서 중요성을 갖게 되었다. 1822년 브라질 독립 이후 첫 10년 동안 커피는 이미 수출의 18퍼센트를 차지하며 설탕과 목화에 이어 세 번째 높은 위치를 차지하고 있었다. 그다음 20년 동안 커피는 수출액의 40퍼센트 이상을 차지하며 제1의

구하는 위원회를 하나 이상 설치했으나 결과는 그리 좋지 않았다고 알려져 있다.

수출 품목으로 부상했다. 이미 보았듯이 19세기 전반기에 걸쳐 발생한 브라질의 수출 증가는 커피와 밀접하게 연관되어 있다.

커피가 주요 수출 상품이 되면서 브라질 수도인 리우데자네이루 근처의 산악지대를 중심으로 커피 재배가 확대되었다. 이 산악지대 부근에는 광업 경제가 해체되어 남은 상대적으로 풍부한 노동력이 있었다. 또한 항구가 인접하고 노새가 풍부해 수송 문제가 없었다. 이렇게 해서 첫 번째 커피 생산 확장은 브라질 내 이미 존재했으나 활용되지 않았던 자원을 사용함으로써 이루어졌다. 1790년대부터 커피 가격이 상승하자 아메리카와 아시아 여러 지역에서 커피 생산이 확대되었다. 그 때문에 1830년대와 1840년대에 커피 가격이 떨어졌으나 브라질 생산자들은 낙담하지 않고 광업 경제가 쇠퇴한 뒤 반쯤 사용하지 않던 자원을 활용할 기회를 찾았다. 실제 1821~1830년과 1841~1850년 사이 평균 커피 가격은 약 40퍼센트 정도 하락했지만, 커피 수출량은 다섯 배 늘었다.

19세기의 두 번째 25년, 특히 세 번째 25년은 기본적으로 커피 경제 태동기라고 할 수 있다. 커피 기업은 노예 노동력을 집약적으로 이용했다. 이는 사탕수수 경제와 유사했으나 토지라는 또 다른 요소에 매우 의존적이었기에 사탕수수 경제보다는 자본 투입률이 훨씬 낮았다. 커피 농장의 자본 역시 고정적(커피 밭은 지속적인 재배 형태이다)이었으며, 장비도 단순하고 대부분 브라질 현지에서 생산된 것이어서 화폐적인 재투자의 필요성이 덜했다. 노예노동을 기반으로 이루어진 커피 기업의 화폐 비용은 설탕 기업보다 훨씬 적었다. 토지가 풍부할 경우 급격한 노동비용 증가만이 커피 산업의 성장을 방해하는 요소였다. 커피 경제는 첫 번째 시기에 옛 광산 지역에서 활용되지 않고 있던 노동력을 이용했기에 커피 가격이 좋지 않았음에도 불구하고 크게 발전했다. 19세기의 세 번째 25년 동안 커피 가격은 다시 크게 회복된 반면, 설탕 가격은 계속 하락했다. 그 결과 이는 북부 지방의 노동력을 남부 지방으로 이전시키는 강한 압력으로 작용했다.

커피 경제 태동기는 향후 브라질 경제발전에서 중요한 역할을 담당하게 되는 새로운 기업가 계급이 형성되는 시기와 일치한다. 이 기업가 계급은 초기에는 그 지역 출신들로만 형성되었다. 리우데자네이루 시는 브라질의 주요 소비시장이었으나 시민들의 소비 습관은 포르투갈 왕실이 천도한 이후부터 크게 바뀌었다. 리우데자네이루 시장에 대한 공급 활동이 광산업 팽창으로 형성된 미나스제라이스 지방의 남부에 자리 잡은 농촌 정착민의 주요한 경제활동이 되었다. 식량 및 수송용 가축 거래가 이 지역에서의 중요한 경제활동이었으며, 이러한 경제활동에 힘입어 현지의 상인 그룹이 형성되었다. 식량과 커피 거래 및 수송에서 어느 정도 자산을 축적한 많은 상인들이 커피 생산에 관심을 갖기 시작하면서 커피 산업의 팽창을 이끌었다.

사탕수수 경제와 커피 경제를 주도하는 계층이 형성된 과정을 비교해 보면 몇 가지 근본적인 차이가 있다는 것을 쉽게 알 수 있다. 사탕수수 경제의 지배계급 형성기에는 포르투갈이나 네덜란드에 거주하고 있던 그룹이 설탕 교역을 독점했다. 생산과 거래가 완전히 분리되어 있어 생산을 담당하는 사람들은 설탕 경제를 전체적으로 조망하는 시각이 부족했다. 모든 기본적인 결정은 거래 단계에서 내려졌다. 설탕 생산을 주도했던 계급은 자신들의 이해관계에 대한 명확한 인식을 발전시키지 못했고, 시간이 지남에 따라 진정한 경제적 기능을 상실했으며, 경영 활동은 농장 관리인 및 다른 고용인들을 통한 단순한 반복 작업에 그쳤다. 설탕 생산업자들은 작은 농촌에 갇힌 게으른 지주계급으로 변해 갔고 이들의 후손 역시 20세기 북동부 사회학자들의 글에 자주 등장하는 순박한 가장patricarca bonachão이 되어 버린 것이 금세 이해된다. 포르투갈로부터의 독립은 근본적인 변화를 불러오지 않았다. 생산단계가 여전히 고립된 데다 완전한 시골(농촌) 정신을 가진 사람들에 의해 관리되었기 때문이다. 그 결과 영국인들의 이해가 북동부 설탕 지역에서의 상업 활동을 완전히 지배하게 되었다. 포르투갈 그룹이 쇠약해지자 쉽게 채울 수 있는 공백이 생겨났던 것이다.

커피 경제는 완전히 다른 조건에서 형성되었다. 처음부터 비즈니스 경험을 가진 사람들이 주도했고, 태동 단계에서부터 생산과 거래의 이해가 서로 얽혀 있었다. 새로운 지배계층은 토지 획득, 노동력 확보, 생산 조직 및 관리, 국내 수송, 항구에서의 마케팅, 공무원들과 공적 관계, 경제 및 금융 정책에 참여 등 광범위한 분야에서의 투쟁을 통해 형성되었다. 수도인 리우데자네이루와 가깝다는 것은 커피 경제의 지배계층에게 커다란 이점이었다. 처음부터 그들은 경제활동 수단으로서 정부가 매우 중요하다는 것을 이해했다. 정치기구를 경제 그룹의 이해에 종속시키려는 경향은 공화국이 선포되던 시기 주州가 자치권을 가지게 되면서 정점에 달했다. 중앙정부는 다양한 이해관계에 종속되어 있었고, 지방의 요구에 즉시 그리고 효과적으로 응했다. 권력의 지방 분산으로 정치-행정 기구와 커피 경제를 지배했던 그룹과의 완전한 통합이 가능해졌다. 그러나 이런 커피 사업가들을 특별하게 만든 것은 그들이 단순히 정부를 통제하는 것이 아니라, 완벽하게 수립된 정책을 통해 목적을 달성하려 이러한 통제 전략을 구사했다는 점이다. 이들이 그 이전이나 동시대의 다른 지배 그룹과 다른 점은 자신들에게 이익이 되는 것이 무엇인지를 확실하게 인식하고 있었다는 것이다.

19세기의 3분기가 저물어 가며 브라질 경제 문제의 세부 사항들이 근본적으로 변화했다. 팽창하고 있던 세계무역 흐름에 브라질이 재통합할 수 있는 상품이 출현했다. 태동기가 끝나자 커피 경제는 이어지는 전례 없던 팽창에 필요한 재원을 자체적으로 조달할 수 있는 능력을 보유하게 되었고, 이러한 커피 산업 팽창을 주도할 새로운 핵심 지배계급도 형성되었다. 그렇지만 노동력 문제는 여전히 미해결인 채로 남아 있었다.

노동력 문제 1
: 내부의 잠재적 공급 능력

19세기 중엽 브라질 경제의 노동력은 기껏해야 2백만 명이 채 안 되는 노예가 전부였다. 당시 모든 산업은 단기간에 바꿀 수 없는 노동력 확보 문제에 직면하고 있었다. 1872년에 이루어진 첫 번째 인구조사를 보면 그해 브라질에는 노예가 약 150만 명 있었다. 19세기 초 노예 숫자가 백만 명 이상이었고, 19세기 전반기 50년 동안 노예가 50만 명 이상 수입되었을 것으로 가정하면 사망률이 출생률보다 더 높았다는 사실을 유추할 수 있다.[1] 아메리카 대륙에서 노

1_ 브라질의 노예 유입과 관련한 완전한 데이터는 정치적으로 독립을 이룬 시기에도 알려지지 않았다. 특히 북부 지방 항구를 통한 유입 데이터가 불완전하다. 1827년과 1830년 사이 노예무역은 매우 활발했다. 1830년에는 영국과의 협정에 의거해 노예무역이 '종결되어야 했기' 때문이다. 리우데자네이루 항구를 통해 유입된 노예 수는 1828년 4만7천 명, 1829

예제도와 연관된 두 주요 국가인 브라질과 미국에서의 노예 수입 양상이 서로 달랐다는 것은 흥미롭다. 19세기에 이미 두 나라에는 약 100만 명의 노예가 있었다. 19세기 전반기에 브라질로 수입된 노예의 수는 미국보다 약 세 배 이상 많았다. 그럼에도 남북전쟁이 발발했을 때 미국에는 약 4백만 명의 노예 노동력이 있었던 반면, 브라질에는 150만 명뿐이었다. 이러한 현상은 미국 노예 인구의 높은 증가율로 설명할 수 있다. 대부분의 미국 노예들은 '올드 사우스'Old South[남북전쟁 전의 농업 및 노예노동 중심의 미국 남부의 주들]의 비교적 작은 규모의 주에서 살고 있었다. 노예 가격이 지속적으로 상승하자 노예 소유주들은 노예 인구의 자연스러운 증가로 수익을 얻었으며, 남부의 작은 주들에서는 노동조건과 급식이 상대적으로 유리했을 것으로 보인다.[2] 목화 재배가 크게 확대된 미국 남부의 새

년 5만 7천 명을 넘었다가 1830년에 다시 3만 2천 명으로 줄었다. 이는 확실히 비정상적이었다. 왜냐하면 1829-1831년 사이 노예 가격이 절반으로 떨어지며 시장이 크게 불균형해졌기 때문이다. 또 다른 대규모 수입 시기는 노예무역이 완전히 금지된 1851년과 1852년 이전의 시기였다. 실제 1845-1849년의 5년간 수입된 노예 수의 평균은 4만 8천 명이었다. 18세기 전반기에 수입된 노예의 총수가 75만 명(연평균 1만 5천 명) 이하였다는 사실은 받아들이기 쉽지 않지만 백만 명을 크게 넘었을 가능성도 높지 않다. 미국의 경우 1800년에서 1860년 사이 약 32만 명의 노예가 수입되었으나 이들 가운데 약 27만 명은 1808년 노예무역이 금지된 이후에 불법으로 수입된 것이었다. 수입이 가장 많이 이루어진 시기(10년 단위)는 내전 직전이었으며 7만 5천 명을 기록했다(미국 관련 데이터 인용. L. C. Gray, *History of Agriculture in the Southern United States to 1860*, Washington, tomo II, 1933, p. 650).

2 미국 남부 지역의 역사가들은 노예 사육 산업이 세칭 '판매 주들'에서 발전했다는 사실을 언제나 부인하고 있다. 이 문제는 매우 예민한 것으로, 항상 '좋은 의도'가 있었다고 보기는 어렵다. 실제로 효율적인 노예 사육자는 노예들의 삶을 더 '행복하게' 해주던 사람들이었을 것이다. 저명한 미국 역사가의 말을 빌리면 "잘 경영되고 있던 많은 농장들에서 윤리

로운 주들에 노예가 공급되는 문제는 기본적으로 노예제가 운영되고 있던 주에서의 노예 인구 증가에 달려 있었다. 실제로 1820년부터 1860년 사이 노예 판매 주에서 노예 구매 주로 이주한 노예 수는 74만2천 명[3]이었다. 미국에서 태어난 노예들은 문화적으로 대농장이라는 노동 공동체에 통합되어 있었으며, 발육도 더 좋았고 영어도 이미 습득하고 있어 당연히 더 많은 장점을 지니고 있었다.

브라질 노예 인구가 출생률보다 훨씬 높은 사망률을 보였다는 사실은 이들의 삶의 조건이 매우 열악했다는 것을 드러낸다. 설탕(사탕수수) 농장에서 일하는 노예들은 식량이 매우 부족했다. 커피 농장 때문에 남부 지방에서 노예 수요가 커지자 국내에서의 노예 거래, 즉 이미 수익성이 줄어든 지역에서 남부 지방으로의 노예 이주가 늘어났다. 이미 쇠락하고 있던 목화 생산 지역, 특히 마라녀웅과 같은 북부 지역으로부터 남부로의 노동력 이전이 급격히 이루어지며 노동력 부족이 초래되었다. 자본이 좀 더 넉넉한 설탕 생산 지역

적인 문제이기는 하지만 언제나 노예 증가를 장려하는 긍정적인 조치가 있었다. 임신 기간 동안 작업 열외, 출산 후 추가 음식 및 의복 공급, 기타 편의 제공 등과 같은 조치가 주인의 이익과 일치되는 방향에서 강력히 이루어졌다. 일부 농장에서는 여섯 명 이상의 건강한 아이들을 키우는 여자는 모든 노동에서 제외되었다. 또 다른 농장에서는 10명의 자식을 가진 여자는 밭일에서 제외되었다." L. C. Gray, op. cit., tomo II, p. 663. "여기저기서 농장주는 산업적 및 상업적 인종 개량을 위해 결혼을 통제했을 수도 있지만, 상당한 숫자의 농장주들이 노예 숫자를 신속히 늘리려는 시도를 했을 가능성은 거의 없었다." U. B. Phillips, *American Negro Slavery*, Nova York, 1918, p. 362. 어떤 경우에도 노예 가정에 법적 안정을 허용한 주는 없었다. 자식들은 부모와 헤어지고, 부인은 남편과 헤어져 각자 다른 곳으로 팔려 갔다.

3_ L. C. Gray, op. cit., p. 650.

의 사정은 약간 나았다. 게다가 아프리카 노예 공급 축소와 노예 가격 상승으로 노예 노동력이 더욱 가혹하게 이용되었으며 이는 노예 인구의 감소를 부추겼다.

아프리카라는 유일하고 중요한 이민 원천이 사라지자 노동력 문제가 심각해졌고, 이에 대한 해결책이 시급히 요구되었다. 이 문제의 성격을 이해하기 위해서는 당시 브라질 경제의 특징과 브라질 경제가 어떻게 팽창해 왔는가를 살펴볼 필요가 있다. 19세기에 산업화를 이룬 유럽 경제의 성장은 근본적으로 기술 혁명에 근거했다. 새로운 기술이 유입되자 기존의 경제 시스템과 연결되어 있던 분야들이 분리되었다. 이러한 분리가 초기 단계에서 너무 빨리 이루어져, 노동력은 팽창하고 있던 기계화 분야에 인력을 공급하고 임금인상 압력을 강하게 넣을 만큼 충분히 성장할 수 있었다. 또한 전자본주의 시스템의 붕괴로 도시화 과정이 속도를 높였고, 이는 의료 및 사회 지원 서비스를 가능하게 하여 마침내 자연적인 인구 증가를 가속화했다. 18세기 마지막 25년과 20세기 첫 25년 사이 영국에서는 인구 증가가 상당히 이루어졌다.[4] 저명한 학자들의 의견에 의하면 이 기간에 노동자계급의 생활환경이 악화되었다는 점을 부인할 수는 없지만 말이다.

브라질의 경우 성장은 순전히 토지 면적 증가를 초래했다. 더 많은 노동력이 편입함에 따라 가용 생산요소, 즉 토지 사용이 확대되

4_ 이 마지막 문제와 관련해 최근에 이루어진 재평가에 대해서는 E. J. Hobshawn, "The British Standard of Living 1790~1850", *The Economic History Review*, agosto, 1957 참조.

었으므로 모든 경제 문제는 노동력 제공에 달려 있었다. 그렇다면 '계속 확장되고 있던, 매우 넓은 면적에 걸친 자급자족 분야에도 노동력을 제공할 수 있었을까?'라는 질문을 할 수 있다. 이 시기와 그 다음 시기 브라질 경제발전의 성격을 이해하기 위해서는 바로 이 문제를 밝혀야 한다.

자급자족 분야는 브라질 북부 지방부터 최남단까지, 말 그대로 전국적으로 광범위하게 확산되어 있었다. 목축업과 조야한 기술의 농업에 기반을 둔 자급자족 분야의 경제밀도densidade econômica는 최저 수준이었다. 가장 풍부한 생산요소였던 토지는 일부가 집중적으로 소유하고 있었다. 세스마리아sesmaria[5] 제도로 왕실이 독점하고 있던 토지가 왕실의 특혜를 받을 수 있던 사람들에게로 제한적으로나마 이전되었는데, 이것이 문제의 핵심은 아니었다. 토지가 넘쳐나 토지 임대료가 제대로 지급되지 않았기 때문이다. 자급자족경제에서 각 개인 및 가정은 필요한 식량을 스스로 생산해야 했다. 개간된 밭roça은 과거에도 현재에도 자급자족경제의 기본이지만 자급자족경제에 속한 사람이 밭에만 매달려 살지는 않는다. 개인은 대부분의 경우 목축 집단인 좀 더 큰 경제 집단과 연결되어 있는데, 이 경제 집단의 수장이 토지의 주인으로 토지 내에 밭을 소유하고 있다. 이 집단 내에서 개인은 경제적 성격이든 아니든 여러 형태의 역할을 수행하고, 최소한의 금전적 지출을 감당할 수 있을 정도의 소

5_ 포르투갈 정부는 브라질로 이주하는 사람들에게 '세스마리아'라는 토지 개발권을 부여하며 이주를 촉진하고 식민지 개척을 종용했다._옮긴이 주

액만 받는다. 밭 차원에서 볼 때 이러한 시스템은 전적으로 자급자족적 성격을 띤다. 더 큰 단위에서는 이 성격이 혼합적으로 나타나는데, 지역마다 화폐의 중요성은 다르며 같은 지역에서도 매년 다르게 나타난다.

토지가 넘쳐남에 따라 자급자족 시스템은 당연히 성장하려는 경향을 보였고, 이 성장에서는 종종 화폐의 중요성이 축소되었다. 경작하는 사람이 보유한 자본은 극히 최소한도였으며, 새로 토지를 확장하기 위해 사용하는 수단은 원시적이었다. 그룹으로 모여 큰 나무들을 베고, 이어 유일한 수단인 불을 놓아 경작지를 정리한다. 이어 베어 버린 나무들과 불에 타지 않은 그루터기 사이사이에 작물을 심는다. 이러한 영농 방법은 한 가정의 식량을 해결한다는 협의의 목적에는 충분했다. 까보끌루caboclo[백인과 인디오 원주민의 혼혈]는 자급자족경제의 부산물이지만, 브라질에서는 이러한 원시적 영농 방법이 까보끌루의 관습이라는 주장이 쉽게 제기되고 있다. 발전한 농업 기술을 보유하고 있더라도 자급 경제에 종사하는 사람은 자신의 노동으로 만든 상품에 경제적 가치가 없어 그 기술을 포기해야 했을 것이다. 실제로 이러한 농부들로부터 노동조직 형태 및 생산기술의 퇴보가 까보끌루로 이어졌다.[6]

6_ 20세기 초 브라질 경제의 다양한 측면을 날카롭게 관찰한 피에르 드니스는 브라질 정부가 높은 비용과 보조금으로 설립한 유럽인들의 식민촌에 대해 다음과 같이 언급했다. "농업에 관해서, 그들은 까보끌루, 즉 브라질 원주민 노동자의 관습을 차용했다. 식민촌 지도자는 이들이 부패하게끔 내버려 두었다고 내게 말했다." Pierre Denis, *Le Brésil au XXe siècle*, 7ª edição, Paris, 1928, p. 223.

자급자족경제의 가장 중요한 경제단위가 밭이라 하더라도, 사회적으로 볼 때 가장 의미 있는 단위는 토지 지주가 지도자로 있는 경제단위이다. 이 지주에게 기본적으로 중요한 것은 최대한 많은 사람들이 스스로 생존을 해결하며 자신이 소유한 토지에 거주하는 것이다. 이에 따라 지주는 적절한 시기에 필요한 노동력을 구할 수 있었다. 게다가 지역 조건에 따라 지주 개개인의 명성은 어느 순간이든, 어떠한 목적에든 자신이 동원할 수 있는 사람들의 숫자에 달려 있었다. 자급자족경제의 경작자는 소유의 개념을 지닌 토지와는 연결되어 있지 않더라도 어느 공동체와 사회적 사슬로 연결되어 있었는데, 이 사회적 그룹 안에서는 공동체 보전을 위해 지도자에 대한 신비로운 충성심이 키워졌다.

미나스제라이스 주의 남부처럼 인구 집중도가 높고, 어느 정도 다양한 특성을 지닌 일부 지역들을 제외한다면 자급자족경제는 일반적으로 광범위하게 퍼져 있어 같은 지역 내 노동력 동원은 상당히 어려운 일이었으며, 동원한다 하더라도 막대한 재원이 요구되었다. 실제 이러한 동원은 대토지 소유 계급의 확실한 협력이 있어야만 가능했다. 그렇지만 경험상 그러한 협력은 매우 어려웠을 것으로 보인다. 모든 것이 삶과 사회 조직, 그리고 정치권력 구조와 연결되어 있기 때문이다.

그러나 생산성이 매우 낮으면서 잠재적 예비 인력으로 상정할 수 있는 노동력이 자급자족경제에만 존재하는 것은 아니었다. 도시 지역에서도 영구적인 일자리를 찾지 못한 대규모 실업 인구가 존재했다. 이 경우 주요 난관은 대농장의 생활 조건과 농경 작업 규율에 적응하는 것이었다. 이러한 도시 실업 인구와 약간 덜하기는 하나 원시적인 자급자족경제권 출신의 노동자가 대농장 생활에 적응하는 데 어려움을 겪으면서 원주민 자유 노동력이 '대규모 경작'grande lavoura에 안 맞는다는 의견이 형성되었다. 그리하여 노동력 문제의 해결이 매우 불투명했던 시기에조차 브라질 내에서는 정부 지원하에 광범위하게 국내 노동력을 확보하려는 인식이 발전하지 않았다.[7] 영국령 및 네덜란드령 서인도 제도의 경우를 본받아 반노예제 도하에 아시아로부터 노동력을 수입하는 방안도 고려되었는데, 실제로 1850년부터 1875년 사이 브라질 내 노동력 부족 문제가 너무나 심각해서 마우아 남작Visconde de Mauá[8] 같은 비전과 경험을 가진 사람조차 이보다 더 좋은 해결책을 떠올리지 못했다.[9]

7_ 브라질에서는 모든 노동력의 국내 이전에 대한 극히 적대적인 태도가 성행했는데, 이는 자신들의 이익이 훼손되리라 여겼던 세력이 지녔던 정치권력을 생각하면 쉽게 이해된다. 캄푸스 살리스(Campos Sales) 정부 시기(1898~1902)에 정부의 재정지원으로 세아라의 주민들을 남부로 이전한다는 계획이 승인되자 이 계획의 실행을 저지하려는 대규모 운동이 벌어졌다.

8_ 브라질 제국 시기의 금융 및 산업 지도자로, 브라질은행을 설립했다._옮긴이 주

9_ Visconde de Mauá, *Autobiografia*, 2ª ed., Rio., 1943, p. 218 e 226.

노동력 문제 2
: 유럽인의 이민

노동력 문제의 해결책으로 유럽으로부터의 이민이 장려되었고, 자발적으로 유럽을 떠나 미국으로 이주하는 거대한 인구 흐름은 브라질이 취해야 할 방향을 보여 주는 것 같았다. 실제로 브라질이 독립하기 전 정부 주도로 유럽 이민자들의 '식민촌'colônia 건설이 시작되었다. 그렇지만 마우아 남작의 말을 빌리면 브라질 재정[1]에 '철퇴를 가하는' 이러한 식민촌 건설은 부족한 노동력 공급 문제를 해결하는 데 아무런 기여도 하지 못한 채 흐지부지되었다. 근본적인 문

1_ Visconde de Mauá, op. cit., p. 218.

제는 영국의 플랜테이션plantation에 해당하는 그랑지 라보우라grande lavoura, 즉 당시 브라질의 대농장에 필요한 노동력을 확보하는 것이었다. 그런데 아메리카 대륙에는 대규모 농장에서 일하기 위해 유럽의 자유노동자가 이민 온 선례가 없었다. 영국인들이 자신들이 지배하고 있던 카리브 지역 대농장에서의 노동력 문제를 해결하려다 부딪친 어려움들은 이미 널리 알려져 있는데, 브라질 수출을 위해 포획된 많은 수의 아프리카인들이 '자유'노동자로 둔갑해 앤틸리스제도로 재수출된 것이 그 예다.[2]

이미 살펴보았듯이 미국에서는 노예 인구의 급격한 증가가 근본적인 해결책이 되었다. 이는 많은 노예들이 대농장에서 일하지 않았기 때문에 가능했다. 유럽인의 미국으로의 이민은 대농장에 노동력을 제공하는 것과는 상관이 없었다. 두 움직임, 즉 대농장의 증가와 유럽 이민 경향은 서로 연계되어 있기는 했지만 실제로는 독립적인 현상이었다. 미국 대농장의 팽창은 유럽 이민의 유입 없이도 일어났을 것이다. 그렇지만 유럽 이민은 목화의 국내 수요를 확대하고 식량 공급 가격을 낮춤으로써 대농장 확대에 추진력을 불어넣었다. 유럽 이민(최소한 19세기 전반기에 발생한 큰 이민)은 대농장 팽

2_ "노예 해방 이후 …… 심각한 노동력 부족 현상이 발생해, 다양한 응급 대책이 부분적으로 내려졌다. 그중 하나가 노예선으로부터 풀려난 흑인을 수입하는 것이었다. 예를 들어 1840년과 1850년 사이 시에라리온으로부터 풀려난 노예 1만4,113명이 수입되었다. 이후에는 트리니다드와 영국령 기아나에 인도에서 채무를 진 노동자(주인에 대한 채무를 상환할 때까지 임시 고용계약을 맺은)들이 대규모로 수입되었다." Sir Alan Pin, *Colonial Agricultural Production*, Oxford, 1946, p. 90.

창이 아니면 설명하기 어렵다. 목화가 큰 부피로 선박 내 많은 공간을 차지하는 제품[3]인 반면, 미국인들이 수입하는 제조품은 밀도가 높았다. 이에 따라 유럽에서 미국으로 돌아갈 때 선박 운임이 하락하는 유리한 상황이 발생했다. 승객 및 화물 운임의 인하로 인해 유럽으로부터 미국으로의 자발적 이민이 크게 증가했다. 그러나 이러한 승객 운임 인하만이 대규모 이민의 요인은 아니었고, 근본적인 요인은 이민자들이 자신의 노동을 상품으로 팔 수 있는 시장의 확대였다. 이는 상당 정도 노예노동에 기반을 둔 남부 지역에서 대농장이 발전한 데 따른 결과였다.

제국 정부가 브라질 여러 지역에 설립한 식민지들은 경제적 토대가 절대로 부족했다. 당시에는 유럽 노동자의 선천적 우월성, 특히 브라질을 식민화한 초기 유럽인들과 인종적으로 다르다는 믿음이 있었다. 정부는 여비와 정착 비용을 지불했으며 정착민들의 일자리 제공을 위해 공공사업을 추진했다. 이러한 사업의 일부는 상당 기간 지체되기도 했다. 막대한 비용이 투입된 후 해당 정착촌이 정착민들에게 넘겨지고 난 뒤 거의 대부분의 정착촌은 쇠퇴해 단순한 자급자족경제로 퇴보하는 경향을 보였다. 대표적인 경우가 히우그랑지두술의 독일인 정착촌이다. 제국 정부는 1824년 서웅레오뽈두São Leopoldo에 첫 정착촌을 건설했다. 내전(1835~1845) 이후 히우그랑지두술 지방정부는 독일인 이민을 다시 받아들이고 장려하기

3_ 목화 외에 부피가 더 큰 상품은 목재로서, 미국의 대 영국 수출에서 매우 중요한 품목이었다.

위해 많은 투자를 했다. 그러나 잉여 생산 상품 시장이 존재하지 않아 화폐 분야가 위축되었고, 노동 분업 시스템은 퇴보했으며, 식민촌은 조잡한 자급자족경제 시스템으로 퇴행하면서 경제생활은 매우 열악해져 갔다. 당시 이 지역을 방문한 유럽 여행자들은 정착민의 원시적 삶에 놀랐으며, 그 원인을 브라질의 부적절한 법령이나 그와 비슷한 다른 이유 때문으로 돌렸다. 이로 인해 유럽에서는 아메리카에서 노예를 착취하는 제국인 브라질로의 이민을 반대하는 여론이 형성되었으며, 결국 1859년 독일의 브라질 이민이 금지되었다.

정착민들이 이민 정책의 일환으로 성공을 거두고, 자발적인 이주를 유도하는 모범 사례가 되려면 즉각적으로 소득이 발생하는 생산 활동에 전념할 필요가 있었을 것이다. 이러한 목표는 두 가지 경우에만 달성할 수 있었다. 즉 정착촌이 수출 품목 생산 라인으로 통합되거나, 브라질 국내시장용 제품 생산 라인에 들어가거나 하는 경우이다. 수출 생산은 정착기의 정착민들이 접근할 수 없는, 대규모 고정자본의 투입이 요구되는 대농장 시스템으로 조직되어 있었다. 어찌되었든 정착민들이 커피를 재배하기로 결정한다면 노예 노동력을 기반으로 한 기업들과 경쟁을 해야 했다. 정부에 커다란 영향력을 행사하고 있던 커피 경제의 지배계층은 대농장의 노동력 문제 해결에 전혀 도움도 안 될뿐더러 커피 시장에서 경쟁 상대가 될 이민자들에 대한 지원에 전혀 관심을 보이지 않았다. 또 다른 한편으로 내수용 생산은 국내시장의 팽창에 달려 있었고, 국내시장의 성장은 수출 경제의 발전이 전제되어야 했다. 수출 문제 해결의 핵심은 노동력 공급이므로, 이 문제는 다시 원점으로 돌아간다.

커피 경제의 지배계층은 제국 정부의 식민 정책이 대규모 농업이 필요로 하는 노동력 문제를 해결하는 데 전혀 도움이 되지 않는다고 인식하고 직접 이 문제를 다루었다. 1852년 거대 커피 생산자인 베르게이루Vergueiro 상원의원은 직접 유럽 노동자들을 계약해 수입하려 했다. 정부로부터 여행 경비 지원금을 확보한 베르게이루 상원의원은 독일 농민 80가구를 리메이라Limeira에 있는 자신의 농장으로 이주시켰다. 이 시도는 다른 사람들의 관심을 불러일으켰고, 1857년까지 주로 독일과 스위스에서 2천 명 이상이 이주하는 계기가 되었다. 베르게이루 상원의원의 의도는 식민 시대 영국인들이 미국 남부로의 이민을 장려하기 위해 도입한 시스템, 즉 이민자가 미래의 노동을 담보로 지원받는 시스템을 브라질에 도입하는 것이었다. 영국 식민지들에서 이민에 필요한 자금은 기업가의 부담이었다. 그러나 브라질의 경우에는 정부가 대부분의 이민 경비를 책임졌다. 이러한 이민 시스템이 영국 식민지에서조차 존재하지 않았던 일종의 임시 노예제도로 얼마나 급속히 퇴보했으리라는 것을 쉽게 알 수 있다. 실질적인 이민 경비는 재정적으로 가장 취약했던 이민자들 스스로 전부 부담했다. 국가는 이민에 대한 재정을 지원했고 정착민은 자신과 가족들의 미래를 저당 잡혔지만, 모든 이익은 농장주에게 돌아갔다. 정착민은 빚을 완전히 갚기 전에는 농장을 떠나지 못한다는 내용의 계약을 강제로 맺어야 했다. 농장주만이 실질적으로 정치권력을 지니고 있었기에 정착민들이 처했던 외부와 격리된 조건하에서 이러한 제도가 어느 정도로 남용되었을지 쉽게 이해할 수 있다. 머지않아 유럽(브라질이라는 노예 착취 국가에 대한 소식은 즉각적으로 관심을 불러일으켰다)에서 반응이 왔다. 1867년 어느 독일인이 브라질의 커피 농장으로 이주한 '정착민'들이 거짓 노예 제도에 종속되어 고통받고 있다는 보고서를 베를린 국제이민소사이어티International Society for Emigration에 보냈다.[4] 브라질이 채택한 이민 방법은 잘못된 것으로 판명되었고, 모든 면에서 이 문제를 재고하는 것이 불가피했다.

1860년대 이후 브라질에서 노동력 공급 문제가 특히 심각해졌다. 커피 가격이 오르자 커피 재배를 확대하는 것은 더욱 매력적인 사업이 되었다. 또한 미국 독립전쟁으로 인해 목화 가격이 크게 오르면서 브라질 북부 지역의 주들은 목화 재배를 늘렸고, 그 결과 남부 지역으로의 노예무역이 더욱 위축되었다.

이러한 일들로 인해 브라질에서는 보다 광범위한 조치가 취해졌다. 먼저 정착민들에 대한 지불 시스템이 변화하기 시작되었다.[5] 처음에 채택된 시스템은 파트너 제도였으나, 이 제도하에서 정착민들은 대지주가 겪는 위험의 절반을 감수해야 했으므로 소득이 늘 불안정했다. 수확량이 줄면 재정 상황이 열악한 탓에 정착민은 빈곤 상태로 떨어질 수 있었다. 1860년대부터는 정착민들이 소득의 상

4_ 이 비판적인 보고서에 대해서는 Pierre Denis, op. cit., pp. 122-125 참조.

5_ 제국 정부의 주도로 식민 정착촌을 형성하러 온 이민자들에 대한 동화작업의 일환으로, 대다수가 단순한 임금노동자임에도 불구하고 농사일을 하러 온 모든 이민자들을 식민인 (colono)이라고 부르게 되었다.

당 부분을 보장받는 혼합 시스템이 도입되었다. 정착민들의 기본 업무는 많은 커피나무를 관리하는 것이었으며 이 업무의 대가로 연간 일정한 액수의 급여를 받았다. 또한 이 급여 외에 수확량에 연동해 추가적인 보수를 받았다.

두 번째로 해결해야 할 과제는 이민 여행 경비의 청산이었다. 정착민들은 자신과 가족의 여행 비용을 변제해야 했으므로 자신의 자유가 미래에 속박되지 않을까 우려했다. 농장주가 이민에 가장 크게 관심을 기울였으므로 이민자의 여행 비용을 부담하는 것이 당연했지만, 해결책을 이런 방향으로 설정하려 했다면 돈 많은 농장주만이 이민을 추진할 수 있었을 것이다. 또 다른 한편으로는 정착민들을 어느 한 농장에만 계속 거주하게 할 수 없었으므로, 일부 농장주들이 다른 농장주들을 위해 일할지도 모를 이민자의 비용을 지불하게 되는 결과를 가져올 수 있었다. 1870년 브라질 제국 정부가 커피 농사에 종사하는 이민자들의 여행 경비를 책임지기 시작하면서 이 문제는 해결되었다. 농장주는 이민자가 일을 하는 첫 해, 즉 일에 익숙해지는 기간 이민자의 생활 비용을 책임지게 되었다. 또한 가족 부양을 위해 일차적으로 필요한 작물을 재배할 땅도 이민자에게 제공해야 했다. 이렇게 해서 이민자는 여행과 정착 비용을 해결하며, 미래 수익에 대한 합리적인 기대를 가질 수 있었다. 이런 일련의 조치들은 아메리카에서 처음 대농장에서 일하는 유럽 이민자들의 대규모 유입을 가능하게 했다.

그러나 이런 모든 조치에도 불구하고 공급 측면에서 유리한 조건이 형성되지 않았다면 이민은 아주 높은 수준을 기록하지 못했을 것이다. 브라질에서 이러한 문제가 유리하게 해결되고 있던 시기에 이탈리아는 정치적으로 통일이 되었고, 이는 이탈리아 반도에 경제적으로 큰 영향을 미쳤다. 발전이 더디고 농업 생산성이 매우 낮았던 이탈리아의 남부 왕국(두 개의 시실리라 불렸다)은 보다 발전된 북부 지역과 경쟁하는 데서 커다란 어려움을 겪고 있었다. 그 결과 남부의 제조업(섬유산업은 상대적으로 높은 발전을 이루고 있었다)이 파괴되어 이로 인해 경기침체가 만성적으로 지속되었다. 토지에 비해 농업 인구가 과잉되어 사회불안이 가중되었고, 결국 이민이 문제에 대한 진정한 해결 방안으로 떠올랐다.

이에 따라 현재의 상파울루 주에서 커피 생산을 확대할 수 있는 대규모 이민자 유입 기반이 구축되었다. 1870년대 상파울루 주에 들어온 유럽 이민자 수는 1만 3천 명이었는데, 1880년대에는 18만 4천 명으로, 1890년대에는 60만 9천 명으로 증가했다. 19세기 마지막 25년 동안 총 이민자 수는 80만 3천 명에 달했는데, 그중 57만 7천 명이 이탈리아 출신이었다.[6]

6_ 이민자 수와 국적에 대해서는 *Anuário Estatístico do Brasil, 1937~1939*, apendice 참조.

노동력 문제 3:
아마존으로의 인구이동

　대규모의 유럽인들이 커피 생산 지역으로 이민한 것 외에 브라질은 1875~1910년 사이 북동부 지역에서 아마존 지역으로의 인구이동이라는 또 다른 대규모 인구이동을 겪었다.

　아마존 경제는 18세기 말 이후 쇠퇴하기 시작했다. 예수회 신부들이 만든 원주민 노동력을 착취하는 정교한 시스템이 무너지자 거대한 아마존 지역은 경제적으로 무기력한 주로 변해 버렸다. 마라녀옹의 변화와 밀접한 수출 농업이 빠라 주의 작은 지역에서 발전했다. 빠라는 퐁발 후작 시대에 설립된 무역회사를 통해 이미 상업적으로는 마라녀옹과 연결되어 있었다. 목화와 쌀 또한 비록 전국적인 규모로 볼 때 의미 있는 수확량을 기록한 적은 없지만 나폴레옹전쟁 때는 번영기를 누렸다. 아마존 만의 경제 기반은 열대우림에서 추출되는 향신료로, 일찍부터 거대한 아마존 지역에 예수회가 침투하는 계기가 되었다. 추출 상품 가운데서는 코코아가 가장 중요한 산물이었으나 생산방식을 감안하면 경제적으로 크게 중요하지는 않았다. 코코아의 연평균 수출량은 1840년대 2,900톤에서 1850년대에는 3,500톤으로 증가했다가 1860년대에는 3,300톤으로 떨어졌다. 여타의 열대우림의 생산품 개발은 언제나 똑같은 어려움을 겪었다. 즉 희박한 인구와 허약한 인디오 원주민 노동력에 기반을 둔 생산방식을 조직화하는 어려움이었다. 고무가 대표적인 사례로, 1820년부터 수출되었다. 고무 수출은 1820년대부터 1840년대까지 연평균 460톤에 머물다 1850년대에는 1,900톤, 1860년대에는 3,700톤으로 늘었다. 이 시기에 고무 가격은 크게 인상되어 톤당 평균 수출가격이 1840년대에는 45파운드였으나 1850년대에는 118파운드, 1860년대에는 125파운드, 1870년대에는 182파운드로 올랐다.[1]

고무는 19세기 말과 20세기 초 세계시장에서 수요가 가장 급속히 늘어난 원자재였다. 섬유산업이 18세기 말의 산업혁명을, 철도건설이 19세기 중엽을 대표했다면, 내연기관을 장착한 자동차산업은 19세기 마지막 10년부터 20세기 첫 30년이라는 긴 기간 선진 경제에서 중요한 역동적 요소였다. 고무는 '추출'extrativo 산품으로, 당시 아마존 만 지역에 고무나무가 집중되어 있었기 때문에 점증하던 세계 수요에 부응하기 위해 생산을 증대하는 데 어려움이 컸다. 아마존에서 추출되는 고무의 생산을 증대할 수 있는 가능성이 별로 없었

1_ *Anário Estatístico do Brasil, 1937-1939*, apendice.

기에 장기적인 해결책이 요구되었다. 고무 원료를 생산하는 나무가 비슷한 기후의 다른 지역에 적응할 수 있다는 사실이 확인되자, 고무나무의 긴 성장 기간을 지원할 수 있는 재원을 갖추고 적절한 노동력을 공급할 수 있는 지역을 중심으로 고무 산업이 발전하게 되었다.

그렇지만 19세기 말 선진국에서 고무 수요가 급증하자 단기적인 해결 방안이 필요했다. 세계 고무 경제의 발전은 두 단계로 나뉘는데, 첫 단계에서는 공급 문제에 일시적으로 대처하는 응급 방안이 강구되었다. 두 번째 단계에서는 공급이 급증하는 세계 수요 팽창에 탄력적으로 대응하며, 합리적인 근거를 가지고 생산되기 시작했다.[2] 첫 번째 고무 경제 단계는 전적으로 아마존 지역에서 발전했으나, 환경으로 인해 어려움이 컸다. 가격은 계속 상승해 1909~1911년 사이 3년간 톤당 가격이 평균 512파운드, 다시 말해 19세기 후반기 가격보다 배 이상 올랐다. 이러한 가격 폭등으로 인해 당시 고무 공급량이 부족했으며, 공급 부족 문제를 해결하기 위해서는 다른 방안을 모색해야 했다. 그러나 제1차 세계대전 이후 극동에서 생산되는 고무가 시장에 규칙적으로 유입되면서 고무 가격은 톤당 100파운드 이하 수준으로 떨어졌다.

아마존 지역의 고무 생산 확대는 커피의 경우보다 더욱 심각한 노동력 부족에 시달렸다. 증산 가능성은 그리 높지 않았지만 브라질산 고무의 수출은 1870년대에 평균 6천 톤에서 1880년대에는 1

2_ 1940년대 고무 경제의 세 번째 단계는 천연고무를 합성고무로 점진적으로 대체하면서 시작되었다.

만1천 톤, 1890년대에는 2만1천 톤, 1900년대에는 3만5천 톤으로 크게 늘어났다. 생산방식을 바꿀 수는 없었으므로 이러한 생산 증대는 전적으로 노동력 투입에 기인한 것이었다. 이 시기 아마존 지역으로 유입된 인구와 관련된 데이터는 부족할 뿐 아니라 남아 있는 자료의 대부분도 북동부 지역 항구의 입출항과 관련된 기록이다. 1872년과 1900년에 실시된 인구조사를 기초로 빠라와 아마존 주의 인구를 비교해 보면 두 주의 인구가 32만9천 명에서 69만5천 명으로 증가했음을 알 수 있다. 이 지역의 위생 상태가 열악하다는 점을 감안해 연간 자연 성장률을 1퍼센트라고 보면, 나중에 현재의 아끄리Acre 주가 되는 지역에 정착한 사람들을 제외하고도 이주 인구는 26만 명에 달했을 것으로 추정된다. 1890년과 1900년의 인구조사를 대조해 보면 전체 이주자 가운데 약 20만 명이 1890년대에 유입되었을 것으로 보인다. 1900년대에도 인구가 동일한 규모로 유입되었다고 가정하면 아마존 지역에 유입된 인구는 50만 명 이하는 아니었을 것이라는 결론을 내릴 수 있다.

이러한 대규모 인구이동은 실질적인 노동력이 이미 19세기 말의 브라질에 축적되어 있었다는 사실을 확실하게 보여 준다. 커피 농업이 직면한 노동력 문제를 유럽 이민자들로 해결하는 것이 불가능했다면 그 대안은 브라질 내에서 찾을 수 있었을 것이다. 표면상 커피 지역으로의 유럽인 이민은 북동부 지역의 초과 인구를 고무 증산에 투입할 수 있도록 했다.

이미 앞에서 지적했듯 북동부 지방의 인구는 식민화가 시작된 첫 세기부터 두 개의 경제 시스템, 즉 설탕과 목축 시스템에 종사하고 있었다. 17세기 하반기부터 시작된 사탕수수 경제의 쇠퇴는 목축 경제 시스템을 점점 더 자급자족경제 시스템으로 변모하도록 이끌었다. 이런 유형의 경제에서 인구는 식량 가용성에 따라 증가하는 경향을 보이며, 식량 가용성은 토지 가용성에 직접적으로 의존한다. 브라질 내 상이한 지역에서 발전한 자급 경제 중심지를 비교해보면 토지 가용성 문제는 매우 의미 있다. 히우그랑지두술, 빠라나Parana, 상따까따리나Santa Catarina에 자리 잡은 유럽 정착민들은 이러한 관점에서 볼 때 특별히 유리한 위치를 점했다. 이들 지역의 비옥하고 풍부한 토지에 힘입어 뒤떨어진 농업 기술에도 불구하고 필요한 정도 이상의 식량을 공급할 수 있었다. 그리하여 조야한 화폐 경제에도 불구하고 이들 지역의 정착촌에서는 인구성장률이 매우 높았으며, 19세기 말과 20세기 초에 이 지역을 방문한 유럽인들은 이러한 높은 인구증가율에 경탄했다. 커피 발전에 힘입은 국내시장의 확대로 예외적인 이익을 얻을 수 있던 시기에 이러한 대규모 인구 정착과 식량 생산의 초과는 브라질 남부 지역의 빠른 발전의 기본적인 요소가 되었다.

한편 광산 경제가 번창했던 브라질 중부 지역은 옥토가 매우 부족했기 때문에 인구가 넓은 지역에 분산되는 경향을 보였다. 이에 따라 커피 농장이 들어서기 훨씬 전에 상파울루 주로 이동하는 이주 흐름이 형성되었다.[3] 또 다른 이주 흐름은 마뚜그로수Mato Grosso 쪽

3_ 급속한 커피 경제 팽창 이전 시기의 옛 광산 지역 출신 인구의 이동 목축에 대해서는 Pierre Monbeig, *Pionniers et Planteurs de São Paulo*, Paris, 1952, pp. 116-120 참조. 이 흥미로운

으로 형성되었다. 처음에는 세칭 미나스 트라이앵글Triângulo Mineiro
이라 불리는, 관개가 잘되는 지역을 이들 이주민이 점령했다. 토지
를 소유하는 것이 주요 관심사였던 일부 정착 지역을 제외하고, 이
주 운동의 선구자들은 언제나 약간의 자본을 지닌 개인들이었다.
이들은 금방 드넓은 토지를 소유하게 되었고, 소유하게 된 토지를
자급자족경제 시스템에 속한 수많은 다른 사람들과 함께 사용했다.

북동부 지역에서는 17세기 이래 이러한 유형의 인구 팽창이 계속
되어 왔다. 19세기 하반기 일부 북동부 지역에서는 토지에 대한 인
구압의 징후가 어느 정도 확실하게 드러났다. 19세기 초반의 목화
재배 발전으로 다양한 경제활동이 발생했고, 이는 인구성장을 촉진
시켰다. 미국의 남북전쟁으로 인해 목화 가격이 크게 오른 1860년
대에 목화 재배 인구가 급증하여 세아라 같은 일부 지역이 처음으
로 번영을 누리게 되었다. 이러한 번영의 물결은 자급자족경제의
구조적인 인구 불균형을 야기했지만 자급자족경제는 언제나 인구
를 그다음 시기에 원상 복귀시켰다. 이러한 구조적 문제는 1877~
1880년에 걸친 긴 가뭄 때문에 극히 심한 어려움을 겪었다. 이 시
기 거의 모든 지역에서는 양 떼가 사라졌고, 인구도 10~20만 명 정
도 줄어들었다. 지원을 받은 가뭄 피해자들은 브라질의 다른 지역,
특히 아마존 지역으로 이주했다. 가뭄으로 해안 도시에 인구가 집
중되자 이주민 모집이 용이해졌다. 한편 당시 열악한 생활 조건 때
문에 지역 경제를 지배하고 있던 세력은 얼마간 반발하지 못했다.

연구에는 커피 경제의 물리적 환경에 대한 멋진 설명이 포함되어 있다.

이들은 노동력 유출을 주요한 부의 원천이 상실되는 것이라고 여겼다. 한번 인구의 이동이 시작되니, 이 흐름을 지속시키는 일은 훨씬 쉬웠다. 이주에 관심 있던 아마존 지역 주정부들은 홍보 활동을 시작하여 여행 경비를 지원했다. 그래서 아마존 지역 고무의 증산이 가능하도록 거대한 이주 흐름이 형성되었고, 세계경제가 고무 경제의 기존 문제를 확실하게 해결할 수 있도록 준비시켜 주었다.

19세기 말과 20세기 초 브라질에서 발생한 두 개의 거대한 인구 이동 흐름을 비교해 보면 매우 주목할 만한 현상, 상호 대조되는 현상이 조금 나타난다. 정부 도움을 받은 유럽 출신 이민자들에게는 이민 경비가 전부 지원되고 주거가 보장되었다. 이들은 또 수확기까지의 체재 비용이 보장된 상태로 커피 농장에 도착했다. 이들은 한 해 일이 끝나면 더 나은 조건을 제공하는 다른 농장을 찾아다녔다. 또한 가족이 먹을 필요한 양식을 경작할 토지도 언제나 보유하고 있었으며, 이는 주요 지출 품목에서 상인들의 투기로부터 이민자를 보호해 주었다. 반면 아마존 북동부 출신 이주자의 형편은 상당히 다채로웠다. 이들 이주자들은 여행 경비의 일부나 전부, 작업 도구, 기타 정착 비용을 추후에 갚아야 했기 때문에 언제나 채무를 먼저 지고 일을 시작했다. 식량은 이주자 자신이 빚지고 있는 사업주가 엄격한 독점 체제를 통해 제공하는 공급품에 의존했다. 먼 거리와 열악한 재정 상태는 이들을 노예제도로 이끌었다. 밀림에서의 긴 여정과 허접한 판잣집 사이에서 보내는 삶은 어떠한 경제 시스템도 인간에게 강요하지 않을 고독 속에서 끝나 갔을 것이다. 밀림의 위험과 비위생적인 환경은 일할 수 있는 수명을 단축시켰다.[4]

고무 업계가 고용한 중개인들의 환상적인 선전이나, 일부지만 돈을 벌어 귀향한 사람들의 선례에 이끌려 아마존으로 간 북동부 지역 이민자들은 고무 가격이 최고로 호황이었던 시기를 계획의 근거로 삼았다. 그러나 고무 가격이 단번에 추락하면서 빈곤이 급속하게 확산되었다. 고향으로 다시 돌아갈 방법도 없고, 세계 고무 시장에서 무슨 일이 일어나고 있는지도 모르는 상태로 이주자들은 그냥 아마존에 정착하게 되었다. 아마존에서 사냥과 낚시로 간신히 생계를 유지하게 된 이들은 자급자족경제라는 보다 원시적인 형태, 즉 열대우림에서 살아가며 최저의 재생산률을 보이는 원시적인 형태로 퇴보하게 되었다. 발생할 수 있던 정치적 결과를 배제하고[5] 일부 운 좋게 재산을 모은 소수 그룹을 제외하면, 북동부 주민의 아마존으로의 대규모 이주는 브라질 경제의 근본 문제 해결 방법이 노동력 공급을 늘리는 것이었던 시기에 반대로 대규모 노동력 소모를 초래했다.

4_ 어쨌든 두 이주 흐름에 있어서 가장 크게 대조되는 면이 이후의 두 지역 발전에서 드러난다. 커피 경제는 50년간 좋고 나쁜 시기를 겪으며 산업화 과정으로 발전하기에 충분하다는 것을 보여 주었다. 20세기 중반기에 커피 산업 종사 인구는 상당히 높은 수준의 삶, 최소한 자신들이 이주해 온 유럽 남부보다는 훨씬 높은 수준의 삶에 도달했다. 고무 경제는 이와 반대로 갑작스럽고 지속적인 쇠퇴의 길로 들어섰다. 이주민들은 출구로서 수익성 있는 또 다른 생산 체제를 찾는 게 불가능한 가운데 극빈층으로 전락했다. 이주 후 몇 년 지나지 않아 원래 출신 지역에서보다 훨씬 열악한 삶을 영위하게 될 정도로 비참해졌다.

5_ 브라질인들은 고무나무를 찾아 볼리비아와 국경 인근까지 침투해 들어갔다. 당시 아마존 지역 내 볼리비아·브라질·페루 간의 국경은 확실히 정해져 있지 않았다. 이러한 침입 결과 아끄리 지역이 형성되기 시작했고, 결국 이 지역은 브라질에 합병되었다. 브라질은 이 지역을 합병하는 대가로 볼리비아에 2백만 파운드의 보상금과 아마존강의 지류인 마데이라강에 볼리비아가 접근할 수 있도록 철도를 건설해 주었다.

노동력 문제 4
: 노예노동의 폐지

19세기 하반기에 자급자족 분야가 지속적으로 팽창했음에도 불구하고 브라질 경제가 직면하고 있던 문제의 핵심은 노동력 부족이었음을 이미 살펴보았다. 이 문제가 경제적으로 급속히 팽창한 두지역, 즉 상파울루 고원지대와 아마존 만 지대에서는 해결되었다는 것 또한 짚어 보았다. 이번 장에서는 이 문제의 다른 측면, 즉 당대인들에게 가장 근본적인 문제였던, 소위 '노예노동'trabalho servil 문제를 알아보고자 한다.

이 문제는 다른 어떤 문제보다 경제적 측면과 보다 넓은 층위의 사회적 측면을 분리해서 보기 어렵다. 브라질에서는 노예제도가 오랜 삶의 근간이었으며, 노예 기반 경제 시스템이 구조적으로 매우 안정적이었기 때문에 이 시스템에 속한 사람에게 노예노동의 폐지는 '사회적 대학살'hecatombe social로 인식되었을 것이다. 반노예주의자이며 명석했던 마우아 자작 같은 사람들도 기본적으로 이 문제의 진정한 성격을 제대로 이해하지 못했으며, '대학살'이 피할 수 없을 정도로 가까이 다가오자 크게 놀랐다.[1] 당시에는 노예가 곧 '부'riqueza이며, 노예제 폐지는 브라질의 부를 일군 계층을 가난하게 할 것이라는 생각이 우세했다. 사람들은 노예제 폐지라는 합법적 타격으로 단번에 수십만 꽁뚜스 지 헤이스contos de réis[2]의 사유재산이 사라져 버릴 수도 있다는 무서운 계산을 하게 되었다. 다른 이들은 이와 반대로 노예제가 폐지되면 기업가가 자본의 상당 부분을 인력이나 노예시장에 묶어 놓을 필요가 없어지므로 거대한 자본이 '해방'liberação될 것이라고 주장했다.

'농지 개혁'과 유사한 노예제 폐지는 그 자체로는 부의 파괴나 부의 형성을 의미하지 않았다. 그것은 단순히 하나의 공동체 안에서 이루어지는 부의 재분배였다. 겉으로 드러난 이 문제의 복잡성은 노동력의 소유권이 노예 주인으로부터 노동력을 지닌 개인으로 이전됨으로써 회계장부에 자산으로 기록되지 않고 단순히 잠재(가상) 자산virtualidade이 된다는 점에서 발생했다. 경제적 관점에서 볼 때 가장 근본적인 문제는 부의 재분배가 생산조직은 물론 가용 요소의 활용 및 창출된 소득의 재분배와 최종 사용 등에 끼치는 영향이었다.

1_ Visconde de Mauá, op. cit., pp. 219-220.

2_ 1꽁뚜스 지 헤이스는 이 책이 발간된 당시 1천 끄루제이루에 해당하고, 노예제 폐지 당시는 백만 헤이스를 의미한다._옮긴이 주

노예제 폐지는 농지 개혁과 비슷하게 생산조직 방식과 생산요소를 활용하는 정도에 변화를 가져왔다. 노예제 폐지는 실제로는 아주 특별한 조건하에서만 노예를 임금노동자로 바꾸는 단순하고 형식적인 변화에 그쳤다. 토지가 완전히 점유되고 노예였던 사람들이 이주할 가능성이 전혀 없던 영국령 앤틸리스제도의 일부 섬에서의 노예제 폐지는 이러한 형식적 변화를 거쳤으며, 해방된 노예들은 자급자족에 필요한 돈을 정해진 급여 형태로 받게 되었다. 이는 예전 노예로 살았던 삶의 조건이 반영된 것이다.[3] 이 극단적인 경우와 같은 부의 재분배는 생산조직이나 소득분배에 아무런 변화도 가져오지 않았을 것이다. 그 반대는 토지 공급이 완전히 탄력적인 경우, 즉 해방된 노예들이 속했던 농장을 떠나 자급자족 농업에 전념하는

3_ 특수한 영국 문학에서 토지가 하나의 사회계급에 의해 독점된 곳에서 발생하는 노예제 폐지의 형식적인 면을 보여 주는 경우로 안티구아(Antigua) 섬이 소개되고 있다. 안티구아 섬 의회는 영국 의회가 노예제 폐지로 가는 중간 단계로서 도입한 도제 제도(Apprenticeship Sistem)에 근거해 만든 의무로부터 노예들을 해방시켰다. 이 제도에 의하면 6세 이하의 노예들은 주인을 위해 6년간 하루 7시간 반을 일해야 했고, 대신 의식주를 제공받았다. 또한 노예들에게는 월급을 받고 하루에 2시간 반을 일할 수 있는 기회도 주어졌다. 완전한 해방이 전격적으로 이루어지자, 안티구아 섬의 대농장주들은 이들이 생존할 만큼의 극히 낮은 임금을 책정했다. 그 결과 해방된 노예들은 생존 비용을 벌기 위해 도제 제도에서는 하루에 7시간 반을 일하면 되었지만, 이후부터는 10시간을 일해야 했다. 대농장 외에는 직업을 구할 기회가 실질적으로 존재하지 않고 이민 갈 기회도 없는 해방 노예들은 이를 받아들여야 했다. 영국 정부가 앤틸리스제도의 노예 소유주들에게 손해배상금으로 지불한 수백만 파운드는 노동자들의 삶에 실질적 혜택을 주는 게 아니라 단순한 선물이었다는 의견이 당시 영국 의회에 팽배했다. 즉 노예제 폐지는 노예들에게 아무런 혜택도 가져다주지 않았다. 보다 자세한 사항은 Law Mathieson, *British Slavery and Its Abolition 1823-1838*, Londres, 1926 참조.

경우일 것이다. 이 경우 생산조직에서의 변화가 매우 커서 생산요소 활용도와 시스템의 수익성을 낮춘다. 그렇지만 노동력이 없어지자 기업가들이 높은 월급을 주려고 했으므로 이러한 극단적인 경우는 거의 생기지 않았을 것이다. 그러므로 최종적으로는 노동력에 유리하게 소득의 재분배가 일어났을 것이다.

브라질에서는 앞에서 언급한 두 가지 극단적인 경우가 발생하지 않았다. 그러나 설탕 생산 지역은 첫 번째 경우와, 커피 생산 지역은 두 번째 경우와 유사하다고 할 수 있다. 북동부 지역에서 보다 쉽게 경작할 수 있는 토지는 노예제 폐지 시기에 이미 실질적으로 대부분 점유된 상태였다. 제당소를 떠난 해방 노예들은 생존이 크게 어려워졌다. 도시 지역은 이미 19세기 초 이래 사회문제가 된 인구과잉에 시달리고 있었다. 내륙 지역의 경우에는 자급자족경제가 서로 멀리 떨어져 격리된 채 팽창하고 있었고, 까아칭가caatinga와 아그레스치agreste라는 이름의 반건조 황무지에서는 인구 압박 징후가 확실하게 느껴졌다. 이러한 두 가지 장애로 인해 설탕 생산 지역에서 해방된 노예들은 대규모로 이동할 수 없었다. 이들은 제당소에서 제당소로만 이동했으며, 또 제한된 인원만이 지역 밖으로 이주할 수 있었다. 이러한 조건에서 상대적으로 낮은 월급을 주며 예전 노예 노동력의 상당 부분을 유치하고 정착시키는 것은 어렵지 않았다. 이러한 문제에 대한 연구가 존재하지는 않지만 해방 노예들의 물질적 생활 조건이 노예제도 폐지 후 상당히 변했을 가능성을 수용하기는 어렵다. 노예제 폐지가 진정한 의미의 소득재분배를 가져왔을 가능성이 거의 없기 때문이다.

노예제도가 폐지되기 10년 전에 설탕 산업은 중앙정부의 후원하에 거대 외국자본 투자라는 특혜를 받으며 기술적으로 중요한 변화를 겪었다.[4] 또한 19세기의 마지막 10년은 쿠바가 정치적으로 해방되면서 세계 설탕 시장에 근본적인 변화가 일어난 시기였다. 미국 자본은 쿠바의 설탕 산업에 대규모 투자를 했고, 쿠바는 미국 시장에서 특혜를 누렸다.[5] 브라질에서는 기술혁신 외에도 수출 둔화로 노동력 수요가 감소했다. 이에 따라 노예제 폐지로 인한 노동력 공급 감소는 재원 활용 면에서나 소득분배 측면에서나 중요한 변화를 초래하지 못했다.

커피 재배 지역에서의 노예제 폐지는 다양한 결과를 가져왔다. 지금의 리우데자네이루 주, 미나스제라이스 주, 상파울루 주 일부 지역에서는 노예 노동력에 기반을 둔 주요 커피 농업이 이미 형성되어 있었다. 커피 경작지는 토양이 쉽게 부식되는 산악 지역에 주로 위치했는데, 첫 번째 커피 팽창기에 쓰였던 비옥한 토지가 빠르게 파괴되어 가고 철도가 도입되면서 멀리 떨어진 토지를 활용할 수 있게 되어 커피 농업은 노예제 폐지 직전에도 이미 불리한 조건에 처해 있었다. 그러므로 노예제 폐지 공포 후 근본적으로 더 높은

4_ 1875년 의회는 설탕 산업에 3백만 파운드까지 투자하는 외국자본에 대해 제국 정부가 금리를 보장해 주는 법을 승인했다. 그다음 10년 동안 이 법의 보호하에 거의 대부분 영국 자본이 지원한 현대 장비를 갖춘 50개의 제당소가 설치되었다.

5_ 쿠바가 독립을 획득한 이후 쿠바와 미국 사이에 맺은 상호 협정으로 쿠바산 설탕에 대해 20퍼센트의 미국 관세가 감면되었다. 운송 비용 감소와 거대한 미국 자본유입에 따른 특혜에 힘입어 20세기 첫 25년간 쿠바의 설탕 생산은 크게 급증했다.

임금을 지불할 수 있는, 급속히 팽창하는 새로운 지역으로의 거대한 노동력 이주가 발생하리라는 것은 충분히 예견된 일이었다. 그런데 바로 이 시기에 상파울루로의 유럽인들의 커다란 이주 물결이 일어났다. 노예였던 이들과 비교해 유럽 출신 노동자들이 지닌 장점은 일일이 열거할 필요가 없을 만큼 너무나 명확했다. 그렇지만 노예였던 이들이 상파울루 고원지대로 대규모 이주할 만큼의 큰 인센티브는 없더라도 옛 커피 재배 지역에서 이들의 사정은 북동부 설탕 지역 노예였던 사람들보다는 훨씬 더 좋아졌다. 상대적으로 토지가 풍부했으므로 과거에 노예였던 사람들은 자급자족경제 시스템 속에서 생활할 수 있었다. 그럼에도 이들의 분산은 아마 경제적인 이유보다는 사회적 이유 때문에 그 규모가 예상했던 것보다 작았다.

노동 기회의 관점에서 볼 때 커피 생산 지역의 유리한 상황에 힘입어 해방된 노예들은 상대적으로 높은 급여를 받았다. 실제 노예제 폐지는 커피 재배 지역의 노동력에 유리한 소득재분배로 이어졌다. 그럼에도 이러한 실질적 임금 개선은 생산요소 활용에는 긍정적이기보다는 부정적인 영향을 준 듯하다. 이 문제를 보다 잘 이해하기 위해서는 노예제의 사회적 특징을 폭넓게 살펴보아야 한다. 노예제라는 사회 시스템 속에서 자란 사람은 경제적 인센티브에 거의 반응하지 않는다. 가족과 함께 사는 생활을 거의 해보지 못했기 때문에 부를 축적한다는 발상이 매우 생소한 것이다. 게다가 제대로 발달되지 않은 사고로 인해 자신의 '필요'necessidades를 극단적으로 제한했다. 노예에게 일은 저주요, 게으름은 결코 손에 넣을 수 없는 축복이었기에 필요(노예 한 명의 자급자족 수준)한 정도 이상으로 임금을 인상해 주면 노예는 즉시 게으름을 피웠다.

노동력을 보존하기 위해 상대적으로 높은 임금을 제공해야 했던 예전의 커피 재배 지역에서는 노동량이 즉시 완화되었다. 한 주에 2~3일만 일해도 자급자족할 수 있는 비용을 벌게 되자, 이들 해방 노예들은 '사는 데'para viver 필요한 것을 충분히 확보하면 계속 일하는 것보다는 게으름을 '구매'comprar하는 것에 훨씬 이끌렸다. 이에 따라 가장 빠르게 발전하던 지역에서 노예제 폐지는 노동력 활용의 감소라는 직접적 결과를 초래했다. 이 문제는 매우 광범위한 사회적 반향을 불러일으켰는데, 이 책에서 다루기는 부적당하다. 다만 노예 계층의 낮은 정신적 발전이 이들의 동화를 늦추고, 국가 경제발전을 방해하며 노예제 폐지 후 부분적인 분리(해방)를 가져왔다는 점만을 여기서 강조하고 싶다. 20세기 전반기 내내 많은 해방 노예의 후손들이 '필요'가 제한된 시스템에서 계속 살아가고 있으며 브라질 경제발전에서 완전히 수동적인 역할만을 담당하고 있다.

보다 넓은 관점에서 보면 노예제 폐지가 경제적이기보다는 정치적 성격의 조치임을 알 수 있다. 브라질에서 노예제는 생산조직으로서보다는 지방 권력 시스템의 근간으로서의 중요성이 더 컸다. 노예노동 폐지 후 실질적으로 그 어떤 지역에서도 생산조직 형태뿐만 아니라 소득분배에서도 진정한 의미의 변화가 일어나지 않았다. 이에 따라 식민지 시대 권력 시스템의 기본축의 하나로 19세기까지 지속되며 브라질 경제발전의 저해 요인이 되었던 노예제도는 사라지게 되었다.

19세기 후반기의
소득수준과 성장 속도

전체적으로 볼 때 브라질 경제는 19세기 후반기에 상대적으로 높은 성장률을 기록했다. 대외무역은 브라질 경제 시스템의 역동적 부문이었고 이 시기 성장의 열쇠였다. 1840년부터 1890년까지 브라질의 평균 수출량은 214퍼센트 증가했다. 이는 평균 46퍼센트의 수출 상품 가격인상에 힘입은 바 컸다. 한편 수입품 가격지수가 약 8퍼센트 하락하여 교역조건은 58퍼센트 개선되었다. 수출량 214 퍼센트 증가에 교역조건 58퍼센트 개선으로, 수출을 통해 창출된 실질소득은 396퍼센트 증가했다.[1] 그렇다면 반세기 동안 브라질

1_ 수출량과 수출가격지수는 1841~1850년의 10년을 기준으로 커피·설탕·코코아·마테·담배·목화·고무·피혁 등의 품목을 포함해 계산되었다. 10년 동안 이들 상품은 수출액의

영토의 전체적인 소득 증가 양상은 어떠했을까? 이 문제에 대해 우리가 가진 정보로는 추측 이상을 할 수는 없다. 주요 수출품 관련 수치를 관찰해 보면 우선 커다란 모순이 발견된다. 수출량이 214퍼센트 늘었는데도 설탕 수출량은 33퍼센트, 목화 수출량은 43퍼센트만 늘었다. 또한 수출가격지수가 46퍼센트 증가했음에도 목화 가격은 32퍼센트만 상승했으며, 설탕 가격은 11퍼센트 하락하기까지 했다. 이들 두 품목으로 인한 실질소득을 합산하면 이 기간에 54퍼센트 증가하는 데 그쳤다. 설탕과 목화가 북동부 지역의 수출에서 유일하게 의미 있는 품목[2]이었기에, 19세기 후반기의 발전이 브라질 전국으로 확대되지 않았음을 확실히 유추할 수 있다.

이 시기 실질소득 동향을 분석하기 위해서는 브라질 경제를 3개의 주요 분야로 구분해 볼 필요가 있다. 첫 번째는 설탕·목화 경제와 점점 약해지고는 있지만 이들 분야와 연결된 막대한 자급자족경제 분야다. 두 번째는 남부의 자급자족경제 분야이고 세 번째는 커피 경제 중심 분야이다.

88.2퍼센트를 차지했으며, 1890년대에는 그 비중이 증가해 95.6퍼센트를 차지했다. 수입 가격지수로는 세계무역에서 제조품 가격 동향을 잘 보여 주는 영국의 수출지수를 이용했다. 브라질 수입가격은 브라질 수입 품목 가운데서 밀이 차지하는 중요성과 지난 세기 마지막 25년간 밀 가격이 급격히 하락한 점 때문에 이 지수가 보여 주는 것보다 더 하락했을 가능성도 있다.

2_ 북동부 수출 품목인 가죽과 피혁은 수출량이 48퍼센트 증가했지만 가격은 3퍼센트 떨어졌기 때문에 더 이상 유리하지 않았다. 반면 수출량이 259퍼센트 증가했고 가격도 119퍼센트 인상된 코코아는 바이아 주 남부 지방, 즉 기존 북동부 경제로부터 지리적으로 분리된 곳에서 독자적인 경제 시스템의 핵심을 이루었다.

첫 번째 분야는 마라녀웅 주에서 세르지삐Sergipe 주에 걸친 지대에 형성되었다. 바이아Bahia 지방은 코코아의 등장으로 이 시기에 급격한 경제 변화를 겪었으므로 배제했다. 1872년 인구조사에 따르면 위에 언급한 지역에 속한 주들[3]의 인구는 브라질 전체 인구의 3분의 1을 차지했다. 바이아 주의 인구가 추가되면 브라질 인구의 거의 절반에 달한다.

1872년과 1900년에 실시된 인구조사 자료를 비교하면 이들 8개 주의 인구가 연 1.2퍼센트 증가했음을 알 수 있다. 여기서 연구 대상으로 삼고 있는 50년 기간에 이러한 증가율을 적용하면 인구증가율은 무역 분야의 실질소득 증가율인 54퍼센트보다 훨씬 높은 80퍼센트에 달했다. 북동부 지역에 존재하는 두 개의 시스템, 즉 수출 위주의 해안 시스템과 자급자족 위주의 육지에 둘러싸인 또 다른 시스템을 염두에 두고 생각해 보면 이 수치로 몇 가지를 가정할 수 있다. 우선 두 시스템에 속한 인구 역시 마찬가지로 크게 증가했으며, 자급자족경제 시스템의 1인당 소득은 변하지 않고 유지되었으리라는 가정이다. 이 경우 수출 위주 시스템의 1인당 소득은 실질적으로 하락했을 것이다. 둘째는 수출 위주 시스템의 인구가 자급자족경제 시스템으로 이전되었고, 수출 위주 시스템의 1인당 소득이 변하지 않았으리라는 가정이다. 이 경우 자급자족 분야의 생산성이 훨씬 낮았기 때문에 이 분야의 1인당 소득이 유지되었다 하

3_ 마라녀웅, 삐아우이(Piauí), 히우그랑지두노르치(Rio Grande do Norte), 빠라이바(Paraíba), 뻬르낭부꾸, 알라고아스(Alagoas), 세르지삐.

더라도 이 지역의 평균 소득은 떨어졌을 것이다. 요약해서 말하면 이 지역의 1인당 소득이 감소하지 않으려면 자급자족경제 분야의 생산성을 실질적으로 증가시켜야 했겠지만 이는 불가능한 가정이다. 왜냐하면 이 기간에 농경지로 활용 가능한 토지에 대한 인구압人口壓이 커졌기 때문이다. 이에 따라 엄밀한 측정이 불가능하더라도 브라질 경제의 이러한 경제 시스템에서 1인당 소득이 감소했을 가능성은 충분하다.

두 번째 시스템은 수출 확대의 혜택을 간접적으로 받은 주로 자급자족경제다. 잉여 생산을 흡수할 수 있는 시장이 브라질 국내에 있었기에 일부 자급자족경제 분야는 생산 활동을 통해 화폐소득을 얻을 수 있었다. 예를 들어 빠라나 지역에서 수출용 마테 차 생산량이 크게 늘어난 것은 대다수 주민이 국가와 지방의 이민 지원 계획에 따라 유럽으로부터 이주해 온 인구로 구성된 자급자족경제 분야에 이중의 혜택을 가져다주었기 때문이다. 더 내륙 안쪽에 거주하는 정착민들은 자급자족 농사와 마테 차 수확이라는 두 가지 유형의 농사에 종사했으며, 이를 통해 실질적으로 소득을 늘렸다. 해안 근처에 거주하는 정착민들은 주로 수출 확대에 힘입은 도시 시장의 팽창을 통해 혜택을 입었다.[4]

히우그랑지두술에서는 목축업 분야가 국내시장 판매를 통해 역

4_ 마테 잎의 연평균 수출액은 1840년대 4만8천 파운드에서 1890년대에는 39만3천 파운드로 급증했다. 20세기 첫 20년 동안에도 매우 높은 가격으로 마테 수출은 급격히 신장되었다.

동적인 성장을 보였다. 주로 육포 수출(19세기 말 육포는 히우그랑지두술 주의 국내외 판매[5]의 절반을 차지했다)을 통해 히우그랑지두술의 목축업은 브라질 경제에 다시 통합되었다. 정착촌 지역은 직접적으로는 와인 및 돼지 지방과 같은 품질 좋은 상품의 판매, 간접적으로는 목축업의 생산성 향상으로 인한 주 내 도시 팽창으로 국내시장이 확장되며 수혜를 입었다.

북동부 지방과 자급자족경제 중심의 남부 지방의 인구통계를 비교해 보면 그 차이가 명확하다. 1872년과 1900년에 실시된 인구조사를 보면 히우그랑지두술, 상따까따리나, 빠라나, 마뚜그로수 주의 인구는 127퍼센트 증가했다. 이는 다시 말하면 연 3퍼센트씩 증가한 것이다. 반면 북동부 지방의 8개 주 인구는 연 1.2퍼센트씩 증가했다. 남부 지방에서 50년간 연 3퍼센트의 인구가 증가했다고 가정하면 이 기간 인구의 총 증가율은 332퍼센트에 달할 것이다. 이 수치는 특별한 관심을 불러일으킨다. 왜냐하면 남부 지방에서 1인당 소득이 전혀 증가하지 않았다고 해도 앞서 지적했듯이 절대적인 성장은 396퍼센트가 증가한 수출 분야의 성장에 근접했을 것이기 때문이다. 이 지역은 옥토가 풍부했으므로 1인당 소득이 계속 변하지 않으려면 이 지역 경제 시스템에서 수출 분야가 차지하는 중요성이 변하지 않아야 할 것이다. 빠라나 지역의 마테 차와 히우그랑지두술의 축산품 수출에서 유추할 수 있듯이 수출 분야의 중요성이

5_ 1880년대와 1890년대 해외 및 브라질 국내 주들에 대한 히우그랑지두술의 수출 금액과 관련해서는 J. P. Wileman, *Brazilian Exchange,* Buenos Aires, 1896, p. 106 참조.

커짐에 따라 평균 경제 생산성이 증가했고, 이에 따른 1인당 소득이 증가했을 가능성이 매우 높다. 게다가 농산품의 공급 탄력성이 높아 1인당 소득이 크게 증대되었을 것으로 유추할 수 있다.

세 번째 시스템은 커피 생산 지역[6]으로 이스뻬리뚜상뚜Espírito Santo, 리우데자네이루, 미나스제라이스, 상파울루 주가 여기에 해당된다. 이들 4개 주의 총인구는 1872~1900년 사이에 연 2.2퍼센트 증가했다. 이 증가율은 북동부(1.2퍼센트)와 바이아(1.5퍼센트)와 비교해서는 매우 높지만 아마존(2.6퍼센트)과 남부 지역(3.0퍼센트)보다는 낮다. 좀 더 자세히 살펴보면 이 커피 생산 지역 내에 대규모 인구 이동이 있었다는 것을 알 수 있다. 2개 주, 즉 최초의 커피 생산지인 리우데자네이루와 미나스제라이스의 인구는 상대적으로 천천히 증가한(1.6퍼센트) 반면, 1875~1900년에 커피 생산을 시작한 이스뻬리뚜상뚜와 상파울루 주는 3.6퍼센트라는 예외적으로 높은 증가율을 보인다. 이러한 데이터를 통해 커피 생산 지역의 발전이 이 시기 자급자족 분야를 포함한 생산성 낮은 지역으로부터 보다 생산성이 높은 지역으로의 노동력 이전을 초래했음을 확실히 알 수 있다. 다시 말해서 이 시기 북동부 지역과 반대되는 현상이 일어났다. 커피 생산 지역 내에서의 급속한 시장 팽창은 자급자족 분야의 생산성에 매우 유리하게 반영되었으나 주로 미나스제라이스 주에 집중되어

6_ 18세기 초 브라질에 도입된 커피는 최남단 지역을 제외하고는 실질적으로 브라질 전역에서 생산되었다. 북부와 북동부 지역의 주들은 오랫동안 소량의 커피를 수출해 왔다. 19세기 말 국내 소비는 이미 적은 양의 커피를 생산하는 주들의 수확량 전체를 흡수했다.

있었다. 게다가 자급자족 분야 노동력이 커피 분야로 이전되었다는 것은 상대적으로 커피 산업의 중요성이 증가했음을 의미한다. 이러한 다양한 요인들로 인해 지역 전체의 1인당 실질소득 증가율이 수출 분야의 소득 증가율보다 낮지 않았다는 사실을 파악할 수 있다. 1840년대와 1890년대 사이 커피 수출량은 341퍼센트 증가했고, 생산가격은 91퍼센트 늘었으므로 커피 수출에 따른 실질소득은 연 4.5퍼센트 성장했을 것으로 추측된다. 또한 인구 증가로 1인당 실질소득 증가율은 2.3퍼센트에 달했을 것으로 보인다.

경제적으로 중요한 두 지역은 앞에서 언급한 세 시스템에 해당하지 않는다. 한 지역은 1872년에 브라질 전체 인구의 13퍼센트를 차지했던 바이아 주이고, 또 다른 지역은 같은 시기에 3퍼센트의 인구가 살고 있던 아마존 지역이다. 19세기 후반기에 수출 목적으로 바이아에서 시작된 코코아 생산 덕분에 다른 북동부 주들에서 제대로 활용되지 못한 노동력 및 토지 사용이 가능해졌다. 그러나 19세기 말 코코아 수출은 1890년대 브라질 전체 수출 가운데 비중이 1.5퍼센트에 불과했을 정도로 중요성이 작았다. 반면 바이아의 또 다른 전통적 수출품인 담배는 19세기 하반기에 그 중요성을 회복했다. 이전에는 주로 노예들의 물물교역품이었던 브라질 담배가 19세기 후반기 유럽에서 시장을 확대해 가고 있었다. 수출량은 1840년대와 1890년대 사이에 361퍼센트 증가했으며, 평균 수출가격은 41퍼센트 올랐다. 코코아와 담배를 합치면 평균 수출액은 50년 (1840~1890년) 기간에 15만1천 파운드에서 105만7천 파운드로 증가했다. 이 수치는 19세기 후반기 바이아가 성취한 발전의 한 단면

만을 보여 줄 뿐이다. 만일 브라질 담배와 코코아가 모두 바이아 주에서 수출되었고, 설탕과 목화는 북동부의 다른 8개 주에서 수출되었다고 가정한다면 바이아 지역의 1인당 수출액은 북동부 지역 보다 높지 않았을 것이다. 그러나 모든 상황으로 볼 때 바이아에서의 발전 역시 북동부 지역에서 나타난 유사한 요인들의 커다란 영향을 받아 둔화되었음을 알 수 있다. 어느 지역에서는 생활이 개선되었지만 다른 지역에서는 동시에 빈곤이 발생했을 것이다. 수출을 위한 설탕 생산은 이 시기에 완전히 사라진 반면, 자급자족 목축업은 빈곤한 지역에서 그 규모가 커져 갔다. 19세기 말 코코아 생산 지역에서 발생했던 이주 흐름, 주로 북동부 지역 주민들의 이주 흐름에도 불구하고 바이아 주의 인구는 1872~1900년 사이에 1.5퍼센트라는 낮은 비율로 증가된 사실이 이를 잘 설명해 준다. 그럼에도 이러한 낮은 성장률이 북동부 지방의 성장률보다는 높다는 사실은 바이아 주의 실질소득 성장률이 그렇게 나쁘지 않았음을 보여준다.

마지막으로 19세기에서 20세기로 넘어가는 시기 수출에서 특별히 중요한 위치를 차지했던 아마존 지역을 한번 검토해 볼 필요가 있다. 아마존 지역의 총수출액에서 고무가 차지하는 비중은 1840년대의 0.4퍼센트에서 1890년대에는 15퍼센트로 증가했다. 1890년대 아마존 지역의 1인당 수출액은 커피 생산 지역 수출액의 두 배였다. 이 소득의 상당 부분이 아마존 지역에 재투자되지 않고, 또한 재투자되었더라도 재투자 금액의 상당 부분이 수입품[7]에 지출되

7_ 고무 경제에서 실현된 투자승수(multiplicador das inversões)는 아마 매우 낮거나 마이너

었다고 가정하더라도 전체 국가 소득에서 차지하는 아마존의 소득 비중은 크지 않았다.

앞에서 살펴본 내용을 기초로 연구 대상 기간의 브라질 전체 1인당 소득 추세를 대략 추정해 보자. 우선 북동부 지역은 1인당 소득이 줄어든 유일한 지역인 듯하지만 절대소득renda absoluta은 수출 분야 소득의 54퍼센트 증가로 늘었을 것이다. 절대소득 성장이 인구 절반의 성장과 같다고 가정해 본다면, 다시 말해 1인당 소득이 연 0.6퍼센트 비율로 감소했다고 가정해 보자. 바이아에서는 두 요소가 반대의 의미로 상쇄되어 1인당 소득이 유지되었을 것이다. 인구가 연 3퍼센트 증가한 남부 지역에서는 1인당 소득이 확실하게 증가되었지만, 그 소득 증가율은 연 1퍼센트 이하였을 것이다. 커피 지역에서는 앞에서 언급했듯이 1인당 국민소득이 연 2.3퍼센트 증가했을 것이다. 마지막으로 아마존 지역의 경우, 절대소득 성장률이 커피 생산 지역의 두 배였으리라 가정할 수 있다. 이러한 가정을 기초로 언급한 50년간의 브라질의 실질소득은 5.4[8]를 곱해야 하는

스였을 수도 있다. 왜냐하면 고무 생산 증대는 다른 많은 활동을 포기하도록 해 예전에 생산했던 물품 가운데 많은 것들을 수입하게 되었다. 승수 개념에 대해서는 31장, 각주 5 참조.

8_ 1872년 인구조사에 따른 각 지역의 크기를 논거의 기준으로 삼았다. 이어 각 지역의 인구증가율과 아래에 명시된 1인당 소득 증가율 및 하락률을 감안해 각 지역의 절대소득을 계산했다.

지역	브라질 내 인구 비중(%)	인구증가율(%)	1인당 소득 증가율(%)
북동부	35	1.2	-0.6
바이아	13	1.5	0.0
남부	9	3.0	1.0
중부	40	2.2	2.3
아마존	3	2.6	6.2
전체	100	2.0	1.5

데, 이는 연 성장률이 3.5퍼센트이고 1인당 성장률이 1.5퍼센트라는 것을 의미한다. 이 수치는 19세기 전 세계 경제발전과 비교해 높은 편이다. 동일한 시기의 미국 실질소득은 5.7배 증가했지만, 미국 인구가 급속히 증가했기에 1인당 성장률은 브라질보다 약간 낮았다. 두 나라의 근본적인 차이는 19세기 후반기의 미국은 전 세기의 마지막 25년에 시작된 성장률을 유지한 반면, 브라질은 75년간이라는 정체기와 아마도 1인당 소득 퇴보기 이후에 성장기에 들어섰다는 점일 것이다.

앞에서 살펴보았듯이 브라질의 1인당 국민소득은 19세기 마지막 25년에 하락세를 보였지만 19세기 초에 50달러(현재의 구매력으로 환산) 이하는 아니었을 것으로 추정된다. 1인당 국민소득은 19세기 중반에 50달러, 특히 노예 인구를 포함시킬 경우 50달러를 간신히 넘었다고 지적한 바 있다. 이에 근거해 1인당 국민소득 성장률을 1.5퍼센트로 가정할 경우 19세기 말에 국민소득은 106달러에 달했을 것이라는 결론에 도달한다. 이러한 국민소득 증가율을 20세기 전반기에 똑같이 적용하면 1950년의 소득은 224달러가 되며, 이는 실제 1950년 추정치에 매우 근접한 수치이다. 이는 브라질의 경제 성장률이 지난 100년 동안 어느 정도 안정적이었다는 것을 보여 준다.[9] 또 다른 재미있는 관찰로, 만약 브라질 경제가 앞에서 언급한

연구 대상 기간, 즉 1841~1850년에 브라질 내 여러 지역의 1인당 소득수준 간에 큰 차이가 없었다.

9_ 지나치게 높지는 않지만, 1세기에 1.5퍼센트라는 성장률은 아마 서유럽 국가의 평균보

50달러로 시작해서 19세기 전반기에도 후반기와 동일한 성장률을 기록했다면 소득은 19세기 말에 224달러가 되었을 것이다. 또한 20세기 전반기에도 동일한 성장률을 유지했다면 브라질 국민의 실질소득은 1950년에 500달러 수준, 즉 그해 서유럽 국가의 평균 소득과 비교될 수 있을 정도였을 것이다.

앞서 언급한 수치들은 현재 브라질 경제의 후진성을 잘 보여 준다. 후진성의 원인은 어느 정도 빠르게 진행되어 온 지난 100년간의 발전 속도에 있는 것이 아니라 그전 세기의 75년 동안 진행된 퇴보에 있다. 브라질은 선진국 경제가 구조적으로 신속하게 변화했던 시기에 세계무역의 팽창 흐름을 따라가지 못했고, 이로 인해 브라질 경제 시스템과 선진국 경제 시스템 간에 큰 차이가 발생했다. 브라질 경제가 현재 직면하고 있는 저성장이라는 독특한 문제를 분석할 때 이러한 차이를 다시 다루고자 한다.

다는 높을 것이다. 사이먼 쿠즈네츠(Simon Kuznets)가 인용한 전미경제조사회(National Bureau of Economic Research)에 의하면 동일 기간의 미국 성장률은 1.9퍼센트로 조금 더 높았을 것이다.

임금노동 경제의 소득 흐름

19세기 마지막 25년간 브라질 경제에서 발생한 가장 의미 있는 사건은 의심할 여지 없이 임금 분야의 중요성 증대라고 할 수 있다. 그전의 임금 팽창은 노예노동 분야의 발전이나 자급자족 중심지의 증식을 통해 이루어졌다. 어떤 경우에든 실질적 혹은 가상의 소득 흐름은 상대적으로 작은 단위unidade에 국한해 일어났다. 이들 단위의 외부 접촉은 전자의 경우(노예노동)는 국제적인 성격을 지녔으나 후자(자급자족)는 매우 제한적인 범위에서 이루어졌다. 새로운 팽창은 임금노동에 기반을 둔 분야에서 일어났다. 빠르게 그 중요성이 커진 새로운 시스템의 메커니즘은 노예노동이나 자급자족 활동에 기반을 둔 구舊경제와 큰 차이를 보인다. 앞서 살펴보았듯이 자급자족경제는 성장기나 쇠퇴기에도 구조적 변화 없이 높은 안정성을 보여 주었다. 그러나 새로운 시스템은 상당히 특이한 역동성을 보였으며, 20세기 전반기 브라질 내수 시장 형성의 구조적 변화를 이해하려면 이러한 역동성을 분석할 필요가 있다.

전체적으로 살펴볼 때 임금노동에 기반을 둔 새로운 커피 경제는 예전의 노예 경제와 어떤 면에서는 비슷해 보인다. 예를 들어 커피 경제는 해외 교역 흐름과 밀접하게 연결된 여러 생산 단위들로 이루어져 있다. 그렇지만 이러한 생산 단위들의 메커니즘을 좀 더 자세히 관찰해 보면 차이가 크다는 것을 알 수 있다. 좀 더 쉽게 이해하려면 먼저 생산품이 수출업자에게 팔리는 순간 이후의 경제 과정을 생각해 보아야 한다. 여기서 총 판매액은 생산 단위의 총소득이다. 이러한 총소득은 생산과정에서 사용된 실물 자산의 감가상각비를 메꾸고, 생산에 사용된 모든 생산요소들을 보상하는 데 사용된다. 이 소득을 두 그룹, 즉 임금노동자와 토지 소유주의 소득으로 나누어 단순히 분석해 보자. 자신들의 소득을 사용하는 데서 두 그룹이 매우 다른 양상을 보인다는 점은 널리 알려져 있다. 임금노동자들은 소득 전체나 대부분을 소비지출로 사용한다. 그에 반해 소비 수준이 매우 높은 토지 소유 계급은 소득의 원천인 자본을 확대하기 위해 일부 소득을 남겨 둔다.

이제 수출로 인해 창출된 소득이 어떤 흐름으로 퍼져 갔는지 살펴보기로 하자. 우선 식량·의복·서비스 등을 구매하는 소비지출은 소규모 생산자, 소매상 등의 소득이 된다. 이들 역시 자신의 소득 중 상당 부분을 소비지출로 사용한다. 그러므로 이 모든 소비지출을 합하면 수출 활동으로 인한 화폐소득을 훨씬 넘게 된다. 여기에 외부 충격으로 소득이 증가하는 경우를 가정해 보자. 지불되는 임금 총량이 늘어남에 따라 소비재 수요도 자동으로 증가하게 된다. 노동력이 충분하고 토지가 덜 활용되는 지역, 특히 자급자족 활동이 강세인 지역의 경우 소비재 생산은 상대적으로 쉽게 증가할 수 있다. 그러므로 외부 충격에 따른 임금 증가는 임금노동을 기반으로 한 경제 분야에 영향을 끼치며, 브라질 내 이미 존재하던 생산요소들을 최대한 활용하도록 만든다.[1] 게다가 생산성 향상(외부 충격으로 인해 부차적으로 발생하는 효과)은 수출용 생산 지역 밖에서 발생한다. 이에 따라 수출 분야에 지급된 임금은 국내시장 경제의 중추가 된다. 나중에 다루겠지만 여기서 생산요소들이 수렴될 경우 성장 충격이 수출 경제에서 발생한다 할지라도 내수 시장이 수출 경제보다 훨씬 빠르게 성장할 수 있는 조건을 갖게 된다.

일반적으로 성장을 위한 외부 충격은 처음에는 매우 큰 이윤으로 변환되는 수출 상품 가격 상승의 형태로 나타난다. 당연히 기업인들은 농장을 확대하고 이윤을 재투자하려 한다. 상대적으로 노동력이 유연하게 공급되고 토지가 풍부할 경우 이러한 팽창은 임금이나 토지 수익 측면의 장애 없이 계속 진행될 수 있다. 실제 브라질 국내에서의 노동력 이동 및 이주는 생산요소들을 유인하는 지역이나 분야에서 나타난 실질임금 상승과는 별개로 진행되었다. 커피 분야는 오랜 팽창 기간 동안 실질임금을 매우 안정적으로 유지할 수 있

1_ 국내 소비재 수요 팽창으로 인해 야기된, 가장 좋은 재원 사용 예는 유럽 출신 이민자들이 많았던 브라질 남부 지역에서 출현한 자급자족경제다. 이 책의 25장 참조.

었다. 커피 분야에서 임금은 다른 경제 분야에서보다 절대적으로 높았으며, 생산이 증대되는 한 노동력의 이전은 계속되었다. 그러므로 이전 세기 동안 브라질에서 형성되었던, (상대적으로 실체가 없던) 인력 집단의 존재가 임금노동에 기반을 둔 새로운 경제 시스템의 발전에 근본적으로 중요하게 되었다. 만약 커피 경제의 팽창이 전적으로 유럽 이민자들의 노동력에 달려 있었다면, 임금은 호주나 아르헨티나와 유사하게 매우 높은 수준에서 정해졌을 것이다. 브라질 국내에서 모집된 인력(주로 산림 벌채, 건설, 기타 부차적 작업에 활동)으로 인해 평균임금수준은 계속해서 하방 압력을 받았다.

그렇지만 수출 분야에서 실질 평균임금이 이렇게 안정적인 수준을 유지했다고 해서 브라질 경제 전체에서도 이러한 양상이 나타난 것은 아니었다. 수출 분야에서의 인력 흡수로 브라질 경제의 중심으로서 수출 분야의 중요성이 더욱 커졌다. 자급자족 분야의 생산요소들을 흡수함에 따라 실질 평균임금이 상승했다. 특히 자급자족 분야에서 화폐 유입이 매우 적었기 때문에 화폐 평균임금은 더욱 크게 올랐다. 이런 이유로 인해 수출 분야의 광범위한 성장이 전체 경제의 평균임금 상승을 막지 못했다. 요약하자면 인구가 전체 경제에서보다 화폐경제 분야에서 훨씬 더 급속하게 늘어났기 때문에 화폐임금(내수 시장의 토대)이 총생산보다 더욱 빠르게 증가했다.

만약 기업인이 수출 상품 가격의 우연한 상승으로 인해 발생한 이득을 모두 차지하게 된다면, 이러한 유리한 상황은 어떤 경제적 의미를 지닐까? 수출가격 상승에 따른 임금 상승을 한번 상상해 보자. 그에 따른 실질적인 결과는 투자액 감소, 수출 분야 팽창의 축소일 것이다. 또한 자급자족 분야의 흡수는 더 늦어질 것이다. 수출 분야와 자급자족 분야 간의 임금 차이가 커져 감에 따라 수출 분야 종사 인력은 점점 더 특혜를 받는 그룹으로 변할 것이다.

커피 경제의 생산성 향상은 일반적으로 주기적 상승기에 발생하는 간헐적 가격 상승의 효과였으며 생산과정에서 직접적인 물리적 생산성 개선은 최소한에 그쳤다.[2] 그러므로 이런 간헐적인 경제 생산성 향상의 일부 결실이 임금노동자에게 이전되면 전체 임금 계층이 보다 심한 주기적 팽창과 위축을 겪을 수 있다고 주장할 수 있다. 그러나 임금이 이윤보다 압박에 더욱 잘 저항하므로 커피 경제는 가격 상승기에 얻은 경제 생산성 증가분의 일부를 이전할 경우 가격 하락기에 자신을 보호할 수 있으며, 장기적으로 교역조건에서도 자신을 보호할 더 좋은 상황에 처할 수 있다고도 주장할 수 있다. 그러나 이러한 이전이 실현되지 않아 주기적 하락으로 발생한 모든 압력이 이윤에 집중되었다. 기업인들이 이러한 압력을 어떻게 다른 분야로 이전하는 데 성공했는지는 나중에 살펴보자.

2_ 생산성 향상 역시 토지 개량, 수송 효율성 개선 등의 결과일 수 있다.

대외 불균형 추세

임금노동에 기반을 둔 새로운 경제 시스템의 운영으로 예전의 수출-노예제 경제에서는 단순 취급된 문제가 다수 제기되었다. 이들 문제 중 하나(유사한 특징을 지닌 다른 경제에도 공통된 문제)가 지금 논하고 있는 시기 국제경제의 기반인 금본위제 규정에 적응할 수 없다는 것이다. 금본위제의 기본 원칙은 각국이 국제수지적자를 보전할 수 있는 금(또는 가장 많이 통용되는 외화로 바꿀 수 있는 태환 통화)을 충분히 보유하는 것이다. 금 보유(동전으로 만들어지든 아니든)는 비생산적인 투자로, 단기적으로는 국제무역에 필요한 자금을 조달하는 데 기여한다는 것을 이해하기는 쉽다. 그러나 각국은 국제무역 참여도와 국제수지 변동성의 정도에 따라 이러한 자금을 조달하는 데 어려움을 겪곤 한다.[1] 예를 들어 일차상품 수출국은 언제나 국제무역 참여도가 높다. 즉 1인당 교역액이 1인당 화폐소득보다 상대적으로 훨씬 높다. 다른 한편으로 화폐경제는 수출에 대한 의존도가 훨씬 더 높아 변동성에 민감하다.

브라질 경제가 직면한 본질적인 문제는 다음과 같았다. 금본위제 규정은 수입 계수가 높으며 일차상품 수출에 특화된 시스템에 어느 정도 비용을 치르고 적용될 수 있었을까? 유럽 경제학자들은 이런 문제를 걱정한 적이 없다. 그들은 항상 생산구조가 비슷하고 수입 계수가 상대적으로 낮으며, 어느 정도 유사한 발전 정도를 가진 경제의 국제무역을 이론화하는 데만 집중해 왔기 때문이다.

유럽의 현실을 설명하는 데 있어 19세기 통화 이론은 의심할 여지가 없는 유용한 도구였다. 이 이론은 모든 국가들이 금본위 규정을 준수한다면, 즉 상이한 환경을 지닌 국가들이 동일한 통화-상품을 기본으로 가지고 있다면 보유하고 있는 금은 각국의 국내 거래 및 국제무역의 필요성에 따라 분배되는 경향을 보인다는 원칙에 기반을 두고 있다. 그러므로 상이한 국가들의 가격 시스템은 서로 연결되어 있는 것이다. 이 이론은 만약 한 국가가 수출보다 더 많이 수입을 한다면 국제수지의 불균형이 야기되어 그 국가는 금을 수출하게 되고 이는 결과적으로 통화량의 축소를 가져온다는 내용을 함축하고 있다. 화폐수량설에 따르면 이러한 통화 감축은 금 가격 상승에 대한 반대급부로 물가하락을 가져오며, 이는 자동으로 수출을

1_ 국제수지는 그 의미상 언제나 균형적이다. 여기서 언급하는 변동은 경상수지와 특별히 이 잔고를 보전하지 않는 자본 이동상의 변동이다.

장려하고 수입을 둔화시키면서 국제수지의 불균형이 수정된다.[2]

수입이 국가 지출에서 적은 부분을 차지하고 있는 경제의 경우 일시적인 국제수지의 불균형은 경제 시스템의 유동성을 크게 축소하지 않으면서 국내 통화의 유통을 통해서 해소할 수 있다. 그렇지만 수입 계수가 높은 경제에서는 이와 동일한 현상을 기대할 수 없다. 이 경우 갑작스럽게 발생한 국제수지 불균형은 큰 폭의 통화량 축소를 가져와 문자 그대로 경제 시스템에 충격파를 준다. 영국이 대규모 자본수출국으로 변모하지 않고, 세계경제 변동의 중심 국가가 아니었다면, 이러한 유형의 어려움은 19세기 내내 수입 계수가 빠르게 증가한 영국에서도 발생할 수 있었을 것이다.

19세기 브라질과 같은 유형의 경제에서 수입 계수는 실질적인 대외 거래가 제한된 통화 분야만 고려하면 특히 높았다. 국제수지 불균형 또한 세계시장에서 원자재 가격이 급락해 상대적으로 매우 컸다. 마지막으로 수입세가 중앙정부 수입의 주요한 원천이었기 때문에 대외무역과 공공 재정 간의 상호 관계가 고려되어야 한다.

그렇다면 예전의 노예 기반 수출 경제에서 이 문제는 어떻게 나타났을까? 노예 기반 수출 경제는 단순했기 때문에 성격상 어떠한 형태의 대외 불균형을 경험하지 않았다. 통화 수요가 수출과 같았기 때문에 아무런 불균형 발생 없이 통화 수요는 수입으로 확실히

2_ 불균형의 수정은 또한 자본흐름을 통해 실현될 수 있었다. 금 부족은 금리 인상을 일으킬 것이고, 이는 외국자본을 유치할 것이다. 그래서 경상수지 적자는 자본계정 잔고로 보상될 것이다.

전환되었을 것이다. 통화 수요가 수출보다 더 많아지려고 할 때 불균형이 발생할 가능성이 있다. 이러한 불균형이 임금노동 제도와 밀접하게 연결되어 있다는 것은 쉽게 이해할 수 있다.

수출로 인해 소득이 커지면 생산요소에 대한 총 지급액도 증가한다. 이미 살펴보았듯이 그 소득은 이용되지 않은 생산요소들이 있기 때문에 처음에는 명목상으로 증대하다 결국에는 실질적으로 커지는 경향을 보인다. 그러므로 소득 증가는 두 단계를 통해 실현된다. 첫 단계는 수출 증대, 두 번째 단계는 국내 승수효과이다. 소득과 수입 증대가 안정적인 관계를 보임에 따라 이러한 소득 증가분의 일부는 수입을 충족시킨다.

그렇지만 다음과 같은 사항을 중요하게 고려해야 한다. 산업 중심지(선진국)에서 위기가 발생하는 순간 일차상품 가격은 급락하고 그 결과 일차상품 경제국가로의 외화 유입도 곧바로 감소한다. 그에 반해 이전의 수출량과 수출액 증가 효과는 천천히 나타난다.[3] 이에 따라 외화 공급이 급격히 줄어도 수입 수요가 계속 증가하게 되

3_ 브라질에서 수입은 외환 도입을 통해 이루어졌기 때문에 대공황 시기 국제수지에 대한 압력이 더욱 심해졌다. 브라질의 수입은 대부분 영국에 의존했거나 브라질 시장에서 막대한 유동성을 갖고 있던 영국 기업들이 관장했다. 영국 기업들은 다른 나라로 수출하는 무역업자들(다른 국적의 상인들을 포함)들에게 중기로 대출을 해주었다. 이런 방식으로 수입무역이 수출무역에 자금을 지원했다. 해외에서 브라질 수요가 붕괴되었을 때, 수입업자들의 손에는 예전에 번성했던 시기의 판매를 통해 유입된 유동자금이 축적되어 있었다. 외화 공급이 줄어든 시점에는 이 유동자금이 국제수지에 압력을 가했다. 영국 수출업자들의 유동자금이 일찍부터 공공부채 채권에 투입된 미국에서 똑같은 문제가 어떤 양상으로 전개되었는지를 관찰해 보는 것은 흥미롭다. A. K. Manchester, op. cit., p. 315; Leland H. Jenks, *Migration of British Capital to 1873*, Nova York, 1927, pp. 68-70 참조.

는 중간 단계가 존재한다. 이 시기에 금 보유고를 동원할 필요성이 생기는데, 금본위제 메커니즘이 작동하기 위해서는 이 금 보유고가 상당한 양이어야 했다. 그 이유는 공동체의 총지출에서 수입 비중이 매우 높고 수입 능력의 변동성이 매우 클 뿐만 아니라, 이런 유형의 경제에서 침체기에는 국제수지상의 자본수지가 악화되기 때문이다.

산업화된 경제와 비교해서 종속경제에서 주기적으로 발생하는 현상의 성격을 관찰해 보면, 무엇 때문에 종속경제가 언제나 국제수지 불균형과 통화 인플레이션을 겪는 것인지 쉽게 이해할 수 있다. 산업화된 경제에서 경제 주기는 투자량의 변동과 연결되어 있다. 위기 시기에는 투자량이 급격히 위축되는데, 이러한 위축은 자동으로 총수요를 축소하고 일련의 반작용을 가져오며, 결국에는 그 수요를 점점 더 축소한다. 이러한 수요 감소가 수입 위축과 재고 청산으로 즉시 이어지는 과정은 이해하기 쉽다. 위기가 시작된다는 단순한 소식을 접한 수입업자는 수입품 수요가 감소할 것을 예상하고 주문을 중단하며, 이는 종속경제가 공급하는 일차상품인 수입품 가격의 급격한 하락을 가져온다. 한편 위기로 인한 비즈니스 위축은 기업 유동자산의 축소를 초래하고, 이에 따라 기업들은 해외에 예치한 자금을 포함해 가용할 수 있는 모든 형태의 자금에 의존하게 된다. 이에 따라 선진국(산업화된 국가)에서 위기는 수입 감소, 수입품 가격 하락, 그리고 자본의 유입을 동반한다. 마지막으로, 19세기에는 수출된 자본의 상당 부분이 공적 대출, 또는 금리가 보장된 민간 분야에 대한 투자였기 때문에, 자본 서비스는 국제수지상 경상수지의 상대적으로 경직된 항목을 구성하고 있어, 침체기에 자본 수출 국가들의 국제적인 위상을 강화하는 데 기여했다.

종속경제에서 위기는 완전히 다른 형태로 나타난다. 우선 수출품의 단위 가격이든 수출량과 수출액이든 축소되면 수출액 감소 현상이 나타나기 시작한다.[4] 수출액 감소가 수입품 수요에 완전하게 영향을 끼치려면 얼마간 시간이 필요하다. 이에 따라 초기의 불균형적 상황이 국제수지에서 나타날 수 있다. 더욱이 수입 상품(제조품) 가격의 하락은 일차 수출 상품 가격 하락보다 더 천천히 그리고 더 작게 진행된다. 즉 교역조건의 악화가 시작된다. 이러한 두 가지 요인들 외에 외채 상환 조건이 엄격해졌으며 자본유입도 감소하는 효과가 더해졌다.[5] 이러한 상황에서는 커피 전성기의 브라질 경제처럼 금본위제가 완전하게 작동하기 위해서는 얼마나 많은 금이 필요한지를 쉽게 상상할 수 있다. 노예-수출 경제가 임금노동에 기반을

4_ 이런 현상들 가운데 첫 번째가 낮은 소득 탄력을 보여 주는, 다시 말해서 소비자의 소득 흐름에 영향을 덜 미치는 식료품에서 일어난다. 두 번째는 산업 활동 감소로 급격하게 수요가 위축되는 산업용 원자재에서 발생한다. 그렇지만 첫 번째 경우든 두 번째 경우든 양쪽 모두 거래 이윤 전망이 줄어들기 때문에 가격은 떨어진다.

5_ 외채 상환은 19세기 후반기의 브라질 국제수지에 비추어 보았을 때 지나친 부담이 될 정도는 아니었다. 수출액 대비 외채 상환의 비중은 1861-1864년에는 9.4퍼센트였다가 1890-1992년에는 12.1퍼센트로 늘었다. 그럼에도 파라과이전쟁, 공공부채 정리 등의 비경제적 목적의 사업에 대규모 공적 대출이 이루어진 특별한 경우를 제외하면 자본유입은 채무 변제보다 언제나 낮았다. 1886-1889년처럼 특별히 유리했던 시기에는 자본 수입은 수출액의 14.3퍼센트를 차지한 반면, 외채 상환은 14.6퍼센트에 달했다. 1876-1885년과 같이 덜 좋았던 시기에 자본 수입은 5.3퍼센트 줄어들었으며, 외채 상환은 12.2퍼센트였다. 이에 대한 세부 사항은 J. P. Wileman, op. cit. 참조.

둔 새로운 시스템으로 대체되어 감에 따라 금본위제 실시는 더욱 어렵게 되었다.

이 문제에 대한 분석은 매우 흥미롭다. 또한 당시 브라질 국민이 직면한 어려움의 유형에 대해 많은 것을 드러내므로 브라질의 경제 현실을 파악할 수 있다. 브라질 경제는 선진국(산업 중심 국가들)에 의존적이었기 때문에 유럽에서 일어난 현상에 대한 유추를 통해 브라질의 경제 문제를 '해석'interpretar하지 않을 수 없다. 브라질 내 유럽 경제학의 유입은 법학 대학을 통해 이루어졌으며, 다른 두 현실을 대조하려는 시도도 전혀 없이 일종의 '교리문답서'corpo de doutrina처럼 그대로 수용하는 경향을 보였다. 현실이 이상적인 교리 세계로부터 거리를 두는 곳에서 사회병리학적 현상이 시작되었다고 추측하고, 현실과 대조되는 교리에 대한 비판 가능성을 완전히 배제한 채 일부 정치인들은 이상적인 현실 해석을 반영해 정책을 입안했다.

비판적·과학적인 관점으로 현실을 볼 수 없게 만드는 이러한 정신적 억제는 통화 문제에 있어서 매우 명확하게 드러났다. 그 이유는 유럽에서 19세기에 금본위제 이외의 통화 이론을 수립하기 위한 진지한 노력이 전혀 없었기 때문이다. 어느 정도 경제학 지식을 지닌 브라질 정치인은 금본위제 통화 문제에서 일련의 교조적인 선입관에 사로잡혀 있었다. 브라질에서 통용되고 있던 통화는 단지 '병리적'patológico으로, 다시 말해 '태환 불능'inconversibilidade하게 보였다. 그리고 이러한 '태환 불능' 통화에 금본위제(특히 화폐수량설에 기반한 금본위제)를 적용하려고 하면서 현실과는 더욱 멀어지게 되었다. 브라질 경제에서 발생한 태환불능, 적자, 화폐 발행 등 모든 현상이 비정상적이고 잘못된 것이라는 단조로운 주장을 하는 브라질 경제사학자를 접하는 것은 놀라운 일이 아니다. 그렇지만 100년간이나 나타난 이러한 '비정상'anormalidade적인 현상은 한 번도 체계적인 연구 대상이 된 적이 없다. 브라질 경제의 바로 '그 현실'이라 할 그 '비정상적 현상'을 이해하기 위한 노력조차 없이, 역사적 경험이 헛되다는 것을 보여 주는 데 모든 노력을 허비해 버렸다. 그것은 브라질 경제 시스템을 유럽에서 지배적이었던 통화 규칙에 종속시키는 것이었다. 이러한 엄청난 모방 노력, 즉 현실 관찰을 근거로 하지 않고 교리의 원칙들을 맹목적으로 추종한 신앙으로부터 유래한 이러한 노력은 20세기 첫 30년 동안 지속되었다.

고용수준의 보호와 소득 집중

강력한 이주 움직임으로 인해 브라질 내 잉여 노동력이 늘고, 그에 따라 실질임금이 상승하지 않으면서 어떻게 커피 경제가 오랜 기간 성장할 수 있었는지 이미 살펴보았다. 브라질 내 평균임금의 인상은 정체된 자급 경제에서 수출 경제로 단순한 노동력 이전을 통한 생산성 향상을 반영했다. 수출 경제에서 달성한 생산성 개선을 전체적으로나 부분적으로나 임금노동자들에게 강제로 이전하는 압력이 경제 시스템 내에서 작동하지 않았으므로 기업가들은 생산성 개선의 결과를 자신들의 이익으로 취할 수 있었다. 또한 이러한 수출 분야의 생산성 향상이 순전히 경제적인 성격이며, 커피 가격의 변화를 반영하고 있다는 점도 강조한 바 있다. 노동력이나 토지를 통해 물리적 생산성을 올리려면 기업가는 커피 재배 과정을 개선하거나 자본 강화, 즉 토지 단위나 노동력 단위당 더 많은 양의 자본 투입을 해야 했다.

임금인상 압력이 전혀 존재하지 않았기 때문에 기업가는 노동력을 자본으로 대체하는 것, 즉 노동력 단위당 자본의 양을 늘리는 데 관심을 두지 않았다. 생산성 증대의 결실이 자본으로 되돌아갔으므로 재배 면적이 크면 클수록, 다시 말해 동원된 자본 단위당 생산량이 늘어날수록 기업가의 상황은 더욱 유리해졌을 것이다. 증가된 생산성이 전부 수익으로 바뀌었으므로, 가능하면 자본 단위당 많은 양을 생산하고 생산 단위당 임금은 최저로 지불하는 것이 기업가들의 관심사였으리라는 점은 확실하다. 이러한 상황에 따른 실질적인 결과로 재배 방법 개선에 대해서는 아무런 동기가 없었고, 기업가는 늘상 농장 확대를 위해 새로운 자본을 투입하는 일에만 관심을 갖게 된다.

토지와 관련해서도 동일한 현상이 관찰된다. 점유한 토지가 부족하면 기업가들은 재배 방법을 개선하고 소득을 늘리기 위해 자본을 더 많이 투입하려 했을 것이다. 더욱이 질 낮은 토지를 점령했다면 땅에서의 소득을 높이려고 했을 것이다. 즉 기업가가 토지 소유주에게 자신의 이윤이 증가된 부분을 이전하도록 했을 것이다. 이러한 토지 소득renda da terra의 압력으로부터 벗어나기 위해 기업가는 재배를 강화하게 된다. 즉 재배 토지 단위당 동원되는 자본량을 늘리게 된다. 실제 자급자족경제에서는 노동력보다 점유되지 않거나 덜 활용되고 있는 토지가 더 많았다. 기업가는 토지를 표면 단위당 최저 자본을 투입해 사용한다. 기업가 입장에서는 토지가 고갈 징후를 보일 때마다 보다 많은 소득을 올려 줄 새로운 토지로 자본을 이전하고 기존의 토지는 포기하는 게 옳다. 사회적 관점으로는 용서할 수 없는 이 토지 파괴는 자본 대비 최대의 이윤을 얻는 것이 목표인 기업가의 관점에서는 완전히 수용 가능하다. 기업가는 경제적 근거가 있을 때에만 토지 보전에 관심을 가진다. 즉 경제적 인센티브가 있을 때 농장을 확장하고 자본 단위당 토지와 노동력의 양을 늘린다.

그렇지만 커피 재배가 발전한 경제적 조건들은 기업가가 사용한 노동력이든 토지든 간에 물리적 생산성을 늘리기 위한 어떠한 자극도 기업가에게 가하지 않았다. 사실 자본은 부족하지만 토지와 노동력이 사용되지 않거나 덜 사용된 경제에서는 바로 이것이 합리적 성장 방법이다. 물론 의식적인 토양 파괴가 장기적으로는 부정적인 효과를 초래한다고 주장할 수 있다. 그러나 조방 재배 방식이 집중 농업 방식보다 자본(부족한 요인) 단위당 생산량이 훨씬 많다는 것을 인정하지 않을 수는 없다. 이 상황은 추출 산업의 상황과 완전히 비슷한데, 광산 자원의 고갈은, 즉 훗날 미래 세대가 부족하다고 한탄할 수 있는 국가 재산의 상실이기 때문이다. 그렇지만 고갈되어 가는 자원을 이용하는 것이 경제발전의 초석이 될 수 있다면 현재 세대뿐만 아니라 미래 세대(재생산 가능한 자본으로 변모된 자원을 받게 될 세대) 또한 혜택을 받게 될 것이다. 토양은 언제나 다시 회복이 가능하기 때문에 이는 어느 정도 덜 심각한 문제라고 볼 수 있다. 파괴된 토양이 복구 불가능한 경우는 드물다.

앞에서 지적한 이유로 인해 수출 분야가 팽창한다고 해서 물리적 생산성이 증대되는 경향은 전혀 나타나지 않았다. 기업가가 혜택을 보는 생산성 향상의 결실은 주로 간헐적인 가격 상승을 반영했는데, 이러한 가격 상승은 경제 주기를 통해 표출된다. 이에 따라 기업가가 경제 호황기에 거둔 막대한 이윤의 일부를 보다 낮은 이윤의 형태로 되돌려 줄 것으로 기대할 수 있다. 수출가격의 변동은 기업가의 이윤 폭 축소나 팽창의 형태로 나타난다. 하지만 어느 정도 명확한 이유로 인해 그런 현상은 발생하지 않았다. 우리는 앞에서 주기적인 위축은 거의 필연적으로 국제수지의 불균형을 가져왔으며, 이는 환율 재조정을 통해 해소된다는 사실을 관찰한 바 있다.[1]

이미 지적했듯이 대외 불균형은 경제 시스템의 자체 성격에 내재된 일련의 요인으로 인한 것이었다. 위기는 밖에서 안으로 경제 시스템에 침투했고, 그 충격은 필연적으로 큰 규모로 나타났다. 첫 단계, 다시 말해 수출가격이 하락한 바로 그다음 시기에 수입 수요가 이전의 수출 팽창에 따른 간접적인 효과와 수입 금융지원의 영향을 받아서 어느 정도의 기간 동안 연장될 것이라는 사실을 앞에서 밝혀낸 바 있다. 이러한 요인과 앞에서 지적한 다른 요인들로 인해 국

1_ 밀 헤이스(mil-réis, 1942년부터 끄루제이루로 불렸다)의 법적 평가 가치는 독립 당시 67과 1/2펜스(금 22캐럿 1온스의 8분의 1로 1,600헤이스에 해당)였으나, 1833년에는 43과 11/2펜스로, 1846년에는 27펜스로 하락했다. 1850년대에는 연평균 환율이 27펜스였거나 10년 가운데 6년 동안 27펜스였고, 10년 전체로 볼 때는 25펜스 이상이었다. 1860년대에는 연평균 환율이 27펜스였으며, 5년간은 25펜스를 넘었다. 1870년대에는 연평균 환율이 27펜스였으며, 4년간은 25펜스를 넘었다. 1880년대에는 한 번도 27펜스였던 적이 없으며, 2년간은 25펜스를 넘었고 다른 2년간은 20펜스 이하였다. 1890년대에는 10년 중 9년간 20펜스 이하였다.

제수지 불균형, 즉 경상수지 적자가 누적되었다. 만약 경제가 금본위제 내에서, 다시 말해 대외자산과 금 보유고의 청산을 통해 운영된다면 국제수지 불균형은 수출 분야에서 시작해 전 경제 분야로 확산되는 전반적인 경제 위축으로 해소될 것이다. 이미 우리는 경제 시스템 논리상 수출 분야의 위축이 주로 어떻게 이윤 마진의 감소로 나타나는지 관찰한 바 있다. 그러므로 위기로 인한 총소득의 축소는 기본적으로 비임금 계급의 소득 감소로 나타난다. 수입품이 고소득 계급 소비지출의 중요한 부분을 차지하고 있기 때문에 수출 분야에서의 갑작스러운 이윤 축소는 수입품에 대한 수요를 감소시키는 경향을 틀림없이 나타낼 것이다. 게다가 이윤 감소는 투자 규모에 영향을 미치고 수입 수요를 줄이는 이차적 효과를 불러온다.

환율을 통한 대외 불균형 수정은 완전히 상이한 성격의 일로, 그 결과는 매우 다르게 나타났다. 수출품 가격이 하락(이 경우 커피 가격)하면서 국내 통화의 대외 구매력이 급속히 하락하는 경향을 보였다.[2] 이러한 하락은 대외 불균형이 구체화되기도 전에 나타났는데, 대외 불균형이 발생하리라는 단순한 예측만으로도 화폐의 대외 가

2_ 브라질의 가장 뛰어난 학자들이 중앙정부의 적자와 화폐 발행 문제에만 신경 쓰며 연구할 때 와일먼은 환율 결정 요인으로서 커피 가격의 역할에 주목했다. 1861-1864년과 1865-1869년 사이에 포대당 평균 커피 가격은 5,729헤이스에서 4,952헤이스(금)로 떨어졌으며, 평균 환율은 27과 6/8에서 21.31로 떨어졌다. 1870-1875년에 포대당 커피 가격은 6,339헤이스로 올랐으며, 환율은 24.3을 회복했다. 1876-1885년에는 포대당 커피 가격은 3,247헤이스로 떨어졌으며, 환율은 22와 1/4로 떨어졌다. 마지막으로 1886-1889년에 포대당 커피 가격은 5,432헤이스로 올랐으며, 환율 또한 24와 1/4로 올랐다. J. P. Wileman, op. cit., pp. 234-248.

치가 떨어질 만큼 그 이유가 충분했기 때문이었다. 이렇게 해서 모든 수입품은 갑작스레 가격이 올랐으며, 브라질 내 수요는 자동적으로 축소되었다. 그래서 실제 보유하고 있지 않았던 금 보유고를 팔 필요도 없이 경제는 대외 불균형을 수정하게 된다. 한편으로는 수입품 가격이 오르면서 수입품에 대한 소비자들의 구매력이 감소한다. 다른 한편으로는 해외로 자금을 보내려는 사람들에게 돈을 더 많이 지불하게 함으로써 자본수출에 대한 일종의 세금이 부과되었다.

또한 통화의 대외 가치 하락은 외화를 판매하는 모든 사람들, 즉 수출업자들에게는 프리미엄을 의미했다. 하나의 예를 통해 확실하게 살펴보도록 하자. 위기 바로 직전에 커피 수출업자가 커피 한 포대를 25달러에 팔고 200끄루제이루cruzeiro를 받는 경우, 즉 달러당 8끄루제이루의 환율로 바꾼다고 가정해 보자. 그런데 위기가 진행되면서 포대당 커피 가격이 40퍼센트 떨어져 15달러가 된다. 만약 경제가 안정적인 환율로 운영되고 있다면, 10달러 하락은 이미 지적한 이유로 인해 기업가의 이윤 감소분에 해당될 것이다. 그렇지만 환율로 인해 재조정이 발생했기 때문에 그 결과는 다르게 나타났다. 이번에는 위기가 고조되면서 달러 가치가 8끄루제이루에서 12끄루제이루로 상승한다고 가정해 보자. 이 경우 기업가는 커피 1포대를 15달러에 팔았으나 이 15달러는 더 이상 120끄루제이루가 아니라 180끄루제이루가 된다. 기업가의 손해는 외화로는 40퍼센트이지만 브라질 화폐로는 10퍼센트가 되는 것이다.

대외 불균형 수정하는 과정은 결국 수입업자의 소득을 수출업자에게 이전하는 것이었다. 수입은 전체 공동체가 지불하는 것이기 때문에 수출 기업가들은 손실을 적극적으로 사회화한다. 사실 소득 이전의 일부는 수입품 소비자와 수출업자라는 이중적 역할을 동시에 수행하고 있던 기업가 계급 내에서 이루어졌으나, 대부분의 소득 이전은 수입품을 소비하는 대중 소비 계층과 수출 기업가 사이에서 이루어졌다. 19세기 말과 20세기 초 식량과 섬유(직물)가 전체 수입의 50퍼센트를 차지한 브라질의 수입 구성을 통해 이러한 소득 이전의 크기를 짐작할 수 있다. 경기 침체기에 낮은 소득 탄력성 때문에 수입 감소폭이 적은 수입품은 대중 소비 계층이 사용하는 필수품이었다. 비임금 계층이 전적으로 수입하는 소비 제품은 필수품이 아닌 것들로, 소득 탄력성이 높은 제품이었다.

요약하자면, 상승 주기에 달성한 생산성 향상의 결실은 풍부한 토지와 노동력이라는 조건으로 인해 기업가들이 가져갔다. 그러므로 호황기에는 소득이 집중되는 경향이 있다. 이윤이 임금보다 더 빠른 속도로 증대하거나, 임금이 계속 정체해 있는 동안 이윤이 많아지면 전체 토지 소득에서 이윤이 차지하는 비중이 느는 경향을 보인다. 경기 침체기에는 수출 분야의 경제적 생산성 또한 크게 하락한다. 경기 호황기에 생산성 향상의 결실을 기업가 계급이 가져가는 것과 마찬가지로, 경기 침체기에 가격 하락의 손실은 수출 기업의 이윤 부분에 집중되는 경향이 있다. 그럼에도 대외 불균형 경제에서 대외 불균형의 수정 수단인 환율 재조정을 통해 손실은 대중 소비 계층에 전가되었다. 그러므로 경제 호황기의 특징인 부의 집중 과정은 소득이 침체되는 시기에는 나타나지 않는다.

이런 방식으로 작동하는 이유는 취약한 보호 수단을 지닌 경제 조직의 생존을 위한 노력 때문이다. 선진국 관점에서 볼 때 경제 위기는 경제가 확고하게 발전하는 과정에서 규칙적으로 멈추는 양상으로 나타난다. 이러한 멈춤에 힘입어 빠른 성장기에 조정이 어려웠던 경제 시스템의 일부가 재조정된다. 갑작스런 이윤의 하락으로 금융 상황이 비효율적이고 어려운 기업이 도태된다. 반면에 금융 상황이 양호한 기업에는 효율성 개선이 요구되며 자본주의 경제 발전의 상위 단계에서 필수 불가결한 금융력金融力이 집중된다.

일차상품을 수출하는 종속경제에서 위기는 밖에서 안으로 오는 큰 변동으로 나타났다. 해외에서 불어오는 거센 압력으로부터 자신을 보호하기 위해 종속경제가 취하게 되는 왜곡 현상들은 침체기와 위기 이후 나타나는 회복기에 선진국에서 나타나는 조치 및 대응과 전혀 같지가 않다. 시스템 논리상 예측할 수 있듯이 수출가격 하락이 기업가들의 이윤 감소로 나타난다면, 그 이윤 감소 정도에 따라 많은 기업가들은 커피 생산을 중단하거나 현지의 소규모 생산자들로부터 커피 구매를 중단하게 될 것이 명확하다. 임금의 하락(압박)을(임금수준은 호황기에도 인상되지 않았다) 통해 단기간에 경비 감축을 실현할 수 없기에 기업가, 특히 금융 상황이 어려운 기업가에게 남는 유일한 해결책은 생산 축소이다. 이에 따라 대부분의 경제활동이 마비되게 될 것이며, 이러한 특성에 비추어 볼 때 마비는 가장 큰 손실을 가져올 것이다.

특성상 커피 농장은 대규모 고정자산을 동반하는 장기투자가 필요하다. 커피 재배에 사용된 토지는 다른 작물 재배를 위한 보조 토지로밖에 사용할 수 없다. 곡물의 경우처럼 다음 생산기에 재배 면적을 축소할 수 있는 가능성이 없다. 고정자본의 투자 규모가 크기 때문에 커피 재배를 포기한다는 것은 기업인에게 커다란 손실이다. 게다가 노동력 활용에 있어서 다른 대안이 거의 없으므로 전체적인 소득 상실은 매우 큰 규모가 된다. 커피 농장 일을 그만두는 인구는 순수한 자급자족경제로 전환하게 된다. 화폐소득의 하락은 국내시장 경제에 이차적인 영향을 주고, 그 침체를 확대할 것이다. 그리고 이 비싼 대가는 그 어떠한 것으로도, 아니면 아주 적은 것으로도 대신 치르지 못했을 것이다. 아마도 더 큰 재력을 지닌 기업가들이 약한 기업을 흡수하면서 자산 집중이 더 많이 발생했을 것이다. 그렇지만 생산성을 확대하는 방향으로 자극이 일어났을 것이라고 믿을 이유는 전혀 없다. 경제활동의 성격상 단기간에 물리적 생산성을 증대할 수 있는 유일한 방법은 임금을 줄이는 것이지만, 이는 공동체 전체의 관점에서는 해결책이 되지 않는다.

그러므로 브라질 경제가 침체 기간 동안 왜 모든 수단을 동원해서라도 고용수준을 유지하려 했는지 그 이유가 설명된다. 커피의 국제가격 하락이 어떻든 공동체 전체의 관점에서 볼 때 커피 수출 수준을 유지하는 것이 언제나 더 큰 이득이었다. 이를 유지함으로써 브라질 내 고용수준을 보호하고, 이차적인 위기 영향을 제한할 수 있었다. 이러한 목표를 달성하기 위해서는 위기의 충격이 기업가들의 이윤에 집중되지 않아야 했다. 많은 기업가들이 추가적인 소득 감소를 막을 수 없어 사업을 중단할 수밖에 없기 때문이다.

공화정의 분권화와
신흥 압력 그룹의 형성

환율 평가절하 과정을 좀 더 면밀하게 관찰해 보면 소득 이전이 여러 형태로 이루어진다는 것을 쉽게 유추할 수 있다. 한편으로는 자급자족 분야의 수입품 지불 가격이 수출 분야의 상품 지불 가격보다 높기 때문에 둘을 비교해 보면 수출 분야에 유리하게 소득이 이전된다는 것을 알 수 있다. 다른 한편으로는 자급자족 분야에 고용된 시골(농촌) 임금노동자들이 식량의 상당 부분을 자신들이 생산했더라도 임금의 상당 부분을 화폐로 받고, 수입한 제품이나 수입한 원자재로 국내에서 반가공한 상품을 소비하고 있기 때문에 수출 분야 내에서 대규모 소득 이전이 이루어졌다는 것을 쉽게 알 수 있다. 그렇지만 가장 큰 손해를 경험한 핵심 계층은 도시인구이다. 임금과 급여로 생활하며, 식량을 포함한 수입 물품을 대규모로 소비하는 도시인구의 실질임금은 환율 변화(평가절하)의 영향을 특히 나 많이 받았다.

게다가 환율 평가절하로 인해 야기된 소득분배의 역진적인 효과 는 공공 재정 운영으로 인해 더욱 악화되었다. 중앙정부 세수의 근 간인 수입세는 고정환율로 징수되었다.[1]

통화가 평가절하되면 종가세ad valorem do imposto 규모가 줄어들면 서 두 가지 역진적 효과를 발생시킨다. 먼저 실질적인 관세 축소는 고율의 관세를 부과하는 상품, 즉 고소득층이 소비하는 상품에서 크게 나타났다. 둘째, 세수의 감소로 인한 적자를 보전하기 위해 정 부는 화폐를 발행하게 된다. 통화 발행은 무엇보다 도시 임금노동 자 계층에 영향을 주기 때문에 역진세적 효과가 더욱 커진다.

정부가 금으로 결제하겠다는 중요한 약속을 했기 때문에 정부 세 수의 금 가치 하락은 더욱 심각한 결과를 초래한다. 환율이 평가절 하되면서 정부는 외채 상환 시 더욱더 많은 세수를 국내 통화로 지 급해야 했다. 그 결과 불요불급한 공공 서비스를 유지하기 위해 정 부는 통화를 발행할 수밖에 없게 된다. 브라질에서는 파라과이전쟁

1_ 종가세가 고정환율(1천 헤이스당 27펜스)의 국내 통화로 지불되었기 때문에 통화가 평 가절하 되면서 세금은 안정화되었으나, 수입품의 국내가격은 오르게 되었다. 이렇게 해서 수입세를 통한 정부 수입(收入)은 계속 안정을 유지했으나, 수입 비용은 증가했으며 외화 비용 역시 크게 증가했다. 정부는 수입세 징수를 목적으로 1886년에 벨리자리우(Belisario) 개혁을 통해 1천 헤이스의 가치를 24펜스로 고정했다. 그다음 2년 동안 환율이 이 수준 이 상으로 올라가자 수입세는 수입액 이상으로 증가한 반면, 외환 가격은 하락했다. 이러한 결과는 공공 재정에 매우 유리하게 작용했다. 무르치뉴(Murtinho)는 1900년 금 관세(tarifa-ouro)를 도입하면서 이 문제와 관련한 과감한 해결책을 제시했다.

기간을 제외하고 화폐 발행이 공공 분야의 활동을 확장하는 데 쓰인 징후가 전혀 없었다.[2] 한편 '환율을 방어하기' 위해 정부는 계속해서 부담이 큰 차관 계약을 맺고 이러한 차관의 상환은 재정에 감당하기 어려운 부담을 안겼다. 공공지출에서 부채 상환 비중이 증가함에 따라 경기 침체기에 경상 수입으로 재정을 유지하기가 더욱더 어려워졌다. 이에 따라 해외 차관, 예산 적자, 화폐 발행(상당 부분이 재정적자를 보전하기 위한 것이었다), 그리고 환율 변동에 따른 경상수지 불균형 간에 밀접한 관계가 형성되었다.

여기서 재정 시스템 운영 방식에 특히 주목할 필요가 있다. 재정 시스템이 해외 충격의 영향을 완화하는 데 기여하는 측면도 있지만 불경기에는 역진적 소득 이전을 촉진했다. 화폐가 평가절하되었을 때(즉 수출품 가격이 국제시장에서 하락했을 때) 재정 부담 경감이 해외 디플레이션 압력에 대한 보상 요인으로 명확하게 작용했다. 그럼에도 재정 부담 축소는 주로 고소득 계층에게 혜택을 주었다. 게다가 지폐 발행을 통한 적자 보전은 인플레 압력을 초래했는데, 그 즉각적인 여파는 도시 지역에서 더 크게 느껴졌다. 이에 따라 (대외 압력, 즉) 수출가격 하락은 국내적으로는 인플레 과정으로 변하게 되었다.

2_ 이 문제는 1880년대와 1890년대를 비교하면 아주 잘 드러난다. 1880년대에는 통화량이 안정적이었으나 1890년대에는 세 배 이상 증가했다. 그렇지만 중앙정부의 지출과 수출 금액 전체를 비교해 보면 두 금액 간의 간계가 0.72에서 0.49로 하락했음을 증명할 수 있다. 이러한 하락은 부분적으로는 환율의 평가절하로 인해 수출 계급에 유리한 소득 이전이 반영된 것이지만, 상당한 세금 부담 축소 또한 있었을 것으로 볼 수 있다. 또 다른 하락 징후는 일반 세수가 1880년대에는 세출의 88퍼센트였으나 1890년대에는 80퍼센트에 그쳤다는 데서 찾아볼 수 있다.

이런 형태의 국내 불균형은 브라질 공화국 선포(1889년 11월 15일) 이후 수립된 제1차 임시정부가 채택한 통화정책으로 인해 1890년 대에 더욱 심화되었다. '태환성'conversibilidade이라는 신기루로 인해 엄청난 충격을 받은 1880년대의 제국주의 정부가 추진한 통화정책 은 한편으로는 막대한 외채의 증가를 가져왔고, 다른 한편으로는 지불수단(통화) 부족을 지속적으로 겪는 경제 시스템을 유지시켰 다. 1880~1889년 사이에 유통된 지폐는 21만6천 꽁뚜conto에서 19만7천 꽁뚜로 감소했다. 반면 대외무역량(수출+수입)은 41만1천 꽁뚜에서 47만7천 꽁뚜로 늘었다. 이 기간에 노예제도가 임금 시스 템으로 대체되었고, 약 20만 명의 이민자들이 브라질에 들어왔다 는 점을 고려한다면, 당시 지불수단이 크게 부족했다는 것을 쉽게 이해할 수 있다. 임금노동 기반 경제하에 브라질이 사용하던 통화 시스템은 전적으로 부적절했다. 이 시스템은 정부의 적자를 보전하 기 위해 재무부(국고국)가 발행한 지폐와, 적지만 종이 어음notas 발 행의 특권을 누렸던 일부 은행들이 발행한 어음(1880년대에 약 20퍼 센트 차지)을 그 기반으로 하고 있었다. 이 시스템은 탄력성이 전혀 없었으며, 이전의 통화팽창은 위기 때나 위정자들의 단순한 변덕에 따라 취해진 긴급조치의 결과였다. 노예노동 제도가 유지되는 동안 에는 화폐소득의 흐름이 작았으며 이러한 초기적인 통화 시스템으 로 인해 발생한 장애도 그리 크지 않았다. 그러나 1875년 위기 이 후 브라질에서는 최소한의 자동 통화 메커니즘이 필요하다는 인식 이 확고해졌다. 그러나 개혁은 1888년 의회가 관련 조치를 승인할 때까지 기다려야 했다. 제국 정부는 불명확하고 미흡한 그 개혁 조치마저 끝까지 시행하기를 꺼렸다.

적절한 통화 시스템을 채택하는 능력, 노동력 문제를 단호하고 적극적으로 해결하는 능력 또한 부족한 제국 정부로 인해 브라질 내 여러 지역에서 다양한 이해관계가 출현했다. 이전에는 지역 간의 경제 관계가 줄어도 근본적인 이해 차이가 발생하지 않았다. 북부와 남부 지역의 사회 조직 형태는 동일했고, 지도층은 동일한 언어를 사용했으며 노예무역 유지를 위해서 싸워 듯이 근본적인 문제에 있어서는 서로 의견이 일치했다. 그러나 19세기 마지막 20~30년 동안 지역 간 견해 차이가 커지기 시작했다. 남부 사회는 커피농장과 도시 임금노동의 영향, 그리고 남부 최남단 식민 지역 소규모 농장주의 영향 속에서 신속하게 변해 갔다.

브라질 남부 지방에서 공공서비스, 교육, 보건, 직업 교육, 은행 등 분야의 행정 조치 및 개혁 필요성은 점점 더 커져 갔다. 그렇지만 예전의 노예제도에서 이익을 누리던 사람들이 행정과 정치에 큰 영향력을 행사하고 있던 제국 정부는 이러한 새로운 문제들에 관심을 기울이지 않았다. 그 결과 1889년의 공화국 선포는 지역 자치를 주장하는 운동의 성격을 띠었다. 공화국 설립 후 첫 20년 동안 새롭게 탄생한 주州 정부들은 경제 및 재정 정책 분야에서 중요한 역할을 맡았다. 임시정부는 제국 정부가 시행하지 않은 1888년의 통화개혁을 시행하며 수많은 지방은행들에 화폐 발행을 허가했는데, 이로 인해 전국적으로 갑작스럽게 거대한 신용팽창이 이루어졌다. 오랫동안 극히 까다로웠던 신용거래가 갑작스레 매우 쉬워지자 그때까지 브라질에 없던 경제활동 과열 양상이 나타났다. 갑작스런 화페소득의 팽창은 국제수지에 커다란 압력을 불러왔다. 평균 환율은 1890년 26펜스에서 1893년 13과 15/16펜스로, 그다음 1890년대 말까지 8과 7/32펜스가 되기까지 계속 하락했다.

최초로 수립된 임시정부가 허가한 무제한적 신용팽창으로 야기된 19세기 마지막 10년의 엄청난 환율 평가절하 때문에 임금 계층, 특히 도시 지역의 임금 계층이 커다란 압력을 받았다. 이러한 압력으로 인해 그 이전 50년 동안 겪어 보지 못한 혁명과 군사 반란이 연이어 발생했으며 이 시기 사회적·정치적 불안이 더욱 가중되었다. 1898년부터 조아낑 무르치뉴Joaquim Murtinho가 도입한 정책은 정치 및 경제 세력 간의 새로운 균형을 반영한 것이었다.[3] 채무 재조정을 통한 외채 상환 감축(1898년), 수입세 징수시 금 조항[4] 도입(1900년), 일련의 디플레이션 조치, 큰 폭의 수출 증가(1896~1899년 기간 2,600만 파운드에서 1900~1903년 기간 3,700만 파운드로 증가)에 힘입어 국제수지의 불균형이 해소되었다.[5] 1900년 이후 통화의

3_ 깜뿌스 살리스(Campos Salis) 정부(1898-1902)의 재무장관인 조아낑 무르치뉴는 브라질에서 처음으로 국제수지에 대한 압력을 줄이고 정부의 대외 신용을 재확립하려는 목적으로 일련의 경제·재정 조치를 채택했다. 무르치뉴는 앞에서 인용한 와일먼의 저서에서 영향을 받았다. 그의 저서에서는 통계 자료에 대한 조심스러운 비판에 기초해 브라질 경제 대외 불균형의 원인이 처음으로 객관적·체계적으로 분석되었다.

4_ 수입세 징수 시 인플레이션에 따른 통화가치 하락을 우려해 수입세를 금의 가치로 납부하도록 명시한 계약 혹은 조항._옮긴이 주   '

5_ 19세기 마지막 10년과 20세기 첫 10년 동안 브라질의 수출액이 크게 증가한(국제수지 면에서 상당한 개선이 이루어지게 된 주요 요인) 근본적인 이유는 고무 수출이 급증했기 때문이다. 당시 브라질의 수출 가운데 고무가 차지하는 비중은 1890년 10퍼센트였다가

평가절하와 직접적인 이해관계가 있던 수출 집단은 다른 집단들의 조직적인 저항에 직면하게 되었다. 이들 집단 가운데는 도시 중산층, 민간 공무원 및 군 공무원, 상업 종사자들, 도시 및 농촌 임금노동자들, 국내시장과 연결된 농업 생산자들, 공공서비스 양허 사업을 하고 있지만 이자가 전부 보장되지 않던 외국 기업 등이 있었다. 추가적인 보호를 받기보다는 생산능력(즉 수입 장비 가격) 증대에 더 관심이 컸던 신흥산업 세력 또한 환율 평가절하로 손해를 본다고 생각했다.

공화국의 분권화에 힘입어 정부는 경제 분야에서 더욱 큰 정치적·행정적인 유연성을 갖게 되었고, 이는 거대 농업 수출 집단에 유리한 것이었다. 그럼에도 소득을 농촌의 토지에 의존하지 않는 새로운 사회집단이 정치적으로 부상함에 따라 이전에 농업 수출 집단이 중앙정부에 대해 행사해 왔던 통제력이 상당히 줄었다. 이에 따라 주정부와 연방정부 간 긴장의 시기가 시작되어 20세기 첫 20~30년간 계속되었다.

1910년에는 39퍼센트로 증가했다.

5부

20세기 산업 시스템으로의
이행기 경제

커피 경제의 위기

1890년대 들어 커피 생산 확대에 매우 유리한 상황이 조성되었다. 먼저 대외적으로는 전염병으로 실론 섬의 커피 밭이 파괴된 탓에 아시아 지역의 커피 생산이 크게 줄어 브라질 이외의 지역들이 커피를 공급하는 데 어려움을 겪었다. 국내적으로는 공화정의 분권화로 이민 문제가 중앙정부에서 주정부 관할로 이관되면서 상파울루 주정부, 실질적으로는 상파울루의 커피 농장주 계급이 이민 문제를 보다 넓게 관장하기 시작했다. 마지막으로는 이 기간 중 발생한 커다란 신용 인플레이션 효과에 힘입어 커피 생산업자들이 두 가지 혜택을 보았다. 먼저 신용으로 새로운 경작지 개발에 필요한 자금을 조달했다. 둘째, 환율 하락으로 브라질 국내 통화로 환산한 커피 가격이 올랐다. 브라질 커피 생산량은 1880~1881년에 370

만 포대(포대당 60킬로그램)였다가 1890~1891년에는 550만 포대
로, 그리고 1901~1902년에는 1,630만 포대로 증가했다.[1]

19세기 마지막 25년 동안 철도·항구·해상 운송 수단에 대한 투
자가 지속적으로 확대되었다. 이러한 가운데 커피 생산 국가들의
특징인 노동력 공급의 탄력성과 풍부한 토지는 커피 가격의 장기적
인 하락 전망을 확실하게 보여 주는 징후였다. 보다 넓은 관점에서
관찰해 보면 이 문제의 성격을 더욱 잘 이해할 수 있다. 원자재 수
출국의 기업가들은 투자 결정 시 국제시장이 필요로 하는 제한된
수의 상품 가운데서 투자 대상 상품을 선택해야 했다. 브라질에서
상대적으로 보다 유리한 위치를 점하고 있던 상품은 커피였다. 커
피 가격이 하락하지 않는 한 브라질에서 형성된 자본은 유리한 환
경이 사라질 때까지 커피 재배 사업으로 계속 유입되었다. 그러므
로 브라질에서 커피 공급량은 커피 수요의 확대뿐만 아니라 덜 사
용되고 있는 노동력, 덜 개발된 이용 가능한 토지, 커피 수출이 제
공하는 상대적인 우위에 힘입어 증가할 수밖에 없었다.

19세기 말 발생한 대규모 커피 재배 확대는 실질적으로는 브라
질이라는 단 한 나라 안에서만 이루어졌다. 브라질의 예외적인 커
피 재배 조건에 힘입어 브라질 기업들은 세계 커피 공급량 가운데
4분의 3을 통제하게 되었다. 이에 힘입어 브라질 기업은 세계 커피
공급을 주무를 수 있었고, 커피 가격을 결정하는 데서 매우 특별한
위치를 점유하게 되었다. 20세기 초 커피 초과생산이라는 첫 번째

1_ Pierre Denis, op. cit., p. 176의 1870-1905년 사이 브라질과 세계 커피 생산 관련 자료 참조.

위기가 발발하자 브라질 기업인들은 전 세계 커피 생산자들 가운데서 자신들만이 가격 하락을 막을 수 있는 위치임을 즉각 알아차렸다. 이들에게 필요한 것은 시장에서 생산량 일부를 통제하기 위한, 즉 인위적으로 공급을 축소하기 위한 금융 재원이었다. 이렇게 해서 형성된 재고는 시장 상황이 보다 좋아졌을 때, 즉 커피 수입국의 소득이 높은 수준에 달했을 때 사용되거나 수확이 나쁜 해에 부족한 양을 보충하기 위해 유통되었다.

미국에서 유난히 길게 지속된 1893년 위기 이후 세계시장에서 커피 가격은 하락하기 시작했다. 커피 한 포대의 평균 수출가격은 1893년 4.09파운드에서 1896년에는 2.91파운드로 하락했다. 1897년 세계시장에서 새로운 경기침체가 발생하고, 2년 연속 커피 가격이 떨어져 1899년에는 1.48파운드를 기록했다. 1893년에는 국내 화폐의 대외 평가절하를 통해 위기의 충격을 흡수할 수 있었지만, 1897년에는 도시 소비 계층에 대한 압력이 이미 과도했으므로 추가적인 평가절하를 추진할 수 없었다. 이미 앞에서 이러한 지나친 압력은 사회 불안정성을 증가시키므로 결국에는 환율 회복 정책[평가절상 정책]을 채택할 수밖에 없다고 강조한 바 있다.

커피 산업의 수익성 유지를 위해 환율 메커니즘에 의존하는 것이 불가능했던 이 시기에 과잉생산 문제가 대두되었다. 해가 갈수록 커피 재고가 늘어나면서 커피 가격은 떨어졌고 이는 생산자와 국가의 지속적인 소득 하락으로 나타났다. 공화정 정부의 분권화로 더욱더 큰 정치권력과 재정권력을 갖게 된 커피 생산 주州들의 지도자들은 일찍부터 재고분 일부를 시장에서 다시 환수하려는 생각을 하게 되었다. 1906년 따우바떼Taubaté 협정에서 커피 '가격부양'valorização 정책이라 불리는 기본 지침이 정해졌는데, 그 주요 내용은 다음과 같다.

① 커피 공급과 수요 간의 균형을 회복할 목적으로 정부는 시장에 개입해 초과분을 수매한다.

② 수매를 위한 금융지원은 외국 차관으로 한다.

③ 차관은 수출되는 각 커피 포대당 금으로 징수되는 새로운 세금으로 갚는다.

④ 보다 장기적으로 문제를 해결하기 위해 커피 생산 주의 정부들은 농장 확대를 억제한다.

이러한 커피 가격 부양 정책으로 인해 야기된 뜨거운 논쟁은 당시 브라질의 정치-사회 구조 속에서 진행되던 변화를 확실하게 드러내는 징후였다. 공화정의 분권화는 지방 커피 생산업자의 권력을 강화했다. 분권화(은행 개혁 시도가 그 극단적인 예였다)가 1891~1987년의 지나친 커피 농장 팽창과 무관하지 않다는 것은 이미 살펴보았다. 이 기간에 중앙정부에 압력을 가하는 세력이 더 많아졌고, 복잡해졌다. 앞에서 도시 중산층의 중요성이 점점 커져 갔다고 강조했는데, 이들 가운데서도 환율 평가절하로 직접적인 타격을 받게 된 민간 및 군 관료층이 부상했다. 로스차일드Rothschidl 가문을 중심으로 형성된 강력한 국제금융 그룹들은 브라질 정부의 경제 및 재정 정책, 특히 1898년의 채무 재조정 이후의 정책을 주시하고 있었다.[2] 끝으로, 커피 재배자들과 이해가 상충되던 수입상들과 기업인들도 공화정이 들어서자 자신들의 정치권력을 확대할 기회를 얻었다.

첫 번째 커피 가격 부양 계획은 연방정부의 지원 없이 상파울루 주의 지도 아래 커피 생산 주들을 중심으로 실시되었다. 연방정부가 가격 부양 계획을 달가워하지 않자 주정부들(공화정 분권화로 수출세를 설치하는 헌법적 독점 권력을 가지게 된)은 직접 국제금융시장과 접촉했다. 이러한 결정에 힘입어 커피 생산 주들은 반대편 세력에 대해 승리를 거두었다. 연방정부는 결국 가격 부양 계획의 가장 큰 책임을 지게 되었다. 주정부 지지자들은 이러한 경험을 통한 재정적 성공을 거두며, 정치적 권력을 강화하고 25년 이상, 즉 1930년까지 중앙정부를 자신들의 경제정책에 종속시키는 등 반대편에 대항해 승리를 굳혔다.

커피 재배업자들이 수립한 커피 산업 보호 계획은 매우 잘 작성되었지만, 문제의 한 측면은 건드리지 않고 있었다. 가격이 확고하게 유지되면서 수익 또한 확실하게 계속 증가했고, 커피는 투자를 희망하는 자본에 매력적인 사업임이 분명했다. 커피 사업에 다량의 투자가 지속되면서 커피 공급에 점점 더 큰 압력으로 작용했다. 인위적인 공급 축소는 오히려 공급 팽창을 일으켰고, 이는 나중에 더

2_ 격분한 문체로 '가격 부양'에 반대하는 편지를 쓴 로스차일드 경의 태도에는 브라질 정부가 재차 파산하면 1911년에 다시 시작될 외채 상환이 영향을 받을 수 있다는 두려움이 담겨져 있다. 로스차일드 경은 위험한 사업에 참여하고 싶어 하지 않았으며, 동시에 다른 국제금융 그룹들이 이러한 상황을 이용할지도 모른다고 예상하여 가격 부양을 긍정적으로 보지 않았다. 국제금융 그룹들은 브라질 정부가 1825년 두 번째 해외 차관을 들여온 이후 관계를 맺은 로스차일드라는 오랜 금융 가문이 확고한 기반을 지닌 분야에 발을 들여 놓을 기회를 찾고 있었다.

큰 문제를 야기했다. 당시에도 이러한 위험은 인지되었으나 문제를 제기하는 것은 쉽지 않았다. 해결책은 계속해서 증가하고 있던 생산능력을 억제하거나 높은 커피 가격으로 빠르게 성장하는 생산을 막는 것이었다. 그러나 이러한 예방적 조치들은 소용이 없었다. 기업가들에게 이윤이 계속 창출되는 새로운 사업 기회를 제공할 필요가 있었다. 가격 보호로 커피는 국제무역 일차상품 가운데서 특혜를 누렸으며, 이 같은 상대적 우위에 힘입어 커피 산업은 계속 성장했다. 게다가 높은 이윤은 기업가들이 계속해서 커피 산업에 투자할 동기를 제공해, 커피 재배에 대한 투자가 계속 이어질 수밖에 없었다. 결국 커피 경제 보호 메커니즘은 향후 점점 더 심각해질지도 모를 문제에 대한 해결책을 뒤로 미루는 과정이었다.

복잡한 커피 경제 보호 메커니즘은 1920년대 말까지는 효율적으로 작동했다. 그렇지만 1929년의 대공황이라는 세계적 위기는 이 메커니즘을 매우 취약하게 만들었다. 그 이유를 살펴보자. 커피 생산량은 인위적인 부양책으로 인해 1920년대 후반기에 크게 늘어 1925~1929년에 거의 100퍼센트 성장했는데, 이 기간 바로 직전에 심은 엄청난 커피나무 숫자가 이를 잘 보여 준다.[3] 그렇지만 이렇게 생산량이 증가하는 동안 커피 수출은 실제로는 계속 정체되고

3_ 브라질 커피 연구소(Instituto Brasileiro do Café)의 자료에 의하면 수출 가능한 커피 생산량은 1,576만1천 포대(60킬로그램)에서 2,849만2천 포대로 증가했다. 1925년부터 커피 산업 발전과 관련한 통계자료는 *O Desenvolvimento Econômico do Brasil,* Banco Nacional do Desenvolvimento Econômico-Comissão Economica para a America Latina das Nacões Unidas, segunda parte, capítulo 2, anexo estatístico 참조.

있었다. 1927~1929년 사이 전체 생산량의 3분의 2만이 수출되었다.[4] 공급 억제로 커피는 국제시장에서 높은 가격을 유지했다. 높은 가격에 힘입어 높은 수익률을 경험한 커피 생산자들은 새로운 플랜테이션에 계속 투자했다. 한편 커피 수요는 변화가 없었다. 커피 수요는 불황기에 약간 위축되었지만 번영기에도 거의 증가하지 않았다. 실제로 1920년대 선진국에서는 큰 폭의 실질소득 상승에도 커피 수요가 크게 늘지는 않았다. 다만 인구가 증가하고 도시화가 진행됨에 따라 커피 수요는 느리지만 확실하게 증가했다. 소매가가 안정되면서 1920년대 최대 커피 수입국인 미국에서 연간 커피 소비는 1인당 12파운드에 머물렀다. 당시 미국의 1인당 실질소득은 35퍼센트 증가했다.[5]

그 결과 수요와 공급 사이에 완전한 구조적 불균형이 발생했다. 수입국에서 가처분 소득의 향상에 따른 큰 폭의 커피 수요 확대를 기대할 수 없었다. 가격인하를 통해 수입국의 커피 소비를 끌어올리는 것 또한 생각할 수 없었다. 커피 생산업자와 커피 수출국이 큰 손해를 피하는 유일한 방법은 시장에서 생산량의 일부를 회수함으로써 1인당 소비가 짧은 기간 어느 정도 안정을 유지하는 수요 수준 이상으로 공급이 느는 것을 막는 것이었다. 예측 가능한 장래에

4_ 1927-1929년 사이의 평균 생산량은 209만 포대였으며, 수출은 141만 포대였다. 가장 불균형이 컸던 해는 1929년으로 생산이 2,994만1천 포대였고, 수출이 1,428만1천 포대였다.

5_ 미국 소비자들이 지불한 1929년 가격은 1920년 가격보다는 높지 않았고, 1925년 가격보다는 조금 낮았다. 상세한 사항에 대해서는 다음을 참조. CEPAL, *Capacidad de los Estados Unidos para absorber los productos latino-americanos*, 1951.

누적된 재고를 경제적으로 이용할 가능성이 전혀 없다는 것이 확실해졌다. 세계경제가 1920년대에 크게 팽창한 이후 새로운 불황을 피한다 해도 커피 생산능력이 계속 확대되었으므로 재고에 대한 출구를 예상할 수가 없었다. 당시까지 조성된 상황을 유지하기란 불가능했다.

역사적 과정의 관찰을 통한 거시적 관점에서, 지나치게 대담하게 추진된 이러한 정책의 기본적인 잘못이 어디에 있는가를 살펴볼 필요가 있다. 잘못이라고 부를 수 있을지는 모르겠지만, 잘못이 있다면 브라질에서 커피 생산 같은 전형적인 식민지 경제활동의 특성을 고려하지 않았다는 점이다. 식민지 상품의 공급-수요 간의 균형은 수요 측면에서는 시장이 포화되었을 때, 공급 측면에서는 문제의 상품을 생산하는 데 가용할 수 있는 모든 생산요소들(즉 노동력과 토지)이 사용될 때 달성되었다. 이러한 상황에서 장기적으로 식민지 상품의 가격 하락은 불가피했다.

커피 가격이 지속적으로 높은 수준을 유지하기 위해서는 공급과 수요 간의 불균형이 점점 더 커져야 했다. 이러한 추세를 막기 위해서는 가격 보호정책이 커피 농장에 대한 투자를 막는 보완적인 조치와 병행하여 실시될 필요가 있었다. 그러나 커피 생산업자들에게 대안을 제시하지 않는다면, 즉 커피 분야에서 얻은 이윤을 커피 분야와 비교할 만한 수익성을 가진 다른 분야에 투자할 기회를 제공하지 않는다면 이러한 정책을 실현하는 것은 불가능했다. 당시 커피만큼 이득을 볼 수 있는 보호정책 대상인 식민지 상품이 없었기 때문에 그러한 기회는 거의 존재하지 않았다. 사실 앞에서 언급한 기회를 인위적으로 창출하기 위해서는 보다 선제적인 조치, 즉 보조금 정책을 통해 다른 수출품의 생산을 장려하는 인센티브가 필요했는데 이는 커피 산업으로부터 금융자본이 이동할 때만 가능한 것이었다. 다른 수출 상품에 대한 투자가 이루어지기 위해서는 커피 생산자에게 지불한 가격이 지속적으로 새로운 투자를 꺼릴 수준이어야 했다. 또한 생산자에게 지불한 가격과 수출가격 간의 차이가 장기대출이나 직접적인 보조금 형태로 다른 수출 활동에 대한 인센티브로 작동할 수 있어야 했다.

앞에서 지적한 대로 커피의 생산과잉을 막았다 할지라도, 이러한 커피 가격 보호정책이 토지와 노동력 측면에서 브라질보다는 못하지만 어느 정도 유사한 조건을 지닌 다른 국가들에서의 커피 생산을 막지는 못했다. 브라질 생산자들이 반독점半獨占 상태를 유지하기 위해서는 낮은 수준으로 가격을 유지하는 것이 필수적이었다. 커피 생산업자들이 가격을 보호하기 위해 반독점적 위치를 이용하는 것은 그들 스스로 구축한 특혜 기반을 파괴하는 것이었고, 이에 따라 커피 가격 보호정책이 잘 계획되어 추진되었다 해도 장기적으로는 부정적인 영향을 끼쳤을 것이다. 보호정책이 보다 광범위한 원칙을 따랐다면 이러한 부정적 영향을 확실하게 줄일 수 있었을 것이지만 실제로는 보호정책이 브라질 커피 경제의 위기를 촉발하고 심화했다.

이러한 문제의 해결책을 모색하기 전에 전체적으로 다시 한번 문제를 살펴보자. 1920년대는 선진국들이 전례 없는 번영을 누린 시기였다. 1920~1929년에 미국의 국민총생산GNP은 1,036억 달러

에서 1,527억 달러(불변가격)로 증가했는데, 이는 1인당 실질 GNP
가 35퍼센트 이상 증가했다는 의미이다. 반면에 커피 소비는 큰 변
동 없이 연간 1인당 12파운드(무게)에서 머물고 있었고, 미국 소비
자들이 지불하는 커피 가격은 약간의 변동은 있지만 파운드당 47
센트를 유지했다. 커피 시장의 확대 가능성은 실질적으로는 제로였
다. 이러한 가격수준은 대규모 재고 유지를 통해 가능했다. 1927~
1929년 동안 누적된 재고액은 120만 꽁뚜에 달했는데, 이는 1950
년 가격으로 환산해 약 240억 끄루제이루에 달하는 엄청난 금액이
었다. 1929년의 누적 재고액은 그해 브라질 GNP의 10퍼센트를 넘
어섰다.[6]

이러한 상황은 확실히 경제 혼란을 야기할 가능성이 컸다. 재고
축적에 필요한 자금 대부분은 외국은행으로부터 차입했다. 이렇게
해외은행으로부터 자금을 도입하는 것은 대외 불균형을 막으려는
의도였다. 그렇다면 실제로 어떤 일이 발생했는지 한번 살펴보자.
해외 차관은 시장에서 회수한 커피를 대신 구매하는 지불수단의 확
장으로 작용했다. 수출을 통해 수익을 올리는 세력의 갑작스럽고
큰 화폐소득의 증가는 확실하게 인플레이션 압력을 야기했다.[7] 이

6_ 이번 장과 다음 장에서 언급되는 1925-1939년의 국내 생산, 명목 및 실질 투자와 관련된
데이터는 농업·산업 생산량과 금액, 수출량과 금액, 거래 가격, 연방정부 지출에 근거해 한
연구자가 작성했다. 연방정부 지출의 가격변동지수(deflator)로는 리우데자네이루 시의 생
활지수를 사용했다. 기본 데이터에 대해서는 *Anuário Estatístico do Brasil, 1937-39.* 그리고 농
업 및 산업 생산지수, 수출량, 거래 가격에 대해서는 *Estudio Econômico de America Latina,*
capitulo VII, 1949 참조.

러한 압력은 무엇보다도 저개발 경제에서 크게 발생했으며, 국내 공급 탄력성이 매우 낮았기 때문에 이는 즉각적이며 급속한 수입 증가로 나타났다.[8]

앞서 살펴 본 바와 같이 커피의 재고 누적 정책이 필연적으로 인플레이션 압력을 야기했을 것으로 보인다. 그렇지만 재고에 대한 가장 큰 투자는 1927~1929년, 즉 외국 민간 자본이 브라질에 크게 들어왔던 시기에 이루어졌다. 커피 금융지원 차관과 민간 자본이 같은 시기에 유입되는 매우 유리한 상황이 조성되면서 브라질 정부는 태환 정책을 시작하게 되었다.[9]

1929년 마지막 분기에 위기가 발생하자 해외 차관으로 축적된 모든 금 보유고가 몇 달도 되지 않아 자본도피 형태로 해외로 유출되었다. 커피 보호정책의 산물인 1920년대 말의 태환 정책은 단순히 자본유출을 용이하게 하는 수단으로 작용했을 뿐이었다. 그 당

7_ 승수의 크기에 따라 수출액의 증가는 보다 큰 화폐소득 증가를 가져온다. 공급이 비탄력적이기 때문에 화폐소득의 팽창과 실질소득 증가 사이에는 가격 조정이 이루어진다.

8_ 1920-1922년과 1929년 기간 사이에 수출량은 10퍼센트 정도 증가했지만 수입량은 100퍼센트 정도 증가했다. *Estudio Económico de America Latina* 참조.

9_ 1926년 워싱턴 루이스(Washington Luís) 정부는 순금 0.2그램과 1천 헤이스(mil-réis)를 등가(이는 5.115/128펜스에 해당)로 설정했으며, 100퍼센트 금 보유고를 기반으로 종이 화폐를 발행하는 '안정화 기금'을 설립했다. 1906년 아폰수 뻬나(Afonso Pena) 정부가 설립한 '태환 기금'의 경우와 마찬가지로 이전에 발행된 지폐는 태환되지 않았다. 그래서 브라질에 두 개의 통화, 즉 태환할 수 있는 통화와 태환할 수 없는 통화가 존재하게 되었다. 1929년에 통용되고 있으나 태환할 수 없는 지폐 금액은 254만3천 꽁뚜였으며, 태환할 수 있는 지폐 금액은 84만8천 꽁뚜였다.

시 존재했던 태환 가능성이 없었다면 자동적으로 자본수출(유출)에 세금이 부과되면서 밀헤이스mil-réis(1942년까지 브라질 사용되던 통화 단위, 1천 헤이스)의 하락이 훨씬 더 심했을 것이다. 물론 자본유출에 대한 세금은 나중에 제정되기는 했지만 모든 금 보유고가 바닥난 후 뒤늦게야 도입되었다.[10]

10_ 정부의 금 보유고는 1919년 9월에 3,110만 파운드였다. 1930년 12월에 모든 금 보유고 가 완전히 소진되었다.

보호 메커니즘과 1929년의 위기

세계 대공황이 갑자기 발행하자 커피 경제의 상황은 변했다. 당시까지 커피 생산자들이 계속 플랜테이션을 확장했으므로 높은 수준이었던 커피 생산량은 계속해서 증가했다. 실제로 커피 생산량은 1927~1928년 기간 대규모 커피 재배 확대의 결과로 대공황의 영향이 가장 낮았던 1933년에 정점에 달했다. 한편 국제시장이 심각한 침체에 직면하고 브라질 정부의 신용이 금 보유고 고갈로 바닥남에 따라 새로운 커피 재고 비축에 필요한 해외 차관을 얻는 일이 거의 불가능했다. 여기서 다룰 기본 쟁점은 다음과 같다.

① 대공황이라는 세계 위기 동안 문 닫는 공장처럼 일부 플랜테이션을 내버려 두고 커피를 수확하는 것과 커피를 그냥 숲에서 썩게 내버려 두는 것 중 어떤 조치가 더 나을까?

② 커피를 수확하기로 했다면 수확한 커피로는 무엇을 할 수 있을까? 재고로 비축할 것인가 아니면 파기해 세계시장에 압박을 가할 것인가?

③ 커피를 재고로 놔두거나 파기하기로 한 경우, 이에 대한 금융지원은 어떻게 할 것인가? 즉 커피를 수확할 경우 누구에게 그 부담을 지울 것인가?

첫눈에 봐도 가장 이성적인 해결책은 커피 밭을 포기하는 것이었다. 그렇지만 잉여 커피로 무엇을 할 것인가보다는 손실액을 누가 지급할지를 결정하는 것이 문제였다. 커피를 수확하든 수확하지 않든 손실은 발생한다. 생산자의 손해를 배상해 주지 않고 커피 밭을 포기하도록 하는 것은 생산자에게 더 큰 손실을 지우는 처사였다. 이미 살펴보았듯이 브라질 경제는 커피 지배계층이 주기적인 커피 가격 하락의 부담을 전체 공동체에 전가하는 일련의 메커니즘을 발전시켜 왔다. 그러므로 가장 저항이 작은 방법을 찾아야 했다.

먼저 환율을 통한 고전적 보호 메커니즘이 어떻게 작동되었는지 살펴보자. 1929년에 발생한 막대한 재고 누적, 금 보유고의 급속한 고갈, 미래에 예상되는 대풍작에 대한 불확실한 재정지원 전망은 1929년 말 모든 일차상품 가격 하락과 더불어 시작된 국제 커피 가격의 급속한 하락을 부추겼다. 커피 가격은 1929년 9월부터 1931년 9월까지 1파운드(무게)당 22.5센트에서 8센트로 재앙적인 수준까지 추락했다. 고소득 국가에서 불황기에도 소비가 줄지 않는 커피 수요의 특성상 이러한 엄청난 가격 하락은 공급 측면에서 특별한 상황이 발생한 것이 아니라면 납득할 수 없는 것이었다. 1929~

1931년 사이 미국 소비자들이 지불한 평균 가격은 파운드당 47.9 센트에서 32.8센트로 낮아졌다.[1] 두 개의 위기, 즉 수요와 공급 측면에서 발생한 두 개의 위기 효과가 증폭되었다. 이러한 상황은 커피 무역 중계업자들에게 유리하게 작용했다. 이들은 약화된 공급자의 위상을 눈치채고 위기로 야기된 손실분의 상당 부분을 브라질 생산업자들에게 전가할 수 있었다.

갑작스런 국제 커피 가격 하락과 태환 시스템의 붕괴로 브라질 통화의 대외 가치는 하락했다. 물론 이러한 평가절하는 커피 분야의 부담을 크게 완화해 주었다. 국제 커피 가격은 60퍼센트 하락했고, 환율은 40퍼센트까지 평가절하되었다.[2] 이에 따라 대부분의 손실이 수입가격 인상을 통해 전체 공동체로 전가될 수 있었다. 이제 다른 측면을 살펴보자. 큰 폭의 커피 가격 하락에도 불구하고, 수요가 가격에 비탄력적이었기 때문에 국제시장이 전체 커피 생산을 흡수할 수 없었다. 가격을 보호한다는 우려를 없애면 시장에 압박을 가할 수 있는 가능성이 생긴다. 실제 1929~1937년 사이에 수출 물량이 25퍼센트 늘면서 그러한 상황이 나타나기도 했다. 그럼에도 생산량의 상당 부분을 시장에 내놓을 기회는 전혀 없었고, 당연하게도 보완 조치가 요구되었다.

1_ *Capacidadde dos Estados Unidos para absorber os produtos latino-americanos* 참조.

2_ 포대당 커피의 평균 수출가격은 1929년 4.71파운드에서 1932~1934년 1.80파운드로 62 퍼센트 하락했다. 브라질 화폐로 환산해 보면 가격은 192밀헤이스에서 145밀헤이스로, 즉 25퍼센트 하락했다. 그다음 3년 동안 가격은 1.29파운드로 떨어졌으나 브라질 화폐로는 올라 159밀헤이스가 되었다. 이 계산에는 평가절하 이전 파운드화의 금값이 사용되었다.

화폐의 평가절하에 힘입어 국제 커피 가격이 하락하면서 브라질 기업가들이 받는 충격이 완화되었다. 또한 평가절하 덕분에 기업인들은 계속해서 커피를 수확하고 시장에 대한 압력을 유지할 수 있었다. 그러나 이러한 상황으로 인해 커피 가격이 추가로 하락하고 화폐가치가 다시 절하되면서 위기가 더욱 심화되었다. 또한 다른 요인들의 영향 때문에 화폐가치의 평가절하가 커피 가격 하락보다 작았다. 이에 따라 커피 생산자들의 손해가 커피 플랜테이션을 포기할 만큼 커졌고, 그 결과 커피 공급과 수요 간의 균형이 다시 맞춰졌다. 이러한 조정 과정을 검토해 보면 위기로 인한 매우 어려운 조건 속에서 환율 메커니즘이 커피 경제의 효율적인 보호 수단이 될 수 없음을 확실히 알 수 있다.

이제 커피 재고가 시장에 압력을 가해 가격 하락을 더욱더 부추기는 것을 막는 일이 불가피해졌다. 유일한 방법은 커피 수확을 포기하는 것, 즉 다시 말하면 커피 분야에 손실을 집중시켜 커피 수급의 균형을 달성하는 것이었다. 그렇지만 커피의 재고 유지를 위해 어떻게 자금을 조달할 수 있을까? 커피 수출의 수익을 일부 활용하든 단순히 신용을 확대하든, 어떤 방법이든 브라질 내의 재원으로 이루어졌어야 했다. 신용을 확대함에 따라 다시 한번 더 손실의 사회화socialização dos prejuízos가 일어났고, 이러한 신용팽창은 화폐의 더 큰 평가절하를 불러오며 대외 불균형을 심화했는데, 이는 간접적으로 수출 분야에 유리하게 작용했다.

그러나 시장에서 커피 생산량의 일부를 회수하는 것만으로는 충분하지 않았다. 초과 생산량은 합리적이라고 여겨지는 기한 내에 판매될 가능성이 전혀 없었다. 그다음 10년 동안의 예상 생산량은 예상 가능한 구매 시장의 흡수 능력을 훨씬 초과했다. 그러므로 팔 수 있는 양보다 더 많은 양의 커피를 계속 수확하려는 정책에 따른 수확 잉여분의 폐기는 당연한 결과였다. 폐기하려고 상품을 수확한 다는 것 자체가 모순 같지만 이와 같은 상황은 매일매일 시장경제 에서 반복되었다. 생산자가 수확을 하지 않도록 유도하기 위해서 는, 특히 가격 하락 효과가 부분적으로 화폐 평가절하로 상쇄된다 는 점을 염두에 둔다면 가격은 훨씬 더 낮아져야 했다. 그렇지만 가 격의 지속적인 하락 방지가 목적이었으므로 폐기하기 위해 수확한 커피의 일부를 시장으로부터 회수하는 것이다. 이런 방식으로 보다 높은 가격수준에서 공급과 수요의 균형이 맞춰졌다.

근본적으로 공급 구조에 의존적인 커피 가격은 1934년부터 시작 된 선진국들의 경기회복과는 전혀 상관없는 1930년대를 보냈다. 국제 커피 가격은 1933년에 가장 낮은 수준에 도달한 이후 1937년 까지 거의 변화 없이 유지되었으나, 1938년과 1939년 두 해에는 크게 떨어졌다. 이렇게 커피 가격은 하락했지만 1930년대 전반에 걸쳐 가격이 크게 안정된 것은 매우 의미가 있었다. 알려져 있듯이 1934~1935년의 가격 회복은 일차상품 가격의 전반적인 상승을 가져왔다. 예를 들어 설탕 가격은 1933~1937년 사이에 140퍼센 트 올랐으며, 구리 가격 또한 같은 기간에 100퍼센트 조금 넘게 상 승했다. 그렇지만 1937년 커피 가격은 1934년 가격과 같았으며, 1932년 가격보다는 낮았다.

이러한 분석을 통해 커피 가격이 기본적으로 공급 측면의 요인들에 의해 변해 왔으며, 수요 측면은 부차적이었다는 사실을 확실하게 알 수 있다. 미국 소비자들이 지불하는 커피 가격이 안정적이었음에도 1920년대 미국에서 발생한 큰 폭의 1인당 실질소득의 상승이 미국 내 커피 소비량을 변화시키지 않았다는 것은 이미 살펴보았다. 대공황 기간 커피 소비량은 큰 변화가 없었지만 소비자들이 지불한 가격은 약 40퍼센트 정도 떨어졌다. 1933년의 커피 소비량은 1929년의 소비량과 정확하게 같았다. 가격 효과는 소득 효과를 없애 버렸다. 즉 가격 하락으로 야기된 소비 상승이 소득 위축으로 인한 소비 하락으로 인해 사라졌다고 말할 수 있다. 그렇지만 이것이 이유인 것 같지는 않다. 소득이 올라간 그다음 시기(1934~1937년)에 소비자 가격은 계속 내려가 1933년에는 파운드당 26.4센트였던 커피 가격이 1937년에는 25.5센트를 기록했기 때문이다. 소비 상승에는 긍정적인 두 가지 효과, 즉 1인당 실질소득 상승과 가격 하락이 작용했다. 그러나 소비량은 실질적으로 변하지 않아 1931년에는 13.9파운드(무게), 1933년에는 12.5파운드, 1937년에는 13.1파운드를 기록했다.[3]

커피 재배 부문을 보호할 목적으로 취해진 커피 생산 억제 및 폐기 정책의 결과들을 좀 더 살펴보기로 하자. 대다수 생산자들에게

3_ *Capacidade de os Estados Unidos*, op. cit. 참조. 1950년대의 경험이 말해 주듯이 커피 수요는 가격이 아주 높게 정해진 특정 수준을 넘어설 때 가격에 맞추는 어느 정도의 탄력성을 보여준다. 미국 시장과 관련하여 이 수준은 소매로 파운드당 1달러 수준이 될 수 있다. 가격 상승을 고려하면, 1930년대 이 가격수준은 50센트 아래는 아니었을 것이다. 가격이 25센트 근처를 유지했기에 수요에 대해서는 어떠한 효과도 끼치지 않았을 것이라고 유추할 수 있다.

최저 수매가를 보장했기 때문에 직접적으로는 수출 경제 분야, 간접적으로는 내수 시장과 연결된 커피 생산 분야의 고용수준은 사실상 유지되고 있었다. 그 결과 수출 분야의 화폐소득이 크게 축소되는 것을 방지하면서 다른 경제 분야로 실업이 확산되는 효과를 줄일 수 있었다. 1933년에 최고 수확량을 기록하는 등 커피는 침체기간에도 증산되었기에 커피 생산업자의 전반적인 소득이 커피 생산자들에게 지불되는 가격보다 덜 줄었다는 것은 확실했다.[4] 이런 식으로, 커피 수확량이 늘어나면서 커피 생산자가 상품을 판매해 받는 단위 가격과 동일한 비율로 화폐소득이 감소하는 것을 의도치 않게 피해 왔다. 예를 들어 재배하던 커피나무의 포기, 즉 1931~1939년 사이에 커피 생산량의 3분의 1의 파기로 재배 농가의 소득이 크게 줄었으리라는 것을 쉽게 이해할 수 있다. 간단한 예를 통해 수출 분야에서의 소득 감소 메커니즘과 그것이 전체 소득수준에 미치는 영향에 대해 살펴보자. 먼저 수출 분야의 실업 승수가 3[5]이라고 가정해 보자. 이는 수출에 따라 소득이 1 감소하면 전체 소득은

4_ 1925~1929년의 5년 동안 수출 가능한 평균 생산량은 2,130만 포대였으며, 그 양은 1930~1934년에 2,770만 포대, 1935~1939년에 2,260만 포대로 증가했다. 같은 기간에 브라질 화폐로 환산한 수출 금액은 2만6,800꽁뚜에서 2만300꽁뚜로 줄었으며, 1935~1939년에는 2만2,100꽁뚜를 기록했다. 수출 가능 생산량에 대한 자료는 *Instituto Brasileiro do Café*, 수출 금액은 *Ministério da Fazenda, Serviço de Estatística Econômica e Financeira* 참조.

5_ 승수는 투자(또는 수출) 수준에서 전체 국가 소득에 대한 이 변화의 효과를 알기 위해 투자(또는 수출)의 증가나 감소를 곱하는 데 필요한 요인이다. 우리의 경우 1년 동안 수출로 인해 직접 야기된 수입 감소 효과를 측정하려 했다. 직접적인 감소가 10이고 총소득 하락이 30이라면 승수는 3이 된다.

3이 감소한다는 것을 의미한다. 이러한 승수 메커니즘이 발생하는 이유는 어느 정도 명백하며, 다른 경제 분야들 간의 상호 의존도를 반영한다. 해외 판매를 통해 돈을 덜 받게 되면서 수출과 관련된 생산자와 수출업자들은 구매를 줄인다. 이러한 구매 축소의 영향을 받은 국내 생산자들 역시 구매를 줄이고, 이 현상은 계속 이어진다.

이제 종속경제에 속한 국가의 토지 소득이 두 분야에서 발생한다고 가정해 보자. 첫 번째 분야는 대외무역과는 전혀 상관없는 자급자족 분야로 전체 국민소득의 40퍼센트에 해당한다. 다른 분야는 직접적으로는 수출 활동을 통해 형성되며, 간접적으로는 수출 활동의 영향을 받는 분야이다. 특정 시점에서 실업 승수가 3이면, 수출 활동은 직접적으로는 국민소득의 20퍼센트를 생성하고, 간접적으로는 40퍼센트를 생성한다. 이제 다음 표의 경우를 한번 살펴보자.

	수출 분야	수출 분야의 영향을 받는 분야	독자 분야 (자급자족 분야)	총소득
①	20.0	40	40	100.0
②	10.0	20	40	70.0
③	12.0	24	40	76.0
④	7.5	15	40	62.5

①의 경우를 통해 수출 분야의 소득 감소가 전체 소득에 미치는 영향을 살펴보자. ②의 경우를 통해 수출 분야에서 생산 수준이 유지되어 실업은 예방되나 생산업자에게 지불되는 가격이 절반으로 축소되는 것을 가정해 보자. 소득에 대한 최종 효과는 30퍼센트 축소로, 그중 10퍼센트는 수출 분야의 가격 축소로 인한 직접적 효과

이며, 20퍼센트는 간접적 효과이다. ③의 경우에서는 가격이 똑같이 50퍼센트 감소하나 수출 분야에서는 생산량의 20퍼센트가 증가했다고 생각해 보자. 최종적인 결과는 전체 소득의 24퍼센트 감축이다. ④의 경우는 앞서 언급한 다른 경우들과는 상이하다. 가격을 보호하기 위해 생산량의 50퍼센트를 감축했다고 가정해 보자. 이런 감축이 생산에서 발생했기에 가격 하락은 25퍼센트만 일어났을 것이다. 그럼에도 최종 결과는 모든 경우 가운데서 소득이 가장 많이, 즉 전체 소득의 37.5퍼센트가 감소되었을 것이다.

③은 커피 생산자에게 지불된 가격이 절반으로 줄어 생산량이 증가하게 되는 경우로, 대공황 시기 브라질의 경험을 어느 정도 반영하고 있다. 1929년과 대공황 위기 기간 중 가장 저점을 기록한 연도 사이를 볼 때 브라질에서의 화폐소득 축소는 25~30퍼센트 사이로, 이는 다른 나라들과 비교해 보면 상대적으로 작다. 예를 들어 미국에서 도매가격지수는 국제시장에서의 커피 가격보다 하락 폭이 낮았음에도 불구하고 소득 감소는 50퍼센트를 넘었다. 생산된 물량이 파기되었음에도 불구하고 고용수준이 유지된 브라질에서 발생한 현상과는 반대이다. 미국에서의 가격 하락은 대량 실업을 야기했다는 데서 브라질과 차이가 있다. 여기서 중요하게 고려되어야 할 점은 파기된 커피 생산량에 해당하는 금액이 창출된 소득액보다 훨씬 적다는 점이다. 사실 브라질은 몇 년 뒤 케인스가 선포한 그 유명한 피라미드[6]를 건설하고 있었다.

6_ 1930년대 대공황기의 경제학자 케인스는 정부가 아무것도 안 하는 것보다는 피라미드

이러한 방식으로 대공황 기간에 커피 분야에 대한 보호정책이 진정한 국가소득 장려 프로그램의 일환으로 실시되었다. 브라질에서는 어느 산업국가에서도 입안조차 되지 않은, 더 큰 규모의 반反경기 대책[경기 대응적 재정정책]이 의도치 않게 실시된 것이었다. 어떻게 이런 일이 발생한 것인지 살펴보자. 1929년 브라질 경제 전체에서 실현된 순투자는 당시 구매 가치로 약 230만 꽁뚜까지 올라갔다. 위기로 인해 투자가 급속히 위축되어 1931년에는 30만 꽁뚜까지 축소되었다. 그럼에도 1931년에는 1백만 꽁뚜 상당의 커피 재고가 쌓였다. 이 누적된 재고는 소득 형성 관점에서 볼 때 순투자와 동일한 효과를 지녔다. 그러므로 순투자 금액은 230만 꽁뚜에서 30만 꽁뚜로 감소된 것 아니라 130만 꽁뚜로 줄어든 것이다. 이 130만 꽁뚜는 순생산의 7퍼센트 이상을 차지했는데, 이는 대공황 기간에는 높은 비중이었다.

이는 미국이 1934년이 되어서야 첫 경기회복 징후를 보인 데 비해 브라질에서는 1933년에 국민소득이 증가세로 돌아선 이유이다. 사실 브라질에서는 미국 등 다른 국가에서처럼 위기 기간 중 어느 해에도 순투자가 감소하지 않았다. 1933년에 브라질의 순투자는 이미 1백만 꽁뚜에 달했는데, 여기에 110만 꽁뚜의 커피 누적 재고를 더해야 한다. 결국 총투자는 210만 꽁뚜로 1929년의 순투자에 근접한 금액이었다. 1929년의 230만 꽁뚜는 그해 순생산의 9퍼센트를 차지했고, 1933년의 210만 꽁뚜는 그해 순생산의 10퍼센트

라도 건설하는 것이 경기회복에 도움이 된다고 주장했다._옮긴이 주

를 차지했다. 경제성장을 위해 필요한 자극은 이미 회복되었던 것이다.

1933년부터 나타난 브라질 경제의 회복이 그 어떤 외부 요인에 의해서라기보다는 커피업계의 이해를 보호하려는 정책의 부산물로서 브라질이 무의식적으로 채택한 장려 정책 덕분이었다는 사실이 명백해졌다. 다른 측면에서 이 문제를 생각해 보자. 대공황 위기 전의 커피 재고 누적은 곧 브라질의 대외 부채였다. 순투자는 전혀 없었다. 왜냐하면 재고 누적을 통해 브라질 국내에 투자하는 것은 채무 계약을 의미했기 때문이다. 이 모든 일은 마치 자신들의 이해 때문에 브라질 밖으로의 커피 수송을 지연시킨 외국회사들이 누적된 커피 재고를 구매하는 것과 같았다. 이에 따라 해외로부터 금융지원을 받은 커피 재고 누적은 수출과 비슷했다.

이러한 금융지원의 기반이 신용의 팽창에 있었기 때문에 브라질 내에서 금융지원을 받은 커피 재고 비축에서는 동일한 현상이 발생하지 않았다. 재고 비축을 위한 커피 구매로 소득이 창출되었으며, 이렇게 창출된 소득은 소비자들과 투자자들의 비용으로 인해 만들어진 소득에 덧붙여지는 소득이었다.1931년에 커피를 구매 후 파기하기 위해 10억 끄루제이루가 경제에 투입되자 약 20억 끄루제이루에 달하는 투자자들의 지출 감소를 부분적으로 상쇄할 정도의 구매력이 창출되었다. 이에 따라 수출소득에 간접적으로 의존하는 분야에서의 매우 심각한 수요 하락은 피할 수 있었다.

순투자와 커피 재고(팔 수 없는) 누적 간의 실질적인 차이는 바로 순투자가 생산능력을 창출하지만 커피 재고는 그러지 못한다는 데 있다. 그렇지만 이러한 문제는 기존의 생산능력이 완전히 가동되지 않는 대공황 기간에는 부차적인 것으로 여겨진다. 이러한 시기에는 생산능력을 더 확대하는 것보다는 유휴 생산능력을 활용할 수 있는 유효 수요를 창출하는 것이 훨씬 중요하기 때문이다.

역동적인 중심지의 이전

지금까지 커피 분야의 보호정책이 어떻게 다른 경제 분야에서 고용수준과 실질적인 수요를 유지했는지 살펴보았다. 이제 이러한 사실이 경제 시스템 구조에 대한 압력으로서 어떠한 의미를 지니고 있는지 살펴보자. 이미 지적했듯이 외부 재원을 통한 커피 재고에 대한 금융지원이 국제수지balança de pagamentos의 불균형을 막아 주었다. 실제 커피 재고에 투자함으로써 야기된 수입 팽창은 100퍼센트 외환 지급을 보장했던 이 커피 재고의 가치를 초과하기가 힘들었을 것이다.

앞에서 제시한 메커니즘에 따라 커피 재고에 투자된 1천 헤알에 3을 곱해 3천 헤알의 최종 소득이 발생한다고 가정해 보자. 총소득 증가로 인한 수입輸入이 대외 불균형을 야기하려면 증가분의 3분의

1을 초과해야 한다. 쉽게 이해할 수 있듯 이런 불균형은 다른 요인들이 관여하지 않으면 일어나지 않는다. 왜냐하면 어느 한 경제 내에서의 소득 증대는 이 경제가 수요 증가에 따른 필요성을 상당 부분 만족시켜야만 하는 가능성들을 반영하기 때문이다. 이 가능성들이 제로, 즉 모든 수요 증가가 수입으로 이루어져야 한다는 극단적인 경우에는 수출 증가 폭 안에서만 총소득이 증가하게 되며 승수는 1이 될 것이다. 이 경우 창출된 수입은 정확히 수출 증가분과 동일하기 때문에 불균형이 발생할 가능성은 전혀 없을 것이다.

재고 누적이 신용팽창으로 재정지원이 되었을 경우에는 상황이 완전히 달라진다. 재고를 지원할 10억 끄루제이루cruzeiro라는 지급수단이 만들어지고, 승수 방식을 통해 최종적으로 30억 끄루제이루라는 유동성이 만들어졌다고 가정해 보자. 게다가 수입 계수가 0.33, 다시 말해 1끄루제이루당의 총소득 증가분에 전체 인구(소비자와 투자자들)가 33센따부centavo[1] 만큼의 수입 재화를 요구한다고 가정해 보자. 이 수입을 어떻게 충당할 것인가? 당연히 가능성은 전혀 없을 것이다. 수출로 창출되는 외화는 대공황 시기에 그 수출 덕분에 직간접적으로 창출된 소득으로 인한 수입조차 충분히 충당할 수 없었다. 그 이유는 가격 하락으로 인해 국제수지의 부담이 커지고(엄격한 국제수지 요소들이 더 큰 부담을 지게 되었고), 자본도피로 외환 사정이 악화되었기 때문이었다.

커피 업계의 이해를 보호하는 데 내재된 소득 장려 정책이 점점

1_ 1끄루제이루=100센따부._옮긴이 주

악화되어 가고 있던 대외 불균형의 주요한 원인이었다. 대외 불균형은 물론 화폐의 대외 구매력이 크게 하락하여 시정되었다. 이러한 화폐의 대외 구매력 하락은 결국 수입 제품 가격의 인상으로 이어졌고, 이는 자동적으로 수입 계수를 압박했다. 앞에서 예로 든 0.33이라는 계수는 국내가격과 대외가격이 일정 수준에서 유지되는 특정한 균형 상황을 반영하고 있다. 화폐의 대외 구매력이 갑자기 하락하면 대외가격 수준은 국내가격 수준에 비해 올라간다. 이러한 상황에서 이 계수는 자동적으로 하락하는 경향을 보인다. 파기하려는 커피를 구매할 수 있는 신용팽창이 없다고 가정했을 때 발생하는 경우보다 훨씬 더 크게 이루어지는 외환 평가절하 수준에서 균형이 달성되는 것은 바로 이러한 이유 때문이다. 대공황 위기 직후 브라질 화폐의 국내외 구매력 변화를 비교해 보면, 1929년에서 1931년 사이에 1끄루제이루의 구매력이 국내보다 외국에서 약 50퍼센트 정도 감소했다는 것을 알 수 있다. 이러한 상황은 국내에서 높은 활동 수준을 유지함으로써 야기된 대외 불균형을 시정하려는 경제구조의 노력을 어느 정도 반영하고 있다. 해외에서 수입으로 지출되어야 했으나 앞서 언급한 계수 하락이라는 수정 메커니즘으로 인해 국내에 머물게 된 이 소득의 운명은 어떻게 될까? 당연히 국내 생산자에게 압력을 가할 것이다. 종종 발생하듯 대외 불균형을 수정한다고 해서 이를 대내 불균형으로 바꿀 수는 없다. 대부분의 수입 제품 수요는 가격인상으로 위축되기 때문에, 그런 일이 일어나지 않더라도 화폐는 수입 수요가 외환의 공급과 균형을 이룰 때까지 계속 평가절하될 것이다.

대공황 시기에는 화폐소득과 실질소득이 동시에 줄고 수입품 가격이 올라가면서, 이러한 두 가지 현상이 수입 수요를 위축시킨다. 이미 앞에서 1929년부터 대공황 시기의 최저점까지 브라질의 화폐소득이 25~30퍼센트 감소했다는 것을 관찰한 바 있다. 이 동일한 기간에 수입 제품 가격지수는 33퍼센트 올랐다. 그러므로 수입량이 60퍼센트 이상 줄었다는 것이 이해된다. 수입액은 GNP의 14퍼센트에서 8퍼센트로 낮아졌고, 예전에 수입품으로 충당했던 수요를 국내에서 공급할 수 있었다.

　　이 대공황 시기에 역동적 요소로서 국내 수요의 중요성이 커져 가고 있음을 쉽게 유추할 수 있다. 국내 수요가 해외 수요보다 더 크고 확실하게 유지되자 국내시장용 생산 분야가 수출 분야보다 더 좋은 투자 기회를 얻었다. 그 결과 자본형성 과정에 국내시장 관련 분야가 우세한 상황, 즉 브라질 경제에서 새로운 상황이 조성되었다. 낮은 수익성으로 인해 생산량의 3분의 1을 파기해야 하는 열악한 커피 경제의 실정은 조성되고 있던 자본을 커피 분야에서 쫓아버렸다. 순수익뿐만 아니라 유지 및 복구 비용도 실질적으로 사라졌다. 대공황 위기 이후 15년간 커피 재배지의 생산능력은 절반가량으로 축소되었다. 생산능력 복원이 제한되자 커피 플랜테이션에 투자되었던 자본 중 일부가 빠져나갔다. 이 자본의 상당 부분은 의심할 여지 없이 다른 수출 분야, 무엇보다 목화 분야에 투자되었다. 국제 목화 가격은 대공황 기간에도 미국 생산자와 수출업자들에게 유리하게 유지되었다. 브라질 생산자들은 이 기회를 놓치지 않았다. 왜냐하면 1929년에 목화 생산액(생산자에게 지불되는 가격)은 커피 생산액의 10퍼센트 이하였지만 1934년에는 50퍼센트에 달했기 때문이다.

그렇지만 대공황 위기 이후 몇 년 동안의 주요 역동적 요인은 의심할 여지 없이 국내시장이었다. 온전히 국내시장과 연관되어 있던 산업의 생산은 대공황 기간에 10퍼센트 하락했고, 1933년이 되어서야 1929년의 수준을 회복했다.[2] 국내시장을 겨냥하는 농업 생산은 동일하게 빠른 속도로 대공황의 영향을 극복했다. 수요가 높은 수준으로 유지되고, 수입 축소를 통해 상당한 수요가 국내에서 발생하면서 당연하게도 국내시장과 연결된 활동의 대부분이 수익성을 유지했으며 일부는 더 많은 수익을 올렸다. 이러한 수익성 증가는 해외시장 연관 분야의 수익성 하락과 동시에 이루어졌다. 그러므로 해외시장에서 국내시장으로의 자본 이전에 대한 관심이 생겼으리라는 것을 이해할 수 있다. 국내시장과 연결된 활동은 큰 수익성으로 인해 자극을 받아 성장했을 뿐 아니라, 수출 분야에서 형성되거나 회수된 자본의 유입이라는 자극을 새로이 받았다.

국내시장 연관 분야는 장비를 수입하지 않고 그 생산능력, 특히 산업 분야의 생산능력을 증대할 수 없으며 또 이들 장비가 화폐의 대외 평가절하에 따라 가격이 비싸진 것은 사실이다. 그렇지만 첫

2_ 일부 산업 생산 분야는 수입이 환율 덕분에 유리했던 1920년대에 불황기를 겪었다. 대표적인 분야가 섬유산업으로, 면직물 생산량이 1929년에는 제1차 세계대전 시기에 기록했던 최고 수준보다 적었다. 위기 이후 섬유산업은 신속하게 회복했다. 4억4,800만 미터였던 면직물 생산량은 1933년에는 6억3,900만 미터, 1936년에는 19억3,300만 미터를 기록했다. *Anuário Estatístico do Brasil, 1937~1939*, p. 1329 참조.

번째 생산 확장기에서 가장 중요한 요인은 국내의 기존 생산능력을 최대한 활용하는 것이었다. 그 대표적인 예가 섬유산업이다. 섬유산업은 대공황 위기 이후에 그 생산능력을 확대하지 않으면서도 생산량을 상당히 늘렸다. 기존에 설치된 생산능력을 최대한 활용하는 것은 후속적인 확장에 필요한 자금을 창출하며, 투입된 자본에는 더 큰 수익성을 가져다주었다. 고려해야 할 또 다른 요인은 해외에서 매우 낮은 가격으로 중고 장비를 구입할 수 있는 가능성이었다. 대공황 기간에 브라질 국내에 존재하던 일부 거대 산업체들은 대공황으로 큰 타격을 받은 국가들의 폐업 공장으로부터 장비를 구입했다.

내수 시장을 겨냥한 생산 증가에 따른 자본재bens de capital 수요 증가와 환율 평가절하로 인한 큰 폭의 자본재 수입가격 인상으로, 브라질 내에서 자본재 산업이 발전할 수 있는 유리한 조건이 형성되었다. 여러 가지 이유로 인해 자본재 산업은 종속경제에서 발전하기에 매우 어렵다. 종속경제에서 자본재 수요는 수출 확장(소득 증가의 주요 요인)과 그에 따른 풍부한 외환과 동시에 일어난다. 또 다른 한편으로 자본재 산업은 시장 규모로 인해 저개발 국가들에게는 상대적으로 불리한 산업이다. 이러한 상대적인 불리함으로 인해 자본재 수요가 증가하는 시기에 종속경제 국가들이 자본재 산업을 육성할 인센티브가 크지 않다. 그렇지만 1930년대 브라질에서 조성된 조건들은 이러한 악순환의 고리를 끊었다. 수입 가능성이 거의 없던 그 시기에 자본재 수입이 증가했기 때문이다.

실제 브라질 내 자본재 생산(철, 강철, 시멘트의 경우)은 대공황 위기에 따른 영향을 크게 받지 않았으며, 1931년부터 다시 성장하기 시작했다. 브라질에서 위기가 가장 심각했던 1932년에 자본재 생산량은 1929년 대비 60퍼센트 증가했다. 반면 동일한 기간에 자본재 수입은 5분의 1이상 줄었다. 1935년에 순투자(불변가격 기준)가 1929년 수준, 즉 자본재 수입이 그 전년도 수준의 50퍼센트밖에 되지 않았던 1929년의 수준을 넘어섰다는 사실은 큰 의미가 있다. 국내 소득은 자본재 수입이 절반으로 줄었음에도 회복되었다. 그러므로 확실한 것은 브라질 경제가 외부로부터 발생한 불황의 영향을 제거하고 지속적으로 성장하기 위한 내부의 인센티브(내적 성장 동력)를 만났을 뿐 아니라, 생산능력을 유지하고 확장하는 데 필요한 자재의 일부를 생산할 수 있었다는 것이다.

이제 근본적인 변화로 인해 이런 모든 요인들이 브라질 경제에 어떠한 영향을 끼쳤는지 요약해 보자. 그전에 먼저 수출 능력이 1930년대에 회복되지 않았다는 점을 고려해야 한다. 1937년의 수출 능력은 1929년과 비교해서 상당히 뒤떨어졌다. 실제 1937년의 수출량은 1930년대의 어느 해보다 높았지만 1929년과 비교해서는 23퍼센트나 낮았다. 수출로 창출된 실질소득은 줄었는데, 수출량은 증가했으나 수입 단위 대비 수출 단위 구매력이 절반으로 줄었으므로 수출로 인한 소득이 매우 낮은 것은 당연했다.[3] 경상가격으

3_ 1930년대 대외무역의 흐름은 가장 호황을 누렸던 1937년 수치를 살펴보면 분명하게 확인할 수 있다.

연도	수출량	수출가격	수입가격	교역조건	수입 능력	수입량
1929	100.0	100	100	100	100	100.0
1937	130.2	101	196	52	67	76.9

출처: *Estudio Econômico de América Latina*, ECLA, 1949.

로 농업 생산액은 75억 끄루제이루에서 78억 끄루제이루로 증가했다. 수출용 생산액은 55억 끄루제이루에서 45억 끄루제이루로 하락해, 농가 소득에서 차지하는 수출의 비중이 70퍼센트에서 57퍼센트로 줄었다. 결과적으로 경제가 외부 자극에 수동적으로만 반응한다면 훨씬 더 심각한 불황을 겪게 될 뿐 아니라, 1930년대 내내 회복할 수도 없었다.

그렇지만 회복은 빨리 그리고 매우 힘차게 이루어졌다. 산업 생산은 1929~1937년에 약 50퍼센트 성장했으며, 국내시장용 일차 상품 생산은 동일한 기간에 40퍼센트 이상 성장했다. 그러므로 외부에서 불어닥친 대공황에도 불구하고 국민소득은 이 기간에 20퍼센트 증가했는데, 이는 1인당 7퍼센트의 소득 증가를 의미한다. 미국에서 같은 기간에 1인당 소득이 상당히 감소했다는 점을 감안한다면 이러한 소득 증가는 전혀 무시할 수 없는 수치이다. 브라질 경제구조와 유사한 구조를 지녔지만, 대공황 시기에 보다 정통적인 정책을 따랐고 경기회복에서 대외 충격에 의존적인 국가들은 1937년에도 경기침체 상태였다.

이러한 현상이 지닌 의미는 첫눈에 보이는 것보다 훨씬 더 크다. 앞에서 원자재 수출로 특화된 경제의 성장과 외부 충격의 강도 간의 긴밀한 관계를 지적한 바 있다. 이미 존재하는 노동력과 토지 자원을 보다 잘 이용하면 외부 충격은 자본축적 과정의 출발점이 될 수 있는 생산성 향상을 불러온다. 수출 분야에서 형성된 요소들과 연관된 임금 집단 및 기타 봉급생활자들은 내수 시장을 형성할 수 있는 일종의 태아이다. 외부 충격이 커지면서 내부 수요가 간접적으로 팽창하자 자급자족 분야에서 덜 활용된 토지와 노동력 자원이 화폐경제로 들어오게 된다. 반면 외부 충격이 줄어들자 이로 인한 화폐소득의 축소가 실업을 야기하거나 내수 시장과 연결된 분야가 지닌 능력을 제대로 활용하지 못하는 경향을 보인다.

그러면 1930년대 브라질 경제는 이러한 메커니즘이 자동으로 작동하는 현상에 어떻게 대응할 수 있었을까? 대외 수요의 지속적인 축소에 따른 침체 효과를 어떻게 상쇄할 수 있을까? 해외 수요가 축소되는 상황에서 국내 수요가 붕괴되지 않는 사실을 어떻게 설명할 수 있을까? 브라질 경제의 즉각적인 미래에 있어 매우 큰 의미를 지닌 이러한 결과들은 의식적이든 무의식적이든 커피 경제 이해의 보호 규모와 커피 위기라는 재앙적인 비극을 반영하고 있다.[4]

커피 생산이 위기 이후에 계속 확대되었다는 사실과 커피 생산자들이 정부 주도의 보호정책에 익숙해진 현실은 상당 부분 수출 분야의 화폐소득 유지로 나타났다. 커피 생산자는 외국 차관이든 신용팽창이든, 어떤 자금으로 커피 재고 누적을 지원하든 상관하지 않았다. 국제수지에 대한 영향이 어떠하든지 간에 외부 재원 없이 재고 누적에 대한 자금 지원을 계속하는 결정은 당시에는 상상할 수도 없던 결과를 가져왔다. 이에 따라 수출 분야에서 상대적으로

4_ 1930년에 발발한 혁명운동(1922년부터 시작해 실패로 끝난 일련의 군사행동의 정점)은 도시 주민, 특히 군과 민간 관료, 산업 그룹에 그 기반을 두고 있었으며 연방정부에서 과도한 지배력을 갖고 있던 커피 세력(가치 부양 정책과 연관된 국제금융의 공모자들)에 대한 반발로 발생했다. 그러나 1932년 무장봉기에 직면한 임시정부는 1933년부터 커피 생산자들에게 50퍼센트의 은행 채무 경감을 포함한 일련의 금융 지원책을 실시했다.

높은 수준의 화폐 수요가 유지되었다. 이는 갑작스런 수입품 가격 상승(환율 평가절하 결과), 내수 시장을 겨냥한 일부 산업 내 유휴 시설의 존재, 그리고 브라질이 이미 작은 자본재 산업 기반núcleo de indústrias을 구축하고 있다는 사실과 결합되어 산업 생산의 빠른 성장을 설명해 준다. 이러한 생산 증가가 소득 창출 과정의 중요한 역동적 요인이 되었다.

이러한 경제구조상의 갑작스런 변화로 브라질 경제는 장기적 불균형에 빠지게 되었다. 불균형 가운데서 아마도 국제수지 불균형이 가장 중요했다. 국제수지 불균형의 위기로 브라질 경제는 특정 수입 계수에 어느 정도 적응했다. 1920년대 전체에 걸쳐 국내총생산과 수입액 간의 비율[GNP 대비 수입 비중]은 크게 변하지 않았다. 이미 관찰했듯이 수입 능력이 갑자기 떨어지는 기간 동안 상대적으로 높은 수준에서 화폐소득이 유지되었기 때문에, 수입을 위한 외환의 수급 균형이 정착되기 위해서는 수입품 가격의 급격한 인상이 필요했다. 이에 따라 수입품과 국내 생산 제품 간에 새로운 가격 비율이 정해졌다.

이러한 새로운 가격 비율에 근거해서 수입품을 대체하는 산업이 발전했고, 이런저런 분야에 투자하기로 한 기업가에게 실제 근거로 활용된 것이 바로 이 가격 비율이었다. 그럼에도 수출 분야의 회복은 이내 외환 상황의 변화, 즉 수출가격 개선과 외환 가용성 확대 등의 변화를 불러왔다. 쉽게 유추할 수 있듯 갑작스런 브라질 통화의 대외 구매력 향상은 즉각적인 수입품 구매 증가와 국내 생산재의 수요 위축을 반드시 초래하는데, 이는 실업을 야기하기 때문에 소득을 축소시키는 경향을 보인다. 이러한 소득 축소는 한편으로는 수입 제품의 수요를 줄여 더 낮은 생산 가동률 수준에서 다시 균형을 회복한다. 그러므로 가장 가능성 높은 것은 불균형이 소득수준이 아니라 환율을 통해 시정되는 것이다. 외환 상황 개선은 갑작스럽게 수입 증가를 불러오고 환율 동향을 바꾸어 버려, 국제수지에 새로운 압력을 가하게 된다. 이는 내수 시장에 전념하고 있던 생산 분야의 성장 때문에 변동환율 시스템이 작동할 수 없는 곳에서는 매우 불안정한 상황이었을 것으로 보인다. 결과적으로 금본위제가 작동하지 않으므로 다른 형태로 외환 안정을 보장할 필요가 있었다.

전형적인 원자재 수출국인 브라질 경제에서 국내 생산자와 수입업자 간의 경쟁은 거의 존재하지 않았다. 환율의 변동성이 두 분야의 수요를 억제했으나, 공급 분야를 구조적으로 변화시키지 않았다. 그러나 두 분야가 서로 경쟁하기 시작하면서 환율의 변화는 어느 순간 한쪽을 포기해야 할 정도로 두 분야에 매우 심각한 영향을 주었다. 이에 따라 브라질 경제의 가장 효과적인 조정 메커니즘 가운데 하나(동시에 식민지 시대에 뿌리를 둔 낡은 경제구조를 보호하는 데 가장 효율적인 수단 중의 하나)가 더 이상 존재하지 않게 되었다.

이러한 메커니즘을 상실한 결과는 심각했으며, 나중에 진행되는 구조적 변화의 책임이 상당 부분 여기에 있다. 브라질 경제가 1930년대의 심각한 위기를 극복하는 가운데 이러한 메커니즘의 일부 기반이 위태로워졌다. 이에 따른 부조화는 1940년대 전반기의 전쟁 경제(제2차 세계대전)라는 긴장 단계 시기에서 완전히 표출된다.

대외 불균형과 불균형의 확산

앞 장에서 수입 계수 하락은 1930년대 가격의 광범위한 재조정 덕분에 이루어졌다는 사실을 언급한 바 있다. 환율 상승은 실질적으로 브라질 통화의 대외 구매력을 절반으로 감소시켰다. 1930년대의 10년 동안 구매력은 변동성이 있었지만 1938~1939년 2년간의 상황은 실제로 위기가 가장 심했던 시점의 상황과 똑같았다. 이로 인해 국내산 제품 가격이 크게 하락했으며, 이 새로운 가격을 기반으로 1930년대의 산업 발전이 이루어졌다.

또한 내수 시장과 연계된 분야의 발전에 따른 자연적인 결과로 국내 생산자와 수입업자들을 위한 하나의 시장이 형성되면서 환율은 모든 경제 시스템에서 매우 중요한 수단이 되었다. 환율의 변화는 어떠한 형태로든 브라질에서 생산되고 수입되는 상품 가격의 변화를 불러왔으며, 이들 상품은 작은 시장 내에서 서로 경쟁했다. 환율 변동성으로 인한 불안 때문에 경제 시스템의 효율성이 피해를 보게 되리라는 점이 분명해졌다.

경쟁하고 있던 수입 상품의 갑작스러운 가격인하로 대규모의 손실 가능성이 발생하자 내수 시장 관련 분야에 대한 투자가 약화되었을 것으로 보인다. 선진국들이 모든 국가의 가격 시스템을 하나의 단위로 통합하는, 금본위제라는 섬세하고 비용이 많이 드는 메커니즘을 도입하게 된 데에 다른 이유가 있을 리 없다. 전형적인 원자재 수출 경제에서 금본위제의 실현이 어렵다는 점을 이미 앞에서 살펴본 바 있다. 그러나 일단 이러한 금본위제가 도입되자 과거에 널리 퍼져 있던 가격 시스템의 무질서 속에서 생존하는 것이 오히려 비현실적이었다.[1]

1934년과 1937년 사이 브라질 통화의 대외 가치가 약간 상승했는데, 이는 국내시장과 관련된 일부 산업 분야에 심각한 혼란을 야기했다. 그렇지만 환율의 개선은 일시적이었고, 1930년대 마지막 시기에 브라질 통화의 대외 가치는 다시 평가절하되어, 실질적으로 위기 이후의 가격수준을 회복했다.[2] 이어 1940년대 초 정부가 취한

1_ 1953년의 환율 개혁은 브라질 경제가 오늘날까지도(저자가 이 책을 쓸 시점까지도) 커다란 국제수지의 문제없이 유일하게 운영해 온 변동환율제로의 복귀였다. 게다가 새로운 제도는 브라질 통화의 대외 구매력을 위해 여러 등가 수준을 구성하는 다섯 개의 엄밀한 구간을 만들었기에 유연성이 매우 컸다.

2_ 1929-1937년의 가격 분석은 리우데자네이루의 생활비용지수와 이미 언급한 수입 및 수출가격지수를 기초로 이루어졌다.

환율정책은 결정적인 시험에 부딪쳤다. 제2차 세계대전으로 인해 야기된 상황의 결과이지만, 국제수지가 연속적으로 흑자를 기록했으며 이러한 흑자의 누적은 환율을 다시 낮추려는 방향[브라질 통화 가치의 상승]으로 압력을 가했다. 외화가 수요보다 훨씬 많이 공급되었기 때문에 환율 하락은 피할 수 없는 일이었다.

그렇다면 브라질 통화의 대외 구매력 향상은 어떠한 결과를 불러왔을까? 먼저 수출품 가격은 끄루제이루로 환산할 경우 가격이 낮아졌을 것이다. 수출업자들은 커피를 수출하면 1달러당 20끄루제이루를 받는 대신 10끄루제이루만 받았다. 커피의 국제가격이 협정으로 고정되어 있었으므로, 브라질 통화의 평가절상은 커피 분야에서는 손해가 커지는 것을 의미했다. 이러한 평가절상의 반대급부는 수입품의 가격인하로, 이는 제조 분야에 직접적인 결과를 초래했다. 제조품의 대외 공급은 위축되었지만 국내 생산자는 시장에서 통용되던 가격보다 훨씬 낮은 가격으로 상품이 갑작스럽게 수입될 가능성을 심각하게 우려했을 것으로 보인다. 이로 인해 내수 시장과 연결된 생산업자와 수출업자들의 이해가 합치되어 브라질 통화의 또 다른 평가절상을 공동으로 반대하게 만들었다. 이것으로 브라질 정부가 브라질 통화인 끄루제이루의 대외 구매력이 빠르게 회복하는 것을 꺼리며 환율을 고정한 이유를 이해할 수 있다.

이러한 정책으로 인해 약간은 역설적인 상황이 만들어졌다. 세계 시장이 판매자 중심으로 점점 더 커져 가는 동안, 즉 구매자 수가 늘고 상품 공급이 줄어드는 동안 브라질은 국제수지 균형을 회복하려고 통화의 대외 가치를 낮출 필요가 있었던 1930년대의 상황이 반영된 가격수준으로 통화의 대외 가치를 고정했다. 이는 대외 시장과 연관된 경제활동을 매우 유리하게 해주었다. 그러나 전통적인 수출업자들이 언제나 유리한 것은 아니었다. 해외 수요 구조가 변화면서 새로운 수출 상품 분야로 브라질 경제 내에서 생산요소들의 강력한 이동이 발생했다. 당연하게도 이러한 상황은 이 기간에 브라질 경제에 발생한 심각한 내적 불균형을 더욱 심화시켰다.

제2차 세계대전 동안 진행된 정책은 본질적으로 대공황 위기가 끝난 즉시 채택된 정책과 동일했다. 그러나 두 시기의 상황이 극단적으로 달라 완전히 다른 결과를 초래했다. 환율이 고정되면서, 마치 이전 10년 동안 팔 수 없었던 커피의 구매가 이루어진 것처럼 화폐소득 수준이 유지되었다. 그전 10년 동안에는 커피를 구입할 만한 구매자가 없었다. 새로운 시기에는 구매자들이 있었으나 신용(외상)을 통해 구매하는, 즉 일부를 나중에 지불한다는 약속인 화폐로 지불되었다. 국내에서도 그 결과는 마찬가지였다. 서비스와 재화의 공급 없이 경제 내에서 구매 흐름이 창출되었다. 이러한 두 상황 간의 차이는 실질적인 반대급부 없이 형성된 구매 흐름이 경제 시스템에 끼친 영향에 있다. 1930년대 초 새로운 구매력은 줄어든 자리, 즉 감소하고 있던 해외 수요로 인해 만들어진 자리를 자동적으로 차지했다. 그 결과 내수 분야와 연결된 생산능력의 활용도가 줄어드는 것은 피할 수 있었지만, 상황은 완전히 달랐다. 브라질 경제는 내수 시장과 연결된 생산능력이 활발하게 사용되는 국면에서 출발했다. 수출가격지수는 1937년에서 1942년 사이에 외부 자극이 매우 크게 작용하여 75퍼센트 증가했다. 비록 환율이 달러당 20

끄루제이루에서 15끄루제이루로 낮아졌지만, 같은 기간의 수출량
이 25퍼센트밖에 줄지 않았기 때문에 외부 자극으로 창출된 화폐
소득은 줄어들지 않았다. 환율이 동결됨에 따라 수입품 공급이 40
퍼센트 이상 줄어든 시점에서 수출 분야의 화폐소득은 실제로 증대
되었다.[3]

다음 데이터를 보면 두 상황이 매우 대조적이라는 것을 알 수 있
다. 1929년에서 1933년 사이 수출 물량의 안정화와 수출품 가격
하락이 결합된 효과(화폐의 평가절하에도 불구하고)로 인해 수출 분야
의 화폐소득이 35퍼센트 감소했다. 1937년에서 1942년 사이에는
동일한 요인들로 인해 수출 분야의 화폐소득이 45퍼센트 증가했다.
이 두 번째 시기의 수입량 감소는 43퍼센트로, 어떻게 대외분야를
통해 경제 불균형이 브라질 경제에 유입되었는지를 쉽게 이해할 수
있다.[4] 수입품의 공급 축소가 불가피했으므로 화폐소득 증가분과
예전에 수입輸入에 쓰였던 소득의 일부가 더해져서 국내시장을 압
박했다. 게다가 전쟁 비용의 압력과 전쟁의 어려움으로 인해 야기

3_ 제2차 세계대전 동안 외국과의 무역 발전은 다음의 표와 같다.

연도	수출량	수출가격	수입가격	교역조건	수입 능력	수입량
1937	100.0	100	100	100	100	100.0
1942	84.2	175	156	112	94	56.6
1945	110.8	216	182	118	131	90.3

출처: *Estudio Econômico de América Latina.*

4_ 1930년대와 유사한 정책으로, 재고 누적을 위해 커피 구매가 계속되었다. 1941년에서
1943년 사이 약 20억 끄루제이루(현재 가격)의 커피 재고가 쌓였다. 분명한 것은 이 정책의
효과가 1930년대에 얻은 효과와 완전히 달랐다는 것이다. 이는 커피 분야에 대한 보호정책
이 이전 결과에 대한 검토 없이 이루어졌음을 확실히 보여 준다.

된 생산성 저하를 고려한다면 브라질 경제 시스템이 이 기간 얼마나 심한 압력을 받았으며 심한 경기 불황을 겪었는지를 이해할 수 있다.[5]

환율 문제와 관련해 몇 가지 살펴봐야 할 것이 있다. 당시 시행되고 있던 환율 시스템의 논리에 따라 외환 수요의 하락은 외환의 평가절하를 야기했으며, 이에 따라 대외 불균형이 경제 시스템 전체로 확산되지 않았다. 외환 수요의 하락은 수출 분야에서 창출된 화폐소득 흐름이 실질적인 수입재의 수입으로 이어지지 않았다는 것을 의미하는데, 이것이 바로 불균형의 출발점이다. 그러나 이러한 상황은 영원히 지속될 수 없었다. 왜냐하면 외환 수요가 공급보다 낮아지면 외환 가치가 하락하게 될 것이고, 수출업자들은 같은 외환을 주고도 더 적은 끄루제이루화를 받게 된다. 이에 따라 수출업자의 화폐소득은 감소한다. 이러한 소득 감소는 수입 재화 및 서비스 공급의 위축으로 상쇄되며 불균형을 바로잡는다. 사실 외환 가치의 하락은 수입업자들이 수입품에 돈을 더 적게 지출하는 것, 즉 외환을 보다 낮은 가격에 구입하는 것을 의미한다. 당시 외환의 최대 구매자는 무역에 투입되지 않은 외환을 대부분 보유하고 있던 통화당국 자신이었다. 강제적인 외환보유로 인해 발생하는 소득 흐름의 규모는 외환 가치가 하락함에 따라 그와 비례해서 줄어든다. 요약

5_ 1937년에서 1942년 사이에 최소 10퍼센트의 1인당 소득 감소, 즉 인구성장과 동일한 감소가 있었다. 1939년의 실질 생산 및 소득 관련 데이터는 *O Desenvolvimento Econômico do Brasil*, BNDE-CEPAL 참조.

해서 말하면, 이러한 외환보유고reservas monetárias의 가치는 수입 재화 및 서비스와 비교해서 수출 분야에서 창출된 소득의 초과분과 거의 동일한 것이었다. 외환보유고의 가치가 감소하면 수입 재화 공급에 대한 화폐소득 초과분도 동일한 금액으로 감소하게 된다.

그러나 모든 문제가 거기서 끝나는 건 아니었다. 외환의 가치 회복으로 수출소득의 유입이 증가하는 것을 피할 수 있다 하더라도 외환보유고가 쌓이는 것을 막을 수는 없었다. 정상적인 조건에서의 외환 가격의 하락은 수입 가격을 낮추고 수입품의 경쟁력을 높이기 때문에 당연히 외환의 수요를 증가시킨다. 이에 따라 외환의 공급과 수요 간의 균형이 다시 복원되는 것이다. 그러나 전쟁 기간에는 외환 가치가 아무리 하락한다 해도 수입량은 증가하지 않을 것이다. 왜냐하면 수출 가능 재화의 생산과 해상 운송 수단은 전쟁 중인 국가들이 통제하고 있었고, 가격 시스템과는 무관했기 때문이다. 당시 조건들을 살펴보면 끄루제이루의 가치 회복 상황이 어떻든 브라질 상품에 대한 대외 수요는 유지되었고, 전반적으로 볼 때 수입 상품의 공급은 변하지 않았다. 그러므로 외환보유고가 축적되는 것은 피할 수 없는 일이었다. 이러한 불균형을 유일하게 시정할 수 있는 가능성은 끄루제이루화 물가 통제를 통해 생산자-수출업자들의 의욕을 낮추는 것이었다. 그러나 이러한 정책이 도입되었다면, 전시에 필수 물품 부족으로 압박받고 있던 수입업자들은 외환 가격을 올리거나 그런 환율정책을 고집하는 브라질에 대한 수출을 중단하겠다고 위협했을 것이다.

1941년 이후 수출가격 인상에 힘입어 불균형 심화와 수출업자의 소득 인플레이션 확대가 억제되었다. 그러나 수출 분야에서 중계상들과 생산자들에게 지불하는 가격이 1939년 수준에서 유지되었다 하더라도, 외환보유고가 축적되어 감에 따라 불균형이 형성되었다. 전반적인 생산성 하락 효과를 염두에 두지 않았다 하더라도 경제는 생산능력을 전부 가용하며 운영되고 있었기에, 재화 및 서비스 공급과 화폐소득 간의 불균형으로 인해 야기된 압력이 가격 상승을 통해 해결되는 것은 불가피했다. 한편 이 가격 상승은 수출 분야의 비용에 반영되었기에 수출 분야의 소득수준을 유지하려는 어떠한 정책도 시행하기 어려웠다. 이렇게 해서 화폐가 가치를 회복하든 아니든 불균형이 형성된 것은 의심할 여지가 없다. 가치 회복 정책을 취한다 하더라도 언제 생길지 모를 불균형 때문에 그 정책을 계속 끌고 가기란 무척 어려웠다. 국내가격이 상승하기 시작하자 수출 분야에 대한 압력이 증가했고, 수출업자들이 통화 당국이 인위적으로 내린 가격으로 외환을 양도하는 것이 불가능해졌다.

전쟁 기간에 발생한 상황은 너무도 복잡했다. 빠르고 무질서한 물가 상승 때문에 경제 시스템 전반에 나타났던 불균형을 수정하기 위해서는 단순한 환율 조정보다는 훨씬 더 광범위한 조치가 필요했다. 경제가 과도한 압박을 받고 있으며 브라질 내 소비와 투자를 위해 현재 필요한 것 이상으로 생산해야 한다는 원칙에서 시작할 필요가 있었다. 그 차이(필요와 그 이상 생산된 것의 차이)는 브라질 영토 내에서 생산되지만 사용되지 않은 양을 나타내는 외환보유고의 축적과 같은 것이었다. 더구나 정부가 군사 비용 지출을 늘리고 있으며, 소비자들의 필요 및 투자자들의 요구에 부응하는 국내 생산을 더욱 축소했다는 점을 염두에 두어야 했다. 마지막으로 연안 무역의 혼란, 고품질 연료의 저품질 원료로의 교환, 부품 부족으로 인한 기계 가동 정지, 노동력으로 기계 장비 대체 등의 문제 때문에 야기된 전반적인 생산성 저하 또한 고려해야 했을 것이다.

반면에 소득 흐름은 계속 커져 갔다. 대외 분야에서는 국제가격 상승에 따라 구매력을 가진 계층이 늘어났다. 정부는 급여 배분을 늘렸다.[6] 민간 분야에서의 생산성 하락은 생산에 활용된 요소들에 대한 지불 축소를 야기하지 않았다. 이 소득 흐름과 줄어든 재화 및 서비스 공급 간의 균형을 회복하기 위해서는 경제 전반에 걸쳐 부담을 적절하게 배분해야 했을 것이다. 이러한 정책은 직접적으로 소득 흐름을 축소하거나(급여와 기타 소득을 축소하면서) 창출된 소득의 일부를 불태화esterilização[7]하려는 목표로 추진될 것이다. 자유기업 경제에서 이 두 번째 수단은 좀 더 쉽게 시행할 수 있고, 결과를 보다 확실하게 예측할 수 있다. 급여를 삭감하는 것은 기업인들에게든 봉급자들에게든 의욕을 매우 떨어뜨리는 효과를 가져올 수 있다. 생산 장려가 필요한 단계에서 이러한 조치는 반생산적인 효과를 초래한다. 소득의 일부를 불태화하는 것은 소득의 사용을 단순하게 뒤로 미루는 것을 내포하는데, 이는 긴급한 시기에, 특히 이

6_ 정부가 적절하게 급여를 지원할 때마다 정부지출은 증가했지만 어떠한 불균형도 야기되지 않았다. 그러나 이 기간에 지속적으로 나타난 적자가 보여 주듯 이 경우는 그렇지 못했다.

7_ 시중에 무분별하게 많이 풀린 통화를 회수한다는 의미._옮긴이 주

조치가 필수품 분배에 있어 일련의 직접적인 통제를 수반하는 경우에 완전히 수용될 수 있다.

수많은 국가에서 상당히 성공적으로 시행된 정책인, 잉여 화폐소득의 일부를 동결하는 조치를 통해 불균형을 시정하려는 노력이 브라질에서는 왜 시행되지 않았느냐고 질문할 수 있을 것이다. 그 이유는 아마도 인플레이션이 한참 진행 중일 때는 이러한 종류의 조치를 성공적으로 도입하기가 쉽지 않다는 사실 때문일 것이다. 브라질에서는 인플레이션 과정이 다른 대부분의 국가들보다 신속하게 전개되었다. 그 이유를 살펴보자.

1939년에 제2차 세계대전이 발발하자 세계경제는 완전히 깊은 침체에 빠졌다. 대부분의 국가들에서 많은 생산 시설이 가용되지 않았으며, 미국·영국·캐나다·호주뿐만 아니라 실업이 별로 없던 저개발 국가들에서조차 실업자 수가 상당히 늘었다. 세계대전으로 인한 긴장 때문에 각국 정부는 신속하게 지출을 늘려 유휴 생산능력을 점진적으로 활용하도록 했다. 예를 들어 호주에서 기존의 생산 시설은 1942년 이전까지는 완전히 활용되지 않았다. 전쟁이 발발하고 3년이 지나서야 호주 경제는 초과수요라는 진정한 압력을 경험하게 된다. 이와 동일한 과정이 대부분의 국가에서 발생했다. 이러한 과도기가 일종의 완충 역할을 했기 때문에 각국 정부들은 수요와 공급의 불균형이 공개적으로 표출되기 전에 상황을 통제할 수단을 확보할 시간을 벌었다. 이러한 이유로 수요와 공급 간 불균형이 극히 심하게 드러나는 분야가 어디인지를 예상하는 일이 상대적으로 쉬웠다. 시간이 흐르면서 이들 분야에 직접 통제 시스템이 도입되었다. 자원 활용을 목표로 한 행정 조치를 미리 취할 수 있었으며, 이에 따라 보다 취약한 분야에서 심각한 불균형이 발생하는 것을 방지할 수 있었다.

앞에서 살펴보았듯이 브라질 경제는 1930년대에 자국의 힘만으로 회복했다. 미국과 다른 많은 국가들의 경우와는 반대로 브라질은 1937년에 1929년보다 높은 1인당 소득수준에 도달했다. 게다가 1938년의 위기는 브라질에 영향을 덜 끼쳤는데, 이는 브라질 경제의 대외 분야가 이전 시기에 충분하게 회복되지 않았기 때문이었다. 1937년에서 1938년 사이의 실질소득 하락은 2퍼센트에 불과했으며, 1939년에는 1937년 수준을 회복했다. 이에 따라 브라질 경제는 제2차 세계대전 당시 유리한 전환기를 갖지 못했다. 1940년부터 브라질 경제를 압박했던 추가 압력은 자동으로 급격한 가격상승을 불러왔다. 1929~1939년 사이에는 전반적인 물가수준이 31 퍼센트 상승했으나, 1940~1944년 사이에는 86퍼센트나 올랐다. 경제가 보다 강한 압박을 받기 시작한 첫 해인 1942년에는 물가수준이 18퍼센트 상승했다.[8]

일단 불균형이 가격인상으로 해결되자 수정 정책을 적용하기가 어려웠다. 가격인상은 소득분배 형태가 신속히 변해 가는 징후일 뿐이기 때문이다. 이 과정을 좀 더 자세히 살펴보도록 하자. 수출

8_ BNDE-CEPAL 그룹이 *O Desenvolvimento Econômico do Brasil*, 첫 장, 통계 부록, 표 III에서 발표한 브라질 내 소득에 내포된 디플레이터를 1939년부터 종합물가지수(índice do nível de preços)로 사용하고 있다.

분야에서 형성된 소득은 수입이 줄어들면서 실체가 없이 갑자기 사라지게 되었다. 예를 들어 1942년 본선인도FOB 조건의 수출 금액은 운임 및 보험료 포함인도CIF 조건의 수입 금액을 60퍼센트 초과한 28억 끄루제이루의 흑자를 기록했다. 더구나 브라질 경제는 소비량이나 해외 수출량보다 더 많은 양의 커피를 계속 생산하고 있었다. 1942년에 누적되던 커피 재고액은 약 10억 끄루제이루에 달했다. 만약 이들 요인에 15억 끄루제이루의 재정적자를 더한다면 은행 시스템은 1942~1943년에 약 60퍼센트의 지불수단[9]을 확대할 수 있었다. 1940~1943년 사이 소득 흐름은 43퍼센트 증가한 반면, 브라질 영토 내 인구가 가용할 수 있는 전체 재화와 서비스는 2퍼센트밖에 증가하지 않았다. 이러한 차이로 실질 공급과 화폐 수요 사이에서 불균형이 발생한 것으로 보인다.[10] 이러한 불균형이 가격인상을 불러왔을 것이다. 실질적인 소득을 보호하는 방법 중 하나가 순자산을 최소한도로 줄이는 것으로, 가격인상은 한번 시작되면 급속히 진행되는 경향이 있다. 실제로 가격인상은 생산과정에 있거나 이미 생산되어 중개인의 손에 있는 모든 제품의 수요에 대한 압력 효과로 인해 만들어진 가치 회복 이외의 다른 것이 아니다. 이 가격 상승은 전체 경제 시스템으로 확산되는 경향이 있으며, 이

9_ 게다가 이러한 비정상적인 지불수단 확대는 화폐 당국의 극히 수동적인 자세를 반영하고 있다. 은행 시스템은 인플레 압력을 빠르게 증가시킨 책임이 있다.

10_ 기본 데이터로는 *O Desenvolvimento Econômico do Brasil*, 첫 장, 통계 부록, 표 I 참조. 동일한 자료가 본 장의 1939년부터의 기간과 관련해 인용한 모든 기본 지수에 사용되었다.

과정이 진행되어 가는 양식이 가격 상승 결과로 생긴 소득재분배의 정도를 결정짓는다.

갑작스러운 가격인상 과정이 시작되면서 기업인들이(여러 생산과정 단계의 작업이나 다른 형태로 재고를 보유하고 있어서) 상당한 자본수익을 올린다는 것을 쉽게 이해할 수 있다. 이렇게 하여 불균형의 수정은(메커니즘이 자발적으로 작동될 때마다) 어떤 그룹에는 혜택으로, 또 어떤 그룹에는 피해로 나타나는 소득재분배를 필연적으로 일으킨다. 이들 각 그룹은 소득을 상이하게 이용하기 때문에 전체 인구가 소득 전체를 어떻게 쓸 것인가를 소득 이전을 통해 예측하는 것은 어렵다. 이러한 이유로 급속한 가격 상승 과정이 시작되면 소득의 잉여량을 중화하고, 전략 포인트(지점)에서 직접적인 규제를 가하는 일이 극히 어려워진다.

앞에서 강조했듯이 환율 고정은 수출산업 보호의 한 형태였다. 외환의 누적은 브라질 통화가치의 절상을 부르고 이는 수출 상품 가격(끄루제이루 기준)의 인상으로 이어져 수출산업에 불리하게 작용한다. 그렇지만 화폐소득 수준이 계속 높게 유지됨에 따라 이러한 보호 메커니즘은 정반대 효과를 초래했다. 급속한 가격 상승은 수출 분야의 비용에 확실히 영향을 끼쳤다. 환율이 고정된 시기부터 수출 분야는 해외시장에서의 가격인상을 통제할 수 있는 능력을 갖고 있었다. 만약 국내가격 수준이 수출가격 수준보다 더 올라갔다면, 수출 분야의 수익성이 낮아지리라는 점은 분명하다. 이 경우 고정환율은 수출업자들에게만 더 큰 비율의 손실을 방지해 주었을 것이다. 그렇지만 수출 경제 전반에 걸쳐 그러한 현상은 발생하지 않았다. 1939년에서 1944년 사이 국내 물가수준이 98퍼센트 상승했던 반면, 수출가격 수준은 110퍼센트 증가했다.[11] 이 기간 중 수출가격은 매년 국내가격 수준보다 훨씬 높았는데, 이는 수출 분야가 고정환율로 인해 브라질 소득에서 그 비중을 늘려 갔음을 보여주고 있다. 제2차 세계대전 이후부터 1949년까지의 시기에 국내가격이 수출가격과 동일한 추세로 상승했다 할지라도, 그 이전 연도들에서 나타난 차이는 계속되었으며, 그다음 연도들에는 더욱 커졌다.[12] 1940년대의 브라질 경제에서 발생한 변화를 설명하는 데는 이 점이 매우 중요하다. 국내가격과 수출가격이 1939년 이후의 모든 기간에 크게 오른 반면, 수입가격은 훨씬 나중에 올랐다. 예를 들어 1939~1944년 사이 수입가격은 64퍼센트 오른 데 비해 국내가격수준은 98퍼센트 올랐다. 그다음 시기에 이 차이는 계속해서 더욱 커졌는데, 1944~1949년 사이 수입가격은 36퍼센트 올랐고 국내가격 수준은 70퍼센트 상승했다.

이러한 차이가 점점 더 커지면서 1930년대 초 이래 브라질 산업 발전의 근간이 된 가격수준이 파괴되는 실질적인 결과를 낳았다. 1929~1939년 사이 브라질에서의 수입가격과 국내가격 수준의 추

11_ 예를 들어 커피 생산자에 지불한 가격이 1939-1943년 사이에 31퍼센트 증가한 데 비해 전반전인 브라질 내 가격수준은 65퍼센트 상승했다. 그러나 이미 1944년에 커피 생산자 가격은 전반적인 가격수준을 회복하고, 넘어서기까지 했다.

12_ 1939년에서 1948년 사이 국내가격 수준은 약 세 배나 상승했으며, 수출가격 수준은 네 배 올랐다. 1948년에서 1953년 사이에는 국내가격이 64퍼센트 증가했으며, 수출가격은 84퍼센트 올랐다.

이를 비교해 보면 수입 상품 가격이 60퍼센트 올랐다. 대공황 이후 현재까지 브라질 경제는 이 가격 등가等價, paridade를 기반으로 발전해 왔다. 이 등가는 브라질 내 가격수준이 높거나 낮다는 것을, 혹은 브라질 통화가 해외에서 저평가나 고평가되었다는 것을 꼭 의미하지는 않는다. 1929년과 반대로 1939년에 브라질 통화는 해외에서 저평가되었다. 1939년에서 1949년 사이에는 이와 반대되는 현상이 일어나 수입가격 수준 대비 브라질 내 가격수준이 상승했다. 환율 통제 시스템으로 간신히 감추어져 있던 브라질 통화의 가치가 다시 회복되었던 것이다. 1929년의 대외 구매력과 대내 구매력 간 등가는 다시 회복하는 추세를 보였다. 이러한 질서의 변화가 경제 시스템에 심각한 결과를 가져오리라는 점은 쉽게 이해할 수 있다. 1929년의 등가는 상대적으로 높은 수입 계수를 반영했다. 1930년대 브라질의 경제발전은 내적 충격을 기반으로 한 것이었고, 국내 생산 제품으로 수입 제품을 대체하는 과정이 진행되었다. 실제 경제가 성장함에 따라 수입 계수는 줄어들었다.[13]

수입 계수는 수입 상품과 국내 생산품 간의 국민 전체 소비 분포도를 반영한다. 예전에 수입품 구매에 소득의 20퍼센트 가까이를 썼던 국민으로 하여금 10퍼센트 정도만 쓰게 하려면, 수입품과 국내 생산품의 가격이 근본적으로 변화해야 한다. 이러한 가격 변화

13_ 빠른 수입가격 인상으로 인해 인위적으로 계수가 상승하는 것을 막기 위해서는 불변 가격 기준으로 수입가 소득 간에 비교가 이루어져야 한다. 1939-1954년의 이 계수 관련 데이터는 *O Desenvolvimento Econômico do Brasil*, cit., 첫 장, 통계 부록, 표 XVI 참조.

는 상품을 수입해 오는 국가들보다 국내의 같은 분야에서의 생산성이 훨씬 더 크게 성장하거나, 환율 변화, 즉 화폐의 대외 구매력이 인하되어야만 일어났다. 저개발 국가의 경우 기술이나 자본이 부족하다는 점을 고려할 때, 수입 계수가 줄어드는 이유가 주로 생산성 개선이라고 하는 것은 맞지 않는다는 것을 쉽게 이해할 수 있다. 실제 상황이 화폐소득을 유지하는 데 유리해지고, 수입품이 부족해 가격이 오름에 따라 국내시장이 확대되었기 때문에 수입 계수가 감소했다. 이 새로운 가격 등가를 변화시키면 등가를 기반으로 한 모든 경제구조가 혼란스럽게 된다. 그러나 이것이 수입 계수가 변화될 수 없다는 것을 의미하지는 않는다. 만약 수입 능력이 회복되고, 또 수입 능력이 소득보다 더 급속히 증가한다면 계수는 올라갈 것이다. 그러나 이러한 상승은 앞에서 언급한 가격의 등가만을 변화시켜서는 일어나지 않는다. 상대적으로 수입가격을 낮춘다면 계수는 급속히 상승하겠지만 상승과 함께 경제에 새로운 불균형이 초래될 것이다.

수입 계수의 재조정

제2차 세계대전 이후 수입이 자유화되고 외국으로부터 공급이
정상화되면서 수입 계수는 급속히 상승해 1947년에는 15퍼센트가
되었다. 그 당시 이 현상을 관찰한 연구자들은 수입 계수 상승에 그
이전의 수요 압력만이 반영되었다고 여겼으나 실제로는 훨씬 더 의
미심장한 현상이었다. 1929년도 상대가격 수준을 회복하자 브라질
국민은 그 당시 수입품 구매를 위해 지출했던 수준으로 복귀하려
했다. 그렇지만 이는 기존의 수입 능력과 양립할 수 없었다. 1947
년 수입 능력은 실질적으로 1929년 수준과 비슷했으나 국민소득은
약 50퍼센트 증가했다. 이에 따라 국민(소비자와 투자자)의 수입 욕
구는 당연하게도 해외에서의 실질적인 지불 능력을 크게 상회하는
경향을 보였다. 이러한 불균형을 수정하기 위해 정부가 채택한 해

결 방안들은 브라질 화폐를 상당한 수준으로 평가절하하거나 일련의 선택적 수입 통제 시스템을 도입하는 것이었다. 비록 외견상으로는 확실한 결과를 몰랐다 하더라도 두 번째 방안을 선택하는 것은 가까운 미래에 커다란 의미를 갖고 있었다. 나중에 살펴보겠지만 이는 브라질의 산업화 과정의 심화에 있어 근본적으로 중요한 결정이었다. 그럼에도 외국 생산자들과의 즉각적인 경쟁을 우려하던 산업 분야는 정부가 산업계의 이익과 상치되는 결정을 내렸다고 생각했다. 반면 수출 분야는 그 결정이 물가인상을 멈추게 할 조치라고 판단해 전적으로 불리하지는 않을 것으로 여겼다. 그러나 브라질 정부가 실제로 이런 결정을 내리게 된 이유는 물가 인상이 심해질 수 있다는 우려 때문이었다. 통화의 평가절하와 더불어 수입 물가가 오르면서 사회불안이 더욱 심화되었다.

외환보유고가 고갈되어 실질적인 수입 능력과 양립할 수 없게 된 환율을 유지하는 이러한 정책의 결과가 어떠했는지 살펴보자. 불균형은 여전히 지속되어, 이를 통제하는 것이 필수 불가결했다. 수입 물량은 줄어들어야 했으며 선택적인 해외 구매 정책을 도입하는 것이 불가피했다. 정부의 즉각적인 목표(물가수준을 내리거나 안정화한다는 목표)가 시간이 흐르면서 완전히 무시되었다는 사실에 주목할 필요가 있다. 환율 유지가 물가하락에 유리하도록 완제품 소비재를 완전히 자유롭게 수입할 수 있도록 하여, 브라질 내 완제품 소비재의 공급을 늘려야 했을 것이다. 그런데 가용 외화를 할당해야 할 시점이 왔을 때 이러한 정책을 지속할 수 없다는 것이 분명해졌다. 완제품 소비재를 원활하게 수입하기 위해서 원자재, 반제품, 연료, 장비 등의 수입을 축소하는 것이 실제로는 불가능했기 때문이다. 그런 정책으로 인해 실업이 발생할 수 있다는 위협과 이익의 상당 부분이 사라져 버릴 수 있다는 점을 고려할 필요가 있었다. 이에 따라 물가 인상 방지를 위한 환율정책의 실제적인 양상은 자본재와 원자재 수입에 유리하게 작용할 수 있도록 완제품 소비재 수입을 줄이는 것이었다. 산업계는 이렇게 하여 이중의 혜택을 보았다. 한편으로는 수입 통제를 통해 외국과의 경쟁 가능성이 최소한도로 줄어들었으며, 다른 한편으로는 원자재와 장비를 상대적으로 낮은 가격에 구매할 수 있었다.

결과적으로 내수 시장과 관련된 산업투자에 매우 유리한 환경이 조성되었다. 제2차 세계대전 이후의 기간에 나타난 성장 심화 및 투자 증가는 바로 이러한 환경에 힘입은 것이었다.[1] 국내에서 가격이 전체적으로 계속 상승하는 동안 자본재를 고정가격으로 외국에서 구매할 수 있었다. 예를 들어 1945~1950년 사이에 수입가격은 겨우 7퍼센트 상승했지만 브라질 내 제조품 가격, 즉 생산자 가격은 54퍼센트 증가했다. 이에 따라 1945~1951년 사이 전체 수입이 겨우 83퍼센트 증가한 데 비해 산업 장비 수입은 338퍼센트나 급증한 사실을 이해할 수 있다. 그러나 산업계는 환율 혜택을 전부 향유하지는 않았다. 산업계는 생산성 향상에 따른 결실의 일부를 상

1_ 연평균 1인당 실질 생산 증가율(무역으로 인한 가격변동 효과는 제외)은 1940-1946년에는 1.9퍼센트, 1946-1949년에는 3.0퍼센트, 1949-1954년에는 3.5퍼센트였다. 저축률은 1946-1948년에는 소득의 13.9퍼센트였으며, 1949-1951년에는 16.0퍼센트, 1952-1954년에는 15.0퍼센트였다.

대적인 가격인하를 통해 국민 전체에 이전했다. 1945~1953년 사이 국내에서 생산된 산업 제품의 가격은 약 60퍼센트 정도 인상되었고, 브라질 경제의 전체 물가수준은 130퍼센트 이상 올랐다. 그럼에도 국내 생산 제품의 가격과 수입품 가격의 차이는 1939년 가격 기준으로 비교할 때 여전히 컸다.

이제 1947년에 불균형이 매우 심해졌을 때 평가절하 정책을 채택한 것이 브라질 경제에 어떠한 결과를 가져왔는지 알아보자. 일부 라틴아메리카 국가들이 이 정책을 따랐는데, 이들의 경험이 브라질에서 발생한 현상을 이해하는 데 도움이 된다. 제일 먼저, 평가절하로 인해 산업체들이 장비를 수입할 수 없었던 이전 시기에 축적한 자본금의 실질 가치가 감소할 것이다. 그러므로 산업 분야에서 생산 시설이 확대될 실질적인 가능성이 줄어든다. 두 번째, 수출업자 및 수출과 연관된 생산자의 소득이 증가할 것이다. 이에 따라 내수 시장과 연결된 분야보다 수출 분야에 투자할 인센티브가 더 많아질 것이다. 이러한 상황은 커피 생산업자들이 농장 수익률을 올리고 농장을 확대하도록 이끌었을 것이다. 이러한 상황은 또한 현재와 미래의 커피 가격에 커다란 영향을 미쳐 커피 공급의 확대를 가져왔을 것이다. 그 결과 1949년부터 시행되어 온 커피 가격 재조정이 일어나지 않거나, 일어났다 하더라도 훨씬 적은 규모로 이루어졌을 것이다. 또 한편으로는 수입품 가격의 전반적인 상승으로 이들 수입품에 대한 수요와 가격의 불균형이 수정되고, 수입 계수가 적절한 수준으로 복귀했을 것이다. 이런 상황에서 수출 능력은 증가하거나 감소하지는 않았을 것이다. 그렇지만 틀림없이 수입

품목 구성에는 영향을 주었을 것이다. 실제로 자본재, 특히 산업용 장비 구매를 위해 사용되었던 외환은 소비재 품목 수입으로 흡수되었을 것이다. 고소득 계층의 공산품 소비재 수입 수요를 없애는 데는 물가 인상만으로 충분하지 않기 때문이다. 이들 제품은 1938~1939년 기간에는 수입액의 약 11퍼센트, 그리고 1947년에는 수입액의 13퍼센트 이상을 차지했다. 선택적인 수입 통제 시스템 도입으로 이 비율은 1950년에는 7퍼센트로 줄었다.

제2차 세계대전 이후 채택한 환율정책이 예상치 못하게 내수 시장과 연결된 생산 분야, 특히 산업 분야 투자에 매우 유리하게 작용했다는 점은 이미 앞에서 언급했다. 이 문제에 대해 조금 더 분석을 해보자. 우선 이것이 경제의 한 분야에 유리한 소득재분배 과정이었다고 단순하게 추측하는 것은 잘못이다. 기업가에 유리한 소득재분배는 특정 조건과 한계 안에서만 경제발전을 이끌 수 있다. 자유기업 경제에서 투자 과정은 시장의 성장과 병행해 나타난다. 이 두 성장 과정 간의 조정은 주기적으로 높아졌다 낮아졌다 하는 변화를 겪으며 이루어진다고 알려져 있다. 그렇다고 장기적인 인플레이션이 소득을 기업가들에게 유리하게 재분배하며, 투자를 심화시킬 수도 있다고 추측하는 것은 착각이다. 시장이 성장을 멈추는 순간부터 기업가들은 이윤 감소를 예측하고 투자를 줄이기 시작한다.

제2차 세계대전 이후(1940년대 후반과 1950년대 초에) 브라질이 경험한 소득재분배 현상은 겉보기보다 복잡하다. 겉으로 보이는 것처럼 수출 분야의 소득이 내수 시장과 연결된 생산 분야로 단순히 이전된 것이 아니었다. 수출 분야와 연관된 농업 생산자에 지불하는 가격지수와 수출가격지수가 1939년 이후 모든 기간 브라질 경제의 종합물가지수보다 더 많이 상승했다는 것은 이미 앞에서 살펴보았다. 이로 인해 농업 분야로부터 산업(제조) 분야로 소득 이전이 발생하지 않았다. 이 기간에 종합물가지수에 대비하여 농산물의 국내 교역조건이 농업에 유리하게 전개되었기 때문이다. 1939~1945년 사이에 농산물 가격은 약 30퍼센트 올랐고, 이러한 상황은 1949년까지 유지되었다. 1949년에 커피 가격이 급등해 1949~1953년 기간에는 농산물 전체의 가격이 추가적으로 20퍼센트 올랐다.[2] 그러므로 재분배가 전체 소비자들에게 불리하게 작용했으리라 가정할 수도 있다. 이러한 가정은 앞에서 살펴본 투자의 성장(다시 말해 생산능력의 성장)이 소비자들의 구매력 증대를 요구한다는 사실과 충돌한다. 이러한 현상에 대해 직접적인 검증을 시도해 볼 수 있다. 브라질의 전체 생산량 지수를 살펴보면,[3] 생산(브라질 영토 내에서 실현된 전체 노동량이 된다)은 1939~1954년 기간 100퍼센트 조금 넘게 증가했다. 한편 전체 인구의 실질 소비지출 규모를 측정하면 같은 기간에 130퍼센트 이상 증가했다는 것을 알 수 있다. 이 기간에 브라질 인구가 생산 증가분보다 소비를 더 늘렸다는 것이 명백하다. 이에 따라 기업인들이 일반적으로 소비자들에게 유리하게 재투자되어야 하는 소득의 일부를 자신들에 대한 투자로 전용했을 가능성은 사라진다.

2_ *O Desenvolvimento Econômico do Brasil*, cit., 통계 부록, 표 XIII 참조.

3_ 무역가격의 변동 효과를 제외한 재화와 서비스 생산 가중지수.

저가로 장비와 원자재를 수입함으로써 기업인들이 누렸던 혜택은 엄밀한 의미에서 소득재분배의 결실이 아니라, 가격 개선으로 인한 전체 실질소득 증가분의 상당 부분을 기업인들이 취했음을 의미한다. 수입 상품 가격의 하락에 따른 혜택은 모든 분야에 골고루 돌아가지 않고 가장 큰 외화 흡수자가 산업계라는 단순한 이유로 산업 분야에 집중되었다. 다른 관점에서 이 현상을 살펴보자. 수입 가격인하는 결국 브라질 경제에 투입된 요소 전체의 경제적 생산성 향상을 의미한다. 브라질 영토 내의 동일한 노동량으로 더 많은 양의 수입재를 획득할 수 있기 때문이다. 이 현상이 얼마나 중요한지 알아보려면 1952년 가격으로 측정된 1954년 브라질 경제의 실질소득이 1939년보다 많은 2,370억 끄루제이루였던 것에 비해 실제로 실현된 생산량은 2,090억 끄루제이루에 불과했다는 점을 생각해 보면 된다. 이미 언급한 경제 생산성의 향상으로 인해 국민이 가용할 수 있는 실질소득 증가분은 280억 끄루제이루였다. 이를 통해 1954년의 소비가 1939년보다 많은 2,010억 끄루제이루였다는 사실을 설명할 수 있다. 이런 방식으로 전체 실질 생산 증가량은 실질적으로 소비에 의해 흡수되었다. 그럼에도 총투자율(총지출에 대한 투자 비율)은 앞에서 언급한 1939년의 12.9퍼센트에서 1954년에 14.3퍼센트로 증가했다.

환율정책은 장비 가격을 낮추고 해외 경쟁자들로부터 국내 산업을 보호함으로써 산업(제조) 분야의 생산성을 크게 향상시켰다. 이에 따라 투자율은 실질적인 소비의 성장을 방해하지 않고서도 증가할 수 있었다. 그러나 환율정책을 둘러싼 환경 때문에 산업(제조업)

투자에 대한 강력한 인센티브가 없었다면 경제 생산성 향상에 따른 결실의 상당 부분이 소비에 흡수되었을 것이다. 수입 계수의 재조정이 직접적이며 선택적인 수입 규제가 아니라 화폐 평가절하를 통해 이루어졌다면, 소비 제조품 수입은 확실하게 더 작은 규모로 줄어들었을 것이다. 물론 소비재 수입이 줄어든다고 소비가 반드시 감소한다고 장담할 수는 없다. 수입재를 소비할 수 없는 상황에서 사람들이 국내 생산 재화와 서비스 소비를 늘릴 수도 있기 때문이다. 그렇지만 소비재 상품의 수입 증가와 수입 장비 가격 상승 때문에 투자 기회가 축소될 가능성이 매우 높다. 이에 따라 선택적 수입 규제를 동반한 환율정책은 증대한 소득의 상당 부분을 제조기업들의 손에 집중시키고, 이들 기업가의 투자 기회를 증대시키는 결과를 초래했다.

두 모습의 인플레이션

제2차 세계대전 이후 브라질 경제성장의 가속화가 근본적으로 환율정책과 선택적 수입 통제와 관련되어 있다는 점을 앞서 강조했다. 국내산 제조품의 가격이 상승하는 동안 수입 장비의 가격을 계속 낮게 유지함으로써 산업투자의 한계 효율성이 확실하게 올라갔다.[1] 산업투자의 한계 효율성 향상 과정에 영향을 미친 요인 가운데 하나가 국내에서 생산된 제조품의 물가 상승이라는 점은 매우 흥미로운 사실로, 분석할 만한 가치가 있다. 투자를 강화하기 위해 기업인들이 끌어다 쓴 추가 자본은 단순한 소득재분배의 결실이 아니며, 인플레이션, 즉 물가 상승으로부터 비롯된 것도 아니라는 사실

1_ 다른 말로 산업에 투자된 새로운 자본의 기대 수익률이 좋아졌다.

에 유의해야 한다. 다른 말로 표현하자면, 그러한 자본은 수입가격 인하에 따른 경제 생산성의 전반적인 향상으로 창출된 것이었다. 1948~1952년 기간 브라질에서 대규모 자본형성이 인플레이션 때문이라고 보는 것은 문제를 지나치게 단순화하는 것으로, 문제를 설명하는 데 전혀 도움이 되지 않는다. 높은 인플레이션을 경험한 다른 라틴아메리카 국가와 비교해 보면 그러한 과정 자체가 효율적이고 지속적인 형태로 자본을 형성할 수 없다는 사실을 알 수 있다. 그렇지만 제2차 세계대전 이후 브라질 내 물가 인상의 역할을 간과하는 것 역시 잘못이다. 여기에 상이한 두 개의 문제, 즉 물가가 지속해서 상승하는 이유와 그러한 물가 상승이 경제 과정에 미치는 효과라는 문제가 존재한다. 먼저 두 번째 문제, 즉 물가 상승이 경제에 미치는 효과에 대해 살펴보기로 하자.

자본형성의 기본적인 원인은 자본의 한계 효율성의 증가, 즉 신규 투자에 대한 수익성 개선에 대한 기업인들의 기대감이다. 신규 투자로 수익성이 증가할 것을 기대하는 이유는 무엇인가? 그것은 장비 비용 증가율과 이 장비로 생산되는 제조품 가격 증가율 때문이다. 일단 환율이 고정되었다고 가정하면 장비 비용 증가는 단순한 수입가격 증가를 반영한 것이다. 국내가격 수준이 해외가격 수준을 따른다고 가정할 경우 장비 비용은 기업의 판매 가격을 따를 것이다. 다른 한편으로 국내 물가수준이 오를 때마다(환율의 안정화 결과로 발생한다) 기업인의 장비 비용은 실질적으로 줄어들 것이다. 1947년 시점부터 물가가 안정되었다면 브라질에서 장비 수입 비용은 계속 낮은 수준을 유지했을 것으로 보인다. 직접 규제로 외화의 수요와 공급 간 균형이 실현될 수 있기 때문이다. 그런데 국내 물가가 상승했을 때 장비 비용은 더욱 낮아지는 경향을 보였다. 실제 장비 가격의 하락이 투자에 대한 강한 인센티브로 작용했음을 쉽게 이해할 수 있다. 이러한 과정이 심화됨에 따라 수입 규제는 더욱 엄격해져 국내 물가와 해외 물가 간의 불균형이 심화되었다. 게다가 기업가들은 외환 할당분에서 자신의 몫을 늘려 수입을 통한 경제 생산성 향상의 결실의 더 많은 부분을 가져갔다.

지속적인 국내 물가의 상승은 기업가(주로 산업계)들이 교역조건의 개선에 따른 경제 생산성 향상의 점증하는 몫을 챙기는 데 유리한 수단으로 작용했다. 이렇듯 인플레이션이 투자를 강화하고 경제를 팽창시키는 데서 긍정적인 역할을 하려면 인플레이션 과정의 영향을 받지 않는 무언가가 재분배되어야 했다. 그렇지만 인플레이션의 작동에 힘입은 교역조건 개선으로 소득의 상당 부분이 기업가의 손으로 들어갔다. 그러나 어느 정도 수입이 이루어져 최소한 단기적으로 자본재와 원자재의 비중이 더 이상 증가하지 않았기 때문에 이러한 이전 과정은 끝나게 되었다. 일단 이러한 상황에 다다르면 더 이상 국내 물가의 상승이 장비 수입 촉진을 통한 자본형성 과정에 아무런 긍정적 효과를 미치지 못한다. 1949년 말 커피 가격 상승으로 수입 능력이 크게 증가하지 않았다면 브라질에서 그 포화점 ponto de saturação은 1951~1952년에 도달한 수준보다 더 낮은 투자 수준에서 달성되었을 것이다. 1953년부터 나타난 성장 속도의 감속은 부분적으로는 이렇게 약해진 자극을 반영한 것이었다.

이제 물가 상승 문제의 근본 현상 몇 가지를 살펴보자. 앞 장에서 물가 상승에 대한 브라질 경제의 역사적 경향을 강조한 바 있는데, 이 경향은 수출 부문이 초과생산 시기나 주기적인 하락기에 손실을 전체 사회로 전가하는 과정을 반영한다. 이 밖에 지속적인 물가 상승이 어떻게 금본위제 시스템의 운영을 어렵게 만들었는지도 지적한 바 있다. 이제 보다 많은 관심을 갖고 가격 불안정성 문제를 자세히 살펴보도록 하자.

제2차 세계대전 종식과 더불어 발생한 매우 큰 불균형의 시기가 지나가고, 선택적 수입 통제 시스템과 환거래 시스템 내에서 이러한 불균형이 줄어들고 상대적인 안정 국면으로 접어드는 시기가 시작되었다. 1947~1949년에 생계비지수는 연평균 5퍼센트 이하로 증가했는데, 이는 1943~1947년에 생계비지수가 연평균 20퍼센트 가까이 증가한 것에 비하면 상대적으로 안정적인 것이었다. 1949년부터 물가가 다시 상승하면서 생활비는 1949~1952년 사이 약 50퍼센트 올라갔다.[2] 경제 과정을 좀 더 주의 깊게 관찰해 보면, 1949~1952년 기간 산업 부문 실질 생산량produção física이 28퍼센트 증가한 데 비해 농업 분야에서는 10퍼센트 증가에 그쳤다. 화폐소득은 산업 분야에서 75퍼센트 증가했고, 농업 분야는 69퍼센트 증가에 머물렀다. 이러한 수치는 불균형의 주요 원인이 농업에서 발생한 것처럼 보이게 만들었으나 실제는 그렇지 않았다. 농업 분

2_ 인플레 압력을 측정하기 위해서는 생계비지수 활용을 선호한다. 상파울루 노동자계급의 생계비지수는 *Anuário Estatístico do Brasil*을, 리우데자네이루의 생계비지수는 *Conjuntura Econômica*를 참조하기 바란다.

야의 실질 생산량은 10퍼센트 증가에 그쳤지만 생산의 실질 가치가 수출가격의 상승과 더불어 증가했다. 농업 생산량의 약 3분의 1가량이 수출되고, 교역조건이 30~40퍼센트 개선된 사실을 고려하면 농업 분야의 실질 생산이 약 20퍼센트 증가했을 것으로 추정할 수 있다.

이러한 수치를 비교해 보면 농업의 실질 생산 단위당 화폐소득의 단위가 3.4였던 것에 비해 제조업에서는 2.7에 불과했음을 알 수 있는데, 이것이 다는 아니다. 제조업 분야에서 화폐소득 증가는 국내 공급에 직접 영향을 미치는 생산 증가와 밀접한 관계를 맺고 있으며, 농업 분야에서 공급 증가는 수입 확대에 달려 있다. 그러나 소비재 유입 억제를 위해 수입을 통제하는 상황에서 화폐소득 증가는 틀림없이 이들 재화 공급의 압박 요인으로 작용했다. 선택적인 수입 규제 상황에서 수출가격 상승에 따른 큰 폭의 화폐소득 증가는 거의 필연적으로 물가 상승을 초래했다. 소비재 공급이 소비 목적의 가용 소득과 동일한 속도로 빠르게 늘어날 수 없기 때문이다. 먼저, 공급 증가는 수입에 달려 있는데 수입이 이루어지려면 시간이 걸린다. 둘째, 수입업체들의 요구에 대한 선별 필요성과 생산재 수입에 대한 선호 때문에 소비재 공급이 느는 데는 훨씬 더 많은 시간이 소요된다.

앞에서 언급한 것들은 브라질의 인플레이션 메커니즘의 기본 요인을 일부 보여 준다. 인플레이션은 경제가 화폐 수요의 초과분을 흡수하는 과정이다. 이러한 흡수는 물가 상승을 통해 이루어지고, 그 결과는 실질소득의 재분배이다. 인플레이션 과정에 대한 연구들은 물가 상승과 소득재분배라는 두 가지 문제에 초점을 맞추고 있다. 이 두 가지 문제를 별도로 생각하는 것은 잘못된 것이다. 바로 그 '인플레이션'이라는 단어가 이러한 잘못으로 이끌고 있다. 인플레이션 과정의 화폐적 측면, 즉 화폐소득 팽창을 중시하기 때문이다. 그러나 이러한 팽창은 단지 시스템이 새로운 균형점에 도달하기 위해 실질소득을 재분배하려는 수단에 불과하다.[3] 그러므로 시스템에 불균형이 도입되어 모든 사회집단이 실질소득의 재분배를 어렵게 하거나 심지어 불가능하게 하는 방어 메커니즘을 개발하는 상황을 생각해 볼 수 있다. 그러한 상황이 극한으로 치달을 경우 일종의 중립 인플레이션inflação neutra, 즉 겉으로는 실질적인 효과가 없는 인플레이션이 발생할 수 있다. 물가는 실질소득의 분배 방식에 아무런 영향도 미치지 않고 계속 상승할 것이다.

만약 어느 특정한 경우에 인플레이션의 실질적인 효과가 없다면 어느 집단도 물가안정으로 인해 손해를 보았다고 생각하지 않으므로 인플레이션을 억제하는 데 아무런 어려움이 없다고 주장할 수도

3_ 다른 관점으로 인플레이션 과정을 관찰해 보면, 시스템에 불균형이 발생할 때 가상으로 이미 존재하는 재분배에 반발하는 형태가 가격인상이라고 말할 수 있다. 예를 들어 지불수단 창출을 통해 어느 한 분야의 화폐소득이 증가한다고 가정하면, 자동으로 이 분야에 유리하게 소득재분배가 이루어진다. 만약 혜택을 받은 그룹이 유동성을 확대한다면, 이 소득재분배는 완전히 가상적인 현상으로서 계속 일어날 수 있을 것이다. 그렇지만 과열된 수요가 시장에 압력을 가하고 비탄력적인 공급과 만나면, 가격 상승으로 해결될 수 있는 불균형이 발생한다. 만약 은행 시스템이 여타의 다른 분야에 이 가격인상으로부터 자신을 방어할 재원을 제공한다면, 즉 좀 더 높은 비용 수준에서 작동한다면 재분배는 무산될 수 있을 것이다. 그러나 악성 인플레이션이 발생한다고 해도 먼저 출발한 그룹은 유리할 것인데, 이러한 유리한 점은 인플레이션 서킷(circuito da inflação)이 크면 클수록 더 많아질 것이다.

있다. 이에 따라 인플레이션 과정의 진정한 속성, 즉 역동적인 속성을 이해하지 못하는 실수를 범할 수 있다. 비록 어느 정도 긴 기간을 비교하며 경제 과정을 분석하는 연구자가 인식하지 못한다고 하더라도 우리가 중립이라고 부르는 인플레이션은 실질적인 효과를 갖는다. 이에 따라 1년이라는 기간은 소득분배를 주도하는 모든 사회집단이 소득재분배 사이클에서 한 바퀴를 온전히 돌 수 있을 만큼 충분한 시간이다. 1년이 끝나면 각자의 입장은 그 전년도가 끝났을 때의 입장과 실질적으로 같을 수 있다. 단지 이런 의미에서만 인플레이션이 소득분배에 대해 실질적인 효과가 없다고 말할 수 있는 것이다. 그 과정을 좀 더 자세히 살펴보면 효과가 있다는 것을 알 수 있으나, 그 효과가 1년이라는 기간에 상호 상쇄된다는 것을 알 수 있다. 중립 인플레이션은 필히 모든 가격이 동시에 그리고 같은 속도로 올라가는 인플레이션일 것이다. 우리가 '동시'라고 할 때는 관찰 기간이 너무나 짧아 그 기간 안에 실질적인 효과가 일어날 수 없어야 하는 것을 의미한다. 그런데 이러한 성격의 물가 상승은 경제 분석가에게는 완전히 의미 없는 현상이다.

매년 발생하는 중립 인플레이션에서 물가 상승을 억제하기 어려운 것은 물가안정으로부터 경제 시스템이 자신을 보호하려는 것, 즉 실질소득 재분배에 반대하는 결과가 나타나기 때문이다. 1년 중 어느 날, 어느 달이든 일부 집단은 소득재분배 경주에서 승리할 것이다. 그들은 물가안정의 수혜자이다. 1년이라는 기간 동안 강제적인 물가 및 임금의 재조정을 통해 평균소득분배 모형을 수립하는 것이 가능하다 하더라도 모든 집단을 만족시키기는 어렵다. 1년간의 평균소득분배 모형은 그 시작이 1월이냐 6월이냐에 따라 완전히 다르고, 그 누구도 어느 달에 실제 가격 상승이 시작되었는지 장담할 수 없다. 이러한 상황이 발생하면, 모든 사회집단이 자신을 보호하려 하고 매순간 자기 입장을 명확하게 인식함에 따라 물가안정은 실로 어려운 문제가 된다. 물가 상승은 경제 시스템을 다시 안정시키는 과정을 전혀 거치지 않고, 하나의 불안정한 균형에서 또 다른 불안정한 균형으로 경제 시스템을 점진적으로 옮겨 놓는다.

지금까지의 관찰에 따라 인플레이션은 근본적으로 실질소득의 재분배를 둘러싼 집단 간의 투쟁이며, 물가 상승은 단지 이러한 투쟁의 외적 표현이라는 것을 확실하게 알 수 있다. 이제 1949년부터 심각해진 브라질의 인플레이션 문제를 살펴보기로 하자. 초기의 불균형이 수출품 가격, 더 정확히는 커피 가격의 갑작스런 상승으로 인해 발생했다는 점은 부인할 수 없다.[4] 기술적으로 이러한 가격 상승은 실질소득의 상승을 동반하고 있어 인플레이션 현상이라고 규정할 수 없다. 대부분의 커피 값은 달러로 지불되었고, 달러는 재화·서비스의 실질 공급으로 변환되며 초과수요를 흡수했다. 만약 상황이 이렇게 단순히 돌아갔다면 수출 농업에 소득 기반을 둔 사람들이 혜택을 받는 효율적인 재분배가 이루어졌을 것이다. 여기서 재분배는 역동적 의미, 즉 한 집단에서 다른 집단으로의 소득 이전이 아니라 보다 큰 소득에서 특정 그룹의 비중이 커진 것으로 이해

4_ 나머지 상품의 가격 또한 한국전쟁 발발로 크게 인상되었다. 그렇지만 커피 가격 인상은 이미 몇 달 전에 이루어졌다.

되어야 한다. 이러한 재분배는 자동적으로 이루어지지 않는다. 초기 불균형은 브라질 경제에서 일부 실질소득 증가분을 흡수하도록 다른 그룹에게 기회를 제공하는 일련의 인플레이션 성격의 반작용을 발생시키기 때문이다. 실제로 수출가격의 상승은 수출 상품이 대규모 소득을 창출했기 때문에 수혜 그룹의 화폐소득에 즉각적인 영향을 미쳤다. 특정 그룹의 화폐소득 증가는 반대급부로 사회 전체의 해외 구매력 향상 효과를 가져다준다. 1949년처럼 수입 통제가 일어날 경우 해외 구매력이 향상된다고 해도 단기간에 소비재 공급이 확대될 수 없었다. 이에 따라 초과 화폐 수요가 발생하게 된다. 시간 조정 문제로 인해 실질소득이 늘더라도 교역조건 개선은 화폐적 성격의 불균형을 발생시킨다. 그러나 이것이 전부가 아니다. 소비할 수 있는 가용 소득의 증가는 상대적으로 비탄력적인 제조품 공급에 압력을 가하고, 산업(제조업) 분야에 매우 유리한 사전 수요 분위기를 조성한다. 제조업계는 사업 확장 자금조달을 위해 은행 시스템에 의지한다. 수출 분야에서의 소득 팽창으로 커진 유동성을 보유한 은행 시스템은 산업 및 상업 활동의 팽창에 필요한 지불수단을 창출한다. 내수 시장과 연결된 분야에서 화폐소득의 팽창은 전체 가격에 동일한 압력을 가한다. 수출가격이 국내의 화폐 수요와 무관하기 때문에 인플레이션 과정은 교역조건 개선으로 수출 분야에 제공된 소득분배 이득을 무효화하는 경향을 보인다.

브라질에서 인플레이션이 빠르게 확산되는 속도는 대부분 은행 시스템 운영 방식을 반영한다. 수출 분야의 화폐소득 증가와 수입 증가 간의 엇박자에 따른 인플레이션 효과는 금융 당국에 의해 완화될 것을 기대할 수 있다. 금융 당국은 유동성이 늘어난 은행 시스템이 신용을 확장하는 것을 금지할 것이기 때문이다. 그러나 은행들은 거의 언제나 수동적으로 움직였다. 제조품·식료품 및 서비스 가격에 대한 압력으로 내수 분야의 화폐소득 증가가 억제되자 은행 시스템은 가격 상승이 확산되는 데 필요한 지불수단을 공급했다. 물론 은행 시스템이 인플레이션의 시초 요인이라고 추측하는 것은 잘못이다. 앞에서 살펴보았듯이 인플레이션의 원인은 금융 현상이 아니다. 인플레이션은 실질소득에서 자신의 지분을 늘리려는 일부 그룹들의 행동에 따른 결과이다. 교역조건 개선은 가끔 수출 분야에도 실질소득에서 자신의 지분을 늘릴 가능성을 제공한다. 이러한 교역조건 개선이 절정에 달하려면 수출 분야에서 증가한 소득이 자율적 수입 정책으로 인한 비탄력적인 공급과 충돌하지 않아야 했을 것이다. 공급 부문에서 이러한 저항이 나타나게 되면 불균형적인 통화 징후가 출현하기 시작한다. 수출 분야의 화폐소득 증가는 그 때까지는 단순한 실질소득 상승의 반영이라고 할 수 있다. 이러한 소득 증가는 외화 유입의 결과이기 때문이다.[5] 한번 공급 부족이 드러나면 독자적인 현상으로서 화폐소득 초과가 발생한다. 그 결과, 가격은 통제되지 않으며 필연적으로 상승하는 추세를 갖게 된다.

5_ 교역 가격의 개선은 국내 소득 증가와 마찬가지로 실제 현상이다. 유리한 기후 조건으로 인해 커피 수확은 10퍼센트 증가했고, 이에 따라 앞서 언급한 그룹의 실질소득도 같은 규모로 증가했다. 그러나 경제 전체로 볼 때 커피 가격 상승은 수입가격이 같은 비율로 상승하지 않을 때에만 실제 현상이 되는 것이다. 두 번째 경우, 그러한 상승은 커피 분야에 혜택을 줄 수 있으나 단순한 화폐 현상에 그칠 수 있다.

가격 상승은 지불수단 팽창을 요구하기에 이 과정에서 금융 당국은 독자적인 역할을 수행할 수 있으나 그러기란 쉽지 않았을 것이다. 최종적으로는 어떤 집단의 행위에 대해 다른 집단을 보호하는 것을 의미하기 때문이다. 금융 당국은 물가 상승을 억제하기 위해 신용을 제한하면서 농업 수출 분야에 유리한 소득재분배를 실시할 수 있었을 것이다. 산업 및 무역 분야가 은행 시스템에 훨씬 더 활발히 참여하고 있기에, 은행 시스템이 능동적인 정책을 통해 상기 언급한 재분배를 유리하게 할 것으로 기대하기란 쉽지 않았을 것이다.

수출 분야의 가격 상승, 특히 1949년 말 커피 분야에서 발생한 것과 같은 갑작스러운 가격 상승은 초기에는 재고를 보유한 모든 사람들에게 큰 이윤을 가져다주었다. 먼저 중개인들(서비스 제공자), 그리고 곧이어 생산자들은 자신들의 화폐소득이 급속히 늘어나는 것을 보았다. 커피 가격은 해외시장에서뿐만 아니라 국내시장에서도 올랐다. 이에 따라 국내 소비자 역시 커피를 구매하는 데 더 많은 비용을 내야 했다. 이로 인해 전체 소비 인구에서 수출 분야로 첫 번째 실질소득 이전이 이루어진다. 두 번째로는 농업 분야에서 수출가격이 내수 시장과 연결된 분야에 영향을 미친다. 수출 분야와 연결된 생산요소들이 혜택을 보게 됨에 따라 가격 상승이 발생한 분야로 생산요소들이 이전한다. 이에 따라 내수 시장과 연결된 생산이 손해를 입게 되는데, 이는 수출가격 상승의 효과로 인해 소비자들의 소득이 점점 늘어 가면서 훨씬 더 심각해진다. 이러한 상황으로 인해 자연스럽게 내수 시장을 겨냥한 농산품의 가격이 오른다. 브라질에서처럼 수출 분야가 농업의 매우 중요한 부분을 대표한다면, 내수 시장과 연결된 생산요소들은 적어도 지역 차원에서는 수출 분야의 수준에 맞추어 그 소득을 균등화하려고 할 것이다.

농업이 이러한 이중 시장경제에 적응해 가는 방법은 어느 정도 브라질 경제의 만성적인 불안정에 책임이 있다. 수출가격이 상승하면 생산요소들은 내수 분야에서 수출 분야로 옮겨 가는 경향을 보인다. 이에 따라 소비자들의 소득이 증가하는 것과 동시에 브라질 내 농산품 공급은 생산요소들의 이전으로 인해 위축된다. 커피의 경우처럼 수출 분야와 연결된 투자가 성숙하려면 3~5년의 기간이 필요하기 때문에 생산요소들의 이전은 외부 공급에 아무런 영향도 끼치지 못한 채 얼마 동안 지속된다. 수출가격이 계속 상승하는 동안 생산요소들이 대외 분야로 이전되는 경향이 보일 것이다. 이 분야에서 투자가 성숙되면 초과생산이라는 상황이 매우 자주 발생한다. 이 시기에 국내시장 가격은 아마도 수출가격 수준으로 오를 것이다. 수출가격이 떨어지면, 그 반대 방향으로의 생산요소 이전이 시작되어 내수 시장을 위한 생산이 소비자들의 소득이 축소되는 시기에 증가한다. 이에 따라 해외로부터 야기된 불균형이 브라질 경제의 1차 산업 분야로 확대된다. 이는 브라질과 같은 경제가 높은 물가수준에서 최소한의 안정을 달성하기 위해 직면하게 되는 커다란 어려움을 다시 한번 명확히 보여 준다. 문제의 성격과 차원을 고려하지 않고 이러한 물가안정을 꾀하려는 시도는 경제성장의 관점에서 보면 완전히 역효과를 낳은 것일 수 있다. 그리고 막대한 잠재력을 지닌 저발전 경제에 있어서 희생되어야 할 마지막 요소는 성장률일 것이다.

향후 전망

19세기 후반기의 특징이 대농장 노예 경제에서 임금노동에 기반을 둔 경제 시스템으로의 전환이었다면, 20세기 전반기의 특징은 내수 시장을 주요한 원동력으로 한 경제 시스템의 점진적인 부상이다.

경제발전이 반드시 국내 생산에서 대외무역 비중을 감소시키는 것은 아니다. 인구가 적고 풍부한 천연자원을 보유한 지역에서의 첫 번째 발전 단계(19세기 전반기의 브라질과 미국의 경험을 비교해 보면)[1]에서는 대외 분야의 빠른 팽창이 높은 수준의 자본형성을 가능하게 하고, 기술 발전의 길을 열어 준다. 그렇지만 경제발전에 따라 경제에서 대외무역의 역할은 변해 간다. 첫 번째 발전 단계에서 해

1_ 18장 참조.

외 수요는 유효 수요의 수준을 결정하는 데 있어 중요한 역동적 요인이었다가, 해외 수요가 줄면서 경제 시스템 전체가 퇴화 과정을 겪고 위축된다. 위축 시기에 발생한 반동은 누적되어 온 구조적 변화를 반대 방향으로 이끌기에는 충분하지 않다. 해외 수요가 계속 위축되면 분리 과정이 시작되고, 그에 따른 자급자족경제로의 복귀가 시작된다. 해외 수요와 국내 발전 간의 이러한 상호 의존 유형은 제1차 세계대전까지 브라질 경제에서 완전히 작동했고, 1930년대 말까지는 다소 완화된 형태로 존재했다.

두 번째 발전 단계에서는 소득수준의 결정적 요인으로서의 대외무역의 역할이 점차 줄어든다. 그러나 자본형성 과정의 전략적 요소로서의 중요성은 증가한다. 실제 대규모 농업 경제에서 생산능력은 대부분 노동력과 자원의 단순한 결합으로 증가한다. 삼림 벌채, 플랜테이션 확장, 도로 개통, 목장 증가, 농촌 마을 건설은 광범위한 노동력과 자원의 활용에 기반을 둔 자본형성 형태이다. 그렇지만 산업 분야와 부수적 서비스 산업에 대한 투자가 증가하고 경제 시스템의 구조적 변화가 시작되면서 기계 장비 수요가 급속히 늘어난다. 그 결과 경제 시스템은 외부 교류를 통해 접근 가능한 보다 복잡한 기술적 과정의 강력한 동화 단계로 접어든다.

이에 따라 경제발전의 중간 단계에서는 수입 품목의 구성이 상당히 변화하고, 대외무역과 관련된 생산능력 확장 과정에 더욱 크게 의존하는 특징이 드러난다. 또한 수출 능력 확장은 이 시기 경제발전에 강한 자극이 된다. 그렇지만 이제 외부 수요가 소득수준을 결정하는 주요 요인이 아니기 때문에 수출 능력이 정체되어도 성장은 계속될 수 있다. 그러나 이러한 조건에서는 경제발전이 강력한 인플레이션 압력을 동반할 것으로 예상된다. 경제발전으로 인한 수입 품목 구성 변화가 큰 만큼 이러한 인플레이션 압력 역시 증가한다. 이러한 변화는 자본형성 과정의 장비 수입 의존도를 반영한다.

제1차 세계대전 이후 브라질 경제의 발전은 이러한 중간 단계에 잘 들어맞는다. 이 시기 전체를 살펴보면, 수요 수준(발전 수준)을 결정하는 중요한 요인은 내수 시장과 연결된 투자라고 결론 내릴 수 있다. 그런데 바로 이 기간(1920~1929년과 1946~1954년)에 수입 능력이 증가하고 매우 빠른 성장률을 달성했다. 1920년의 경제 센서스를 기반으로 작성된 가장 확실한 통계 데이터를 보면 브라질의 경제성장률을 보다 정확하게 이해할 수 있다. 1920~1929년 사이 연평균 경제성장률은 4.5퍼센트였다. 1929~1937년 기간에 성장률은 2.3퍼센트로 줄어든다. 그다음 10년(1937~1947년)에는 2.9퍼센트로 약간 늘었으며, 마지막으로 1947~1957년에는 5.3퍼센트로 크게 증가했다.[2] 1920~1957년 기간 전체를 보면, 연평균 경제성장률은 3.9퍼센트를 기록했으며, 1인당 소득의 평균 증가율은

2_ 인구가 처음 두 시기에는 연평균 2.0퍼센트, 세 번째 시기에는 2.2퍼센트, 네 번째 시기에는 2.4퍼센트 성장했다고 가정한다면, 1인당 성장률은 1920-1929년에 2.5퍼센트, 1929-1937년에 0.3퍼센트, 1937-1947년에 0.7퍼센트, 1947-1957년에 2.8퍼센트이며, 1920-1957년 사이는 1.6퍼센트이다. 1920-1939년 기간의 생산에 대한 예측은 본 저자가 했다. 이 기간의 기본 데이터는 *Estudio Económico de América Latina*, cit.; 1939-1947년간의 데이터는 *O Desenvolvimento Econômico do Brasil*, cit.; 1947-1955년간의 데이터는 *Revista Brasileira de Economia*, dez., 1956, p. 28 참조. 최근에 측정한 데이터에 의하면 1인당 생산(재고 누적은 제외)은 1956년과 1957년에는 변화가 없는 것으로 추정된다.

약 1.6퍼센트에 달했다. 장기적으로 볼 때 1인당 소득의 연평균 증가율 1.6퍼센트는 대략적으로 추산해 19세기 후반기의 증가율과 상당히 비슷하다. 이러한 증가율은 이미 지적했듯이 미국에서 관찰된 증가율보다는 낮지만, 매우 높은 것이다. 라틴아메리카 국가들 가운데 유일하게 오랜 통계 데이터를 보유하고 있는 아르헨티나는 20세기 전반기에 이보다 조금 낮은 증가율을 보였다.[3]

1920~1957년에는 소득수준을 결정하는 요인으로서의 해외 수요의 중요성이 상당히 감소하는 특징이 드러났다. 실제로 실질 생산이 300퍼센트, 즉 네 배 가까이 증가한 반면, 수출량은 80퍼센트밖에 증가하지 않았다. 만약에 최근 몇 년 동안 수출액이 GNP의 9퍼센트 정도를 차지했다는 점을 염두에 둔다면,[4] 1920년에 그 비중은 20퍼센트보다 낮지는 않았을 것으로 추측할 수 있다. 이에 따라 이전 세기에 관찰되었던 광범위한 영역에서 나타난 성장 유형과는 반대로, 앞에서 다룬 기간 동안의 발전은 경제구조의 커다란 변화를

3_ 아르헨티나 경제는 1900-1929년에 연평균 5.1퍼센트라는 매우 높은 성장률을 보였다. 인구증가율(연평균 3.3퍼센트)이 같은 기간 그 어느 국가들보다 높았음에도 불구하고 1인당 소득 증가율은 1.7퍼센트였다. 1929-1955년에는 인구증가율이 1.9퍼센트에 그쳤고 1인당 생산 증가율은 0.5퍼센트로 줄어들었다. 전체 기간에 1인당 생산 증가율은 1퍼센트를 넘지 못했다. 이 문제에 대해서는 Alexander Ganz, *Problems and Uses of National Wealth Estimates in Latin America*, "International Association for Research in Income and Wealth" (Pietersberg, 네덜란드, 1957년 8월) 컨퍼런스 발표 논문 참조.

4_ 1955년 국민총생산(GNP)은 6,730억 끄루제이루였으며(*Revista Brasileira de Economia, cit.*, p. 31 참조), 환수수료를 포함한 수입액은 600억 끄루제이루였다(*Anuário Estatístico do Brasil*, 1956, p. 237 참조).

토대로 한 것이라는 특징을 보인다. 실현된 투자의 대부분은 예전에는 수입으로 만족했던 수요에 부응하기 위한 생산능력을 창출하는 데 사용되었다. 그러나 수입 계수가 축소된 채 경제가 성장함에 따라 수입품 구성이 변화되어 갔고, 늘어나는 수입 비중은 자본형성 과정과 직접적으로 연결되었다.

갑작스런 해외 수요의 감소가 국내 고용수준에는 더 이상 영향을 끼치지 않는다 하더라도 성장률에 대해서는 즉각적인 영향을 끼쳤다. 그러므로 공공사업 정책을 통해 투자 수준을 유지하려 한다 할지라도 투자 구조의 변화 때문에 생기는 경제성장률에 대한 부정적 효과를 피해 갈 수는 없었다.

아마도 20세기 3분기(1950~1975년)의 예측 가능한 가장 중요한 구조적 변화는 자본형성 과정에서 대외 분야의 중요성이 점진적으로 감소하리라는 점이다. 달리 말하자면, 자본재 산업(특히 장비 산업)이 전체 산업 분야보다 훨씬 더 빠르게 성장할 것이다. 1950년대에 이미 확실하게 드러난 이 새로운 구조적 변화는 수입 능력의 변동 효과가 자본화 과정에 집중되는 것을 방지할 것이다. 이 점이 바로 경제정책이 고용수준과 성장률 유지라는 이중의 목적을 달성하는 데 필요한 기본 요건이다. 그렇게 해야만 경제 시스템이 더 큰 유연성을 지니게 되고, 대외 교역으로부터 더 큰 이득을 얻을 수 있는 조건을 확보할 것이다. 왜냐하면 국제시장에서 발생하는 수요 변화에 보다 쉽게 적용할 수 있기 때문이다.

다른 관점으로 관찰해 보면, 20세기 전반기의 발전은 기본적으로 브라질 내 서로 다른 지역들이 최소한의 통합 시스템 안에서 연결되는 과정을 보여 준다. 커피 경제의 빠른 성장(1880~1930년의 반세기 동안)으로 1인당 소득이 지역별로 크게 차이 나게 되었으며, 다른 한편으로는 서로 다른 지역들이 반드시 연결되어야 하는 확고한 핵核, núcleo이 형성되었다. 이 연결 과정은 이미 지적했듯이 브라질 남부 지역에서 시작되었다. 운 좋게도 브라질 내 다른 지역들과 문화적으로 상이한[5] 남부의 히우그랑지두술은 커피 발전으로 인한 내수 시장 팽창의 혜택을 최초로 받은 지역이었다. 여기서 한 가지 재미있는 것은 히우그랑지두술 지역으로부터 다른 지역으로의 판매 확대가 쁘라따Prata 강[6] 인접 국가들과의 경쟁을 통해 이루어졌다는 점이다. 급속한 커피 팽창기에는 우루과이뿐만 아니라 아르헨티나도 대對브라질 판매를 크게 늘렸다. 관세 면에서 유리했던 히우그랑지두술은 20세기 전반기에 이들 남쪽의 경쟁자들을 대체하기 위해 매우 노력했다.[7] 북동부 지역과의 연계는 사탕수수 경제를 매개로 이루어졌다. 이 경우 커피 지역이 팽창하던 시장을 차지하려는 투쟁은 외국 경쟁자들이 아니라 브라질 현지 생산자들 사이에서도 일어났다. 1920년대 중반부터 브라질 북동부 지역(바이아는 포함되지 않음)에게 있어 브라질 남부 지역은 외국보다 더 중요한 시장

5_ 히우그랑지두술은 실질적으로 노예 경제를 경험하지 못했고, 인구 구성 면에서 19세기 말까지 포르투갈인 비중이 브라질 다른 지역들 보다 적었다.

6_ 일반적으로 라플라타(La Plata) 강으로 불린다._옮긴이 주

7_ 브라질의 다른 지역 시장을 차지하기 위한 노력 가운데 마지막이자 가장 중요한 것은 세칭 '밀 전투'(batalha do trigo)라 부른 것이었다. 히우그랑지두술은 오늘날 브라질 다른 지역에 밀, 쌀, 육류, 기름, 포도주 등을 공급하는 주요 수출업자이다.

이었다.[8] 마지막으로, 아마존 지역도 크게 팽창하고 있는 커피 산업 지역의 수혜를 받는다. 이 지역의 시장이 전체 고무 생산량을 흡수하게 되었고, 황마의 경우처럼 아마존 지역에서는 새로운 생산 품목이 출현했다.

비록 브라질 경제가 20세기 중반경 지역 간 연결을 어느 정도 달성했지만, 지역 간 소득 차이 또한 눈에 띄게 벌어졌다. 산업이 발전하고 커피 산업이 번영하면서 소득의 지역 집중화 경향이 심해졌다. 투자는 상호 보완적일 때, 즉 기능적으로 더 큰 하나의 전체로 조정될 때 최대의 효율을 얻게 되는데 이는 바로 산업화 과정의 특성에 기인한다. 자유-기업 경제에서 이러한 조정은 어느 정도 우연히 이루어지며, 각 개인이 간접 이득을 최대한으로 누릴 가능성이 크면 클수록 활동하는 사람도 더 많아진다.

브라질의 산업화 과정은 거의 전 지역에서 동시에 시작되었다. 1844년 관세 개혁 이후 최초의 근대 섬유 제조업이 자리 잡은 곳은 북동부 지역으로, 1910년에 이 지역 섬유 노동자 수는 상파울루 노동자 수와 비슷했다.[9] 그렇지만 첫 시험 단계가 지나자 산업화 과정은 자연적으로 한 지역에 집중되기 시작했다. 결정적인 집중 시기는 표면적으로는 제1차 세계대전 동안 발생했다. 이 시기에 첫 번

8_ 1954년 북부(마라녀웅부터 세르지삐까지) 지방의 연안 지역 수출은 해외 수출보다 네 배 이상 컸다. 1938년에는 이미 두 배 이상이었다. *Anuário Estatístico do Brasil,* 1956, pp. 240-241, pp. 281-282 참조.

9_ 이 사항에 대해서는 S. J. Stein의 연구 "The Brazilian Cotton Textile Industry, 1850-1950", *Economic Growth: Brazil, India, Japan*, Duke Unrversity Press, 1955 참조.

째 산업 발전이 급속히 진행되었다. 1920년의 조사는 산업노동자의 29.1퍼센트가 이미 상파울루 주에 집중되어 있었다는 사실을 보여 준다. 이 비율은 1940년에는 34.9퍼센트, 1950년에는 38.6퍼센트로 증가했다. 북동부 지역(바이아를 포함한)의 비율은 1920년 27.0퍼센트에서 1940년에는 17.7퍼센트, 1950년에는 17.0퍼센트로 점차 줄어들었다. 노동자 수가 아닌 이차 전동기를 기준으로 할 때, 북동부의 비율은 1940~1950년 기간에 15.9퍼센트에서 12.9퍼센트로 내려갔다.[10] 국민소득 자료는 이러한 집중 과정이 제2차 세계대전 뒤 더욱 심해졌음을 보여 준다. 실제 산업 생산량에서 차지하는 상파울루의 비중은 1948~1955년 기간에 39.6퍼센트에서 45.3퍼센트로 증가했다. 같은 기간 북동부(바이아 포함)의 비중은 16.3퍼센트에서 9.6퍼센트로 하락했다.[11] 그 결과 1인당 소득수준의 차이가 커졌다. 1955년 인구 1,033만 명의 상파울루가 인구 수 2,010만 명인 북동부보다 생산능력이 2.3배 높았고, 그리하여 상파울루 지역의 1인당 소득이 북동부 지역보다 4.7배 많았다.[12] 현재도 브라질 주요 인구 그룹 간에 심화되고 있는 생활수준의 차이

10_ 1920, 1940, 1950년 센서스에 의한 노동자 수와 산업 전력 관련 데이터는 *Anuário Estatístico do Brasil*, apêndice, 1956 참조.

11_ 1948-55년 동안의 주별·활동원별 생산데이터에 대해서는 *Revista Brasileira de Economia, cit.* 참조.

12_ 또 다른 주요 인구 집중 지역, 즉 미나스제라이스와 히우그랑지두술은 중간적인 상황을 보여 준다. 1955년 상파울루의 1인당 소득은 미나스제라이스보다 2.1배 높았으며, 히우그랑지두술은 33퍼센트 높았다.

는 심각한 지역 간 긴장의 원인이 될 수 있다. 이에 따라 20세기 전반기에 경제적 상호 의존성에 대한 인식이 커졌듯이(급속하게 팽창하는 커피-산업 허브 주변에서 여러 지역이 연계됨에 따라) 20세 후반기에도 어느 한 지역의 지나친 성장이 필연적으로 다른 지역의 정체라는 반작용을 초래할 수 있다는 우려가 심해질 수 있다.

소득의 지역 집중화 경향은 전 세계적으로 관찰되는 현상으로, 이탈리아·프랑스·미국의 경우는 널리 알려져 있다. 한번 이러한 과정이 시작되면 반대 현상이 자발적으로 일어나기란 거의 불가능하다. 브라질처럼 영토가 넓은 국가에서는 이러한 과정이 매우 오래 지속될 것으로 보인다. 이러한 유형의 현상이 형성되고 심화되는 것은 일반적으로 어느 한 지역의 자원 빈곤과 연관되어 있다. 실제로 하나의 경제 안에 두 개의 지역(동일한 화폐 시스템으로 통합된)이 공존하게 되면 자원, 특히 토지 자원이 빈약한 지역에서는 투자 자본 단위당 생산성이 더 낮게 나타나는 경향이 있다. 화폐적 측면에서 볼 때 최저 생활 임금은 식량 생산에 참여한 노동자의 생산성이 더 낮은 곳에서 상대적으로 더 올라가는 경향을 보인다.[13] 단일 경제 내 두 지역의 공존은 실질적으로 매우 중요한 결과를 불러온다. 생산성이 낮은 지역으로부터 생산성이 높은 지역으로의 노동력 흐름은 큰 비율은 아니더라도 생산성 높은 지역의 임금수준에 압력을 가하는 경향이 있다. 이는 임금이 생산성 향상을 동반하는 것을 방

13_ 만약 두 지역의 인구가 생존에 필요한 만큼만 생산했다면, 토지 자원이 더 빈약한 지역에서는 더 많은 시간 노동을 해야 했을 것이다.

해한다. 이러한 임금수준 하락은 투자된 자본의 평균 수익성을 개선한다. 그 결과 가난한 지역에서 형성된 자본이 부유한 지역으로 이전되는 경향을 보인다. 투자의 집중은 외부경제를 끌어들이는데, 이들 외부경제는 생산성 높은 지역에 투자된 자본의 수익성을 증대시키는 데 훨씬 더 기여한다. 생산성 낮은 지역의 관점에서 보면, 문제의 핵심은 토지가 상대적으로 빈약하거나 부적절하게 사용된 결과로서 1차 필수품의 가격이 높다는 데 있다. 노동자의 최저 생활비가 상대적으로 높기 때문에 생산성 측면에서 볼 때 화폐임금은 자원이 더 풍족한 지역에 비해 높은 경향을 보인다.[14] 이 경우 그 차이를 수정할 목적으로 관세나 환율 보조를 요청할 가능성이 없기에 더 가난한 지역의 산업화는 심각한 장애를 만나게 된다. 브라질에서 이러한 문제의 성격을 인식함에 따라서 지역적 긴장(그 이전 시기에는 상당히 축소되었다)이 다시 발생할 수도 있다.

이 문제를 해결하는 것이 향후 경제정책의 주요 과제 가운데 하나가 될 가능성이 무척 크다. 이를 해결하자면 20세기 전반기에 진행된 지역 간 단순 연계 과정과는 다른 형태, 즉 브라질 경제의 새로운 통합 형태가 필요할 것이다. 예전에 연계란 단순히 해외로 판

14_ 임금과 생산성 간에 균형이 성립되려면 남부에서 임금이 산업 분야에서의 생산성 차이뿐만 아니라 식량 생산 분야의 생산성 차이도 보상할 수 있을 만큼 충분히 높아야 할 필요가 있었다. 그러나 저발전 지역에 잉여 노동력이 존재하고 있으며 이러한 잉여 노동력이 보다 발전된 지역으로 이동함에 따라 오히려 불균형 심화 압력을 받았다. 운송비 및 다른 요인들로 인해 구조적 변화가 일어날 만큼 충분한 노동력 이전이 이루어지는 않았으나, 이러한 노동력 이전은 생산성 높은 지역에서 실질임금의 증가에 영향을 줄 정도로는 충분했다.

매했던 상품을 브라질 내 커피-산업 시장으로 이전하는 것을 의미했다. 통합 과정은 전체 국가 경제에서 보다 합리적으로 자원과 요소들을 활용하는 방향에 초점이 맞추어져야 한다. 이 문제의 본질을 이해하려면 한 지역의 빠른 발전이 그 반작용으로 다른 지역들의 발전을 반드시 저해할 것이라고 오해하지 않아야 한다. 북동부 지역의 쇠퇴는 브라질 남부의 산업화 과정 훨씬 이전에 발생한 오래된 현상이다. 이 지역이 쇠퇴한 근본적인 원인은 식민지 시대에 고착화된 자원의 활용 및 생산 방법을 극복할 수 있는 시스템의 부재 때문이었다. 사탕수수 경제의 카르텔화를 통한 남부 지방과의 연계는 17세기에 쇠퇴하기 시작한 낡은 경제 시스템의 생명을 연장했으며, 낡은 단일경작 시스템의 존속에도 이바지했다.

　단일작물재배 시스템은 그 성격상 모든 산업화 과정과 배치된다. 특별한 일부 경우에 토지 자원이 합리적인 방식(경제적 관점에서)으로 활용된다 하더라도, 단일 재배는 인구분포도가 낮을 경우에만 높은 1인당 소득수준과 공존할 수 있다. 인구분포도가 높은 지역(북동부의 습지 지대)에서는 단일작물재배로 생산조직의 상위 형태에 도달할 수 없다. 실제로 인구 밀집이 심한 지역의 생산성 증대의 기본 요건인 1인당 높은 자본율은 산업화를 통해서만 얻어진다. 산업화는 농업 분야가 적절하게 식량을 공급할 경우에만 가능한 신속한 도시화를 동반한다. 만약 비옥한 농경지 전체가 엄격한 단일경작 시스템에 집중한다면, 주요 식량 수요는 수입으로 충당해야 한다. 북동부 지방의 경우 대도시 지역의 수요는 남부 지방으로부터 수입한 식량으로 충족되는 경향을 보였는데, 이는 더 가난한 지역에 불리하게 명목 임금과 생산성이 차이 나도록 만들었다. 아무리 북동부 지방의 설탕 생산이 비교우위가 크다고 하더라도,[15] 설탕 분야는 소수의 인구만 고용하며 도시인구가 남부로부터 유입되는 식량에 의존한다면 산업화를 할 수 없게 된다는 점을 염두에 두어야 한다. 이들 지역이 동일한 통화 시스템에 통합되어 있으므로 산업의 수익성을 결정하는 것은 노동자 1인당 생산성과 노동자 1인당 화폐임금 간 비율이다. 화폐임금은 식량 가격에 의해 좌우되기 때문에 북동부 지방에서 식량 공급량이 점점 부족해짐에 따라 이 지역이 지닌 '값싼 노동력'이라는 장점은 더욱 줄어들게 된다.

향후 수십 년 동안 경제 통합 과정은 한편으로는 일부 지역에서 시행되고 있던 예전의 자원 활용 방법을 포기하도록 요구하면서 다른 한편으로는 브라질 내 자원과 요소를 어떻게 활용할 것인가에 대한 전체적인 비전을 요구할 것이다. 산업화로 인해 도시 지역에서 요구되는 식량 수요 증가, 새로운 토지 유입(병합), 노동력의 지방 간 이전은 생산요소들의 지리적 재분배 문제가 지닌 여러 단면이다. 이러한 재분배가 진행되면서, 새로운 토지와 자원이 통합되어 상품 단위당 더 적은 자본을 투입할 수 있게 되고 이에 따라 국내 가용 노동력을 보다 합리적으로 활용할 수 있을 것이다. 게다가 인프라에 대한 자본투자는 자원의 분산이 더 적기 때문에 보다 더

15_ 기업에게 있어 설탕의 상대적 우위는 헥타르당 사탕수수 생산에 따른 소득과 다른 대체 작물의 재배로 인한 소득을 비교한 것에 근거한다. 그렇지만 잉여 노동력이 많은 지역에서는 기업의 높은 생산성이 높은 사회적 생산성과 완전히 일치하지 않을 수 있다. 즉 전적인 농업 분야에 대한 투자가 아니라 지역 경제 전체에 이루어진 투자를 염두에 두어야 한다.

활용될 수 있을 것이다. 이러한 통합이 진전될 경우 평균 경제성장률이 높아지는 경향을 보일 것으로 추정된다. 장기적으로 연 경제성장률이 1.6퍼센트에서 2.0퍼센트로 높아진다고 추정하면, 20세기 말 브라질의 1인당 GNP는 현재 가치로 620달러에 달할 전망이다.[16] 또한 현재의 인구성장률(연 2.4퍼센트)이 향후 수십 년간 유지된다고 가정하면, 브라질 인구는 20세기 말에 2억2,500만 명 이상으로 증가할 것이다.[17] 이렇게 된다 하더라도 브라질은 20세기 말에 여전히 발전 정도와 총 잠재 자원 간의 격차가 큰 주요 국가 중 하나로 남을 것이다.

16_ 1인당 GNP가 230달러 정도였던 1950년을 기준으로 계산한 수치이다.

17_ 1950년대 말에 이루어진 예측. 인구성장률은 최근 수십 년간 매우 낮아졌으며, 브라질 인구는 20세기 말에 1억7천만 명을 넘지 않을 것이다.

2000년대 들어 브라질이 브릭스BRICs의 일원으로 세계 6~7대 경제 대국으로 급부상하며 국내에서는 다른 어느 때보다 브라질 경제에 대한 관심이 높았다. 그러나 브라질 경제에 대한 뜨거운 관심에도 불구하고 국내에서는 이를 충족시킬 만한 변변한 서적 하나 없는 게 우리 현실이었다.

이러한 상황에서 브라질의 대표적인 경제학자인 세우수 푸르따두의 명저 『브라질 경제발전사』는 브라질 경제에 대한 지적 갈증을 다소나마 해갈시킬 수 있는 책으로 보인다.

이 책은 단순히 브라질의 경제발전을 서술한 역사책이 아니다. 저자가 이 책에서 기본적으로 밝히려 한 것은 '브라질 경제는 왜 높은 잠재력에도 불구하고 발전하지 못했는가'이다. 저자는 오랫동안 브라질 경제의 발전을 가로막은 요인을 규명하기 위해 식민 시대부터 20세기까지 500년간의 브라질 역사를 분석한다. 그런데 그 분석 방법이 독특하다. 브라질 경제사에 대한 새로운 해석을 위해 경제학적인 분석 방법에다 역사학적인 방법론을 결합한다. 그 결과, 평면적이며 단속적이었던 브라질 경제사가 입체적이며 연속적인 성격을 띠게 된다. 저명한 역사학자인 페르낭 브로델은 이 책을 전 세계에서 가장 위대한 경제사 명저 중의 하나로 평가했다.

이 책은 1959년 출간 이후 현재까지 34판이 발행되며 브라질에서 사회과학 및 경제학 분야의 필독서로 꾸준한 인기를 누리고 있다. 현재 영어, 프랑스어, 스페인어, 이탈리아어, 폴란드어, 루마니아어, 일본어, 중국어 등 전 세계 8개 언어로 번역되었다.

이 책이 브라질 경제계 및 사회에 미친 영향은 매우 컸다. 먼저 브라질 경제발전 전략의 전통이 된 국가 주도 경제정책의 논리적 근거를 제공했다. 또한 저자의 브라질 경제에 대한 독특한 해석과 분석 방법론을 둘러싼 논쟁은 당시 브라질 경제학계를 뜨겁게 달구었다. 특히 이 책의 영향으로 1960년대와 1970년대 브라질에서는 경제학과가 학생들이 가장 선호하는 인기 학과가 되기도 했다.

저자 푸르따두는 브라질의 경제학자이자 대표적인 지성으로 평가된다. 그는 1960년대와 1970년대 중남미는 물론 개도국을 풍미했던 경제구조주의Economic Structuralism 학파의 창시자로 유엔중남미경제위원회ECLAC, 유엔무역개발회의UNCTAD 등 국제기구의 설립에도 커다란 기여를 했다.

아무쪼록 이 책이 국내에서 브라질 경제에 대한 올바른 이해의 지평을 넓히는 데 조금이라도 기여하기를 기대한다.

이 책의 번역은 게으른 옮긴이 혼자의 힘만으로 불가능했다. 바쁜 일정 속에서 선뜻 번역에 참여해 주신 공역자인 김용재 한국-브라질소사이어티 사무총장님께 깊은 감사의 마음을 전한다. 마지막으로 번역 과정에서 발생한 모든 오류는 능력이 부족한 대표 옮긴이의 책임이다. 향후 여러 오류에 대해서는 두고두고 달게 지적을 받도록 하겠다.

2020년

권기수, 김용재

주한 브라질문화원이 심는 나무

브라질만큼 이름만 들어도 설레는 나라가 또 있을까 싶다. 카니발, 아름다운 해변, 축구, 아마존 밀림 등등 활기차고 흥겹고 신비로운 경험이 보장된 느낌을 주는 나라가 브라질이기 때문이다. 하지만 브라질의 위상은 그 이상이다. 우리가 잘 몰라서 그렇지 국제무대에서 브라질은 종종 대국이라는 표현이 어울리는 나라로 평가되고 있다. 세계 5위의 면적, 2억 명을 상회하는 인구는 대국으로서의 한 단면에 불과할 뿐이다. 유엔안전보장이사회의 상임이사국 확대, 개편이 이루어질 경우 라틴아메리카를 대표하는 상임이사국이 당연히 될 나라일 정도로 국제정치의 주역이 바로 브라질이고, 풍부한 천연자원과 노동력 덕분에 경제적으로 늘 주목을 받아 온 나라가 바로 브라질이다. 그뿐만 아니라 세계 열대우림의 3분의 1을 차지하고 있어서 지구의 허파 역할을 하고 있는 아마존 밀림은 기후변화나 생물의 종 다양성 같은 인류의 미래를 둘러싼 시험장이다. 또한 5세기 전부터 다양한 인종, 다양한 문화가 공존하면서 풍요로운 문화를 일구어 낸 나라가 브라질이고, 세계사회포럼을 주도적으로 개최하면서 '또 다른 세상은 가능하다'는 희망의 메시지를 전 세계 확산에 기여한 나라가 브라질이다.

하지만 지구 반대편에 있는 머나먼 나라이다 보니 한국에서는 브라질의 진면목을 제대로 인식하기 힘들었다. 심지어 라틴아메리카 국가이다 보니 일종의 '라틴아메리카 디스카운트'가 작용하기도 했다. 브라질 이민이 시작된 지 반세기가 넘었고, 최근 한국과 브라질 사이의 정치·경제 교류가 상당히 늘었는데도 불구하고 상황은 크게 변한 것이 없다. 그래서 주한 브라질 대사관과 서울대학교 라틴아메리카연구소가 협약을 맺고 두산인프라코어의 후원으로 2012년 3월 16일 주한 브라질문화원을 설립하게 된 것은 대단히 뜻깊은 일이었다. 한국과 브라질의 문화 교류 증진이야말로 세계화 시대에 양국 간 우호를 다지는 길이자 브라질에 대한 한국인의 올바른 인식 제고를 위해 필수 불가결한 일이기 때문이다. 실제로 브라질문화원은 브라질의 다채롭고 역동적인 문화를 소개하기 위해 2012년부터 전시회, 브라질데이 페스티벌, 영화제, 음악회, 포르투갈어 강좌 개설 등 다양한 활동을 해왔다.

하지만 브라질에 대한 올바른 이해를 위해서는 문화 교류 외에도 더 전문적인 노력이 필요하다는 것이 주한 브라질문화원 개원 때부터의 인식이었다. 이에 브라질문화원은 열 권의 빠우-브라질 총서를 기획·준비했고, 이제 드디어 그 결실을 세상에 내놓게 되었다. 한국과 브라질 교류에서 문화원 개원만큼이나 의미 있는 한 획을

굿게 된 것이다. 총서 기획 과정에서 몇 가지 고려가 있었다. 먼저 브라질문화원이 공익단체임을 고려했다. 그래서 상업적인 책보다는 브라질 사회와 문화를 이해하는 데 근간이 될 만한 책, 특히 학술적 가치가 높지만 외부 지원이 없이는 국내에서 출간이 쉽지 않을 책들을 선정했다. 다양성도 중요한 고려 대상이었다. 빠우-브라질 총서가 브라질 사회를 다각도로 조명할 수 있는 토대가 되었으면 하는 바람에서였다. 그래서 브라질에서 유학하고 돌아와 대학에서 강의를 하고 있는 사람들로부터 자신의 전공 분야에서 필독서로 꼽히는 원서들을 추천받았다. 그 결과 브라질 연구에서는 고전으로 꼽히는 호베르뚜 다마따, 세르지우 부아르끼 지 올란다, 세우수 푸르따두, 지우베르뚜 프레이리 등의 대표적인 책들이 빠우-브라질 총서에 포함되게 되었다. 또한 시의성이나 외부에서 브라질을 바라보는 시각 등도 고려해 슈테판 츠바이크, 에두아르두 비베이루스 지 까스뜨루, 래리 로터, 재니스 펄먼, 베르너 베어, 크리스 맥고완/히까르두 뻬샤냐 등의 저서를 포함시켰다. 이로써 정치, 경제, 지리, 인류학, 음악 등 다양한 분야의 고전과 시의성 있는 책들로 이루어진 빠우-브라질 총서가 탄생하게 되었다.

놀랍게도 이 총서는 국내 최초의 브라질 연구 총서다. 예전에 이런 시도가 없었던 것은 국내 브라질 연구의 저변이 넓지 않았다는 점이 크게 작용했다. 하지만 아는 사람은 안다. 국내 출판 시장의 여건상 서구, 중국, 일본 등을 다루는 총서 이외에는 존립하기 어렵다는 것이 가장 큰 이유라는 것을. 그래서 두산인프라코어 대표이사이자 주한 브라질문화원 현 원장인 손동연 원장님에게 심심한 사의를 표한다. 문화 교류와 학술 작업의 병행이 한국과 브라질 관계의 초석이 되리라는 점을, 또 총서는 연구자들이 주도해야 한다는 점을 쾌히 이해해 주시지 않았다면 이처럼 알차게 구성된 빠우-브라질 총서가 탄생하지 못했을 것이기 때문이다. 주한 브라질문화원 개원의 산파 역할을 한 에드문두 S. 후지따 전 주한 브라질 대사님에게도 깊은 감사를 표한다. 문화원 개원을 위해 동분서주한 서울대학교 라틴아메리카연구소 전임 소장 김창민 교수와도 총서의 출간을 같이 기뻐하고 싶다. 또한 문화원 부원장직을 맡아 여러 가지로 애써 주신 박원복, 양은미, 김레다 교수님들께도 이 자리를 빌려 그동안의 노고를 특별히 언급하고 싶다. 쉽지 않은 결정이었을 텐데 총서 제안을 수락한 후마니타스 출판사에도 깊은 감사를 표하는 바다. 마지막으로 기획을 주도한 전 부원장이자 현 단국대학교 포르투갈어과 박원복 교수와 서울대학교 라틴아메리카연구소 우석균 HK교수에게도 특별한 감사를 표한다.

잘 알려져 있다시피 '브라질'이라는 국명의 유래는 한때 브라질 해안을 뒤덮고 있던 '빠우-브라질'Pau-Brasil이라는 나무에서 유래되었다. 총서명을 '빠우-브라질'로 한 이유는 주한 브라질문화원이 국내 브라질 연구의 미래를 위해, 그리고 한국과 브라질의 한 차원 높은 교류를 위해 한 그루의 나무를 심는 마음으로 이 총서를 기획하고 출간했기 때문이다. 이 나무가 튼튼하게 뿌리 내리고, 풍성한 결실을 맺고, 새로운 씨앗을 널리 뿌리기 바란다.

서울대학교 라틴아메리카연구소 소장 김춘진